Die Schwarzen Führer

München – Oberbayern

Die Schwarzen Führer

München – Oberbayern

283 geheimnisvolle Stätten
in 187 Orten
mit mehr als 100 Abbildungen und
einer Übersichtskarte

von
Ingrid Berle
Marie Luise Hoffmann
Renate Könke
Marie-Louise Schmeer-Sturm

Eulen Verlag

Marie-Louise Schmeer-Sturm befaßt sich mit Tourismusforschung, der Ausbildung von Studienreiseleitern und Museumspädagogik. Inhaltliche Schwerpunkte bilden Italien und Bayern. Nach siebenjähriger Tätigkeit an der Ludwig-Maximilians-Universität München leitet sie seit Ende 1991 das Büro von „Reisen und Bildung". Neben dem Vorwort hat sie die Beiträge zu den Landkreisen Altötting, Eichstätt, Ingolstadt, Landsberg und Miesbach verfaßt.

Ingrid Berle, Mitautorin des Museumskompaß Bayern 1992, Autorin der Länderbände Belgien/Luxemburg 1994 und Norwegen/Finnland 1996 (Museumskompaß Europa – Reisen und Bildung), hat sich vor allem auf München und Bayern spezialisiert, arbeitet u. a. für die Volkshochschule und als Gästeführerin. Sie interessiert sich stark für Völkerkunde. Von ihr stammen die Beiträge zu München Stadt und Land und zu den Landkreisen Berchtesgadener Land, Ebersberg, Mühldorf, Rosenheim und Traunstein.

Marie Luise Hoffmann, Mitautorin der Stadtteilbände „Das Graggenauer Viertel" (1989) und „Das Angerviertel" (1991) des Institut Bavaricum sowie des Führers „Rundgang durch die Schatzkammer der Münchner Residenz" (Reisen und Bildung, 1997), Mitautorin des Länderbandes Österreich-Schweiz und Liechtenstein (Museumskompaß Europa, Reisen und Bildung) ist vor allem historisch interessiert. Sie schrieb die Artikel der Landskreise Erding, Fürstenfeldbruck, Garmisch-Partenkirchen, Starnberg, Weilheim-Schongau.

Renate Könke, Mitautorin an dem Stadtteilband „Das Graggenauer Viertel" des Institut Bavaricum (1989), bildet sich vor allem im Bereich moderner Kunst weiter. Sie verfaßte die Beiträge aus den Landkreisen Dachau, Freising, Neuburg-Schrobenhausen, Pfaffenhofen, Bad Tölz-Wolfratshausen.

Alle Autorinnen beschäftigen sich mit Geschichte, Kunstgeschichte und Volkskunde und arbeiten seit Jahren zusammen. In einem von Marie-Louise Schmeer-Sturm initiierten Arbeitskreis zu den Münchner Museen sind sie seit über zehn Jahren aktiv und leiten kulturhistorische Führungen in der Erwachsenenbildung.

Redaktion: Hildegard Gerlach

Hebelstraße 11
Gesamtherstellung: Franx X. Stückle, Ettenheim
ISBN 3-89102-424-X

Vorwort

Die Bayern kamen aus dem Osten, aus Böhmen, in das die Markomannen abgewandert waren, welche vermutlich mit den durch die Völkerwanderung dazugestoßenen suebischen und anderen germanischen Elementen den Kern des bairischen Stammes bildeten. Vielleicht wurden diese Leute aus Baiaheima (Böhmen) – deshalb von der römischen Geschichtsschreibung „baiovarii" genannt – vom König der Ostgoten ins Land gerufen, der damals über Italien und somit auch über die Provinz Rätien herrschte. Jedenfalls erfolgte die etwa um 530 n. Chr. beendete bairische Landnahme ohne jeglichen Kampf, weshalb man vermutet, daß sie gerufen wurden, um zu siedeln, nicht um zu erobern. Die Alemannen wichen damals bis über den Lech zurück, woran noch heute die Dialektgrenze zwischen Schwäbisch und Bairisch erinnert.

Oberbayern ist eine *Natur- und Kulturlandschaft* voller Gegensätze. Im Süden befinden sich die Bayerischen Alpen mit den Allgäuer Hochalpen, dem Wetterstein- und Karwendelgebirge und den Berchtesgadener Alpen. Geologisch den Nördlichen Kalkalpen zugehörig, erhebt sich in ihrer Mitte der höchste Berg Deutschlands, die Zugspitze mit 2964 m. Das Alpenvorland, auch „Schwäbisch-Bayerische Hochebene" genannt, wird vor allem durch die oberbayerische Seenplatte geprägt, bekannt durch den Chiemsee, den Starnberger See, den Ammersee und den Tegernsee. Es reicht von den Alpen bis zur Donau und wird im Westen vom Bodensee, im Osten durch den Zusammenfluß von Inn und Salzach begrenzt. Diese tertiäre Hügellandschaft, die in ihrer südlichen Hälfte von den Moränen der Alpengletscher überdeckt wurde, trägt eine fruchtbare Ackerkrume. Auch ausgedehnte, allerdings weitgehend kultivierte Moore sind landschaftsbestimmende Elemente vor allem im Norden des Tertiärhügellandes mit dem großen Donaumoos sowie dem Dachauer und Erdinger Moos im Bereich der Münchner Schotterebene. Im Norden wird Oberbayern von der Kalkabdachung des Jura nördlich der Donau begrenzt.

Diese unterschiedlichen abwechslungsreichen Landschaftsformen machen den Reiz Oberbayerns aus, das dadurch auch zu den wichtigsten Fremdenverkehrsregionen Deutschlands zählt.

Oberbayern ist der größte Regierungsbezirk Westdeutschlands; in seiner *heutigen Form* – abgesehen von kleineren Veränderungen durch die Gebiets-

reform – besteht es erst seit 1838. Nach den Landesteilungen der bayerischen Herzöge im Mittelalter – es entstand damals ein Bayern-München, Bayern-Landshut, Bayern-Ingolstadt und Bayern-Pfalz – wurden die zersplitterten Teile erst nach dem Landshuter Erbfolgekrieg 1504/05 unter Albrecht IV. dem Weisen (1465–1508) wieder zusammengefügt und bestanden als Verwaltungsbezirke weiter. Auf diesen Herzog geht das Primogeniturgesetz (1506) zurück, das dem jeweils Erstgeborenen die Herrschaft sicherte und weiteren Teilungen vorbeugen sollte. Oberbayern ist das altbayerische Kernland und setzt sich seit dem 16. Jh. aus dem einstigen Herzogtum Bayern-München, Teilen von Bayern-Ingolstadt und Bayern-Landshut zusammen. Anfang des 19. Jh. kamen nach dem Reichsdeputationshauptschluß (1803) das ehemals selbständige Bistum Freising und dessen Grafschaft Werdenfels sowie der salzburgische Rupertigau und das Reichsstift Berchtesgaden dazu.
Die Grafen von Scheyern bauten sich bei Aichach die Burg Witelinespach, nach der das Geschlecht seit 1115 genannt wurde. 1180 wurde Otto von Wittelsbach (1180–1183) von Kaiser Friedrich I. Barbarossa wegen seiner Verdienste beim ersten Romzug des Kaisers und seiner unbedingten Treue zu ihm und zum Reich mit Bayern belehnt, womit die mehr als 700jährige Herrschaft der *Wittelsbacher* ihren Anfang nahm. Bis zum Zweiten Weltkrieg bestimmten sie zuerst als Herzöge, ab 1623 als Kurfürsten und ab 1806 als Könige maßgeblich die Politik in Bayern.
Während des Dreißigjährigen Krieges war Bayern unter dem Wittelsbacher Kurfürsten Maximilian I., dem Anführer der katholischen Liga, Bollwerk der Gegenreformation und öffnete sich erst Ende des 18./Anfang des 19. Jh. unter dem Pfälzer Kurfürsten Karl Theodor und dem nachmaligen König Max I. Joseph protestantischen Einwanderern und Einflüssen.
Aufgrund dieser betonten Katholizität und tiefen Religiosität von Herrscherhaus und Bewohnern ist es auch verständlich, daß *Kloster-, Kirchen- und Kapellengründungen* auf ein göttliches Zeichen hin den Hauptanteil der in diesem Buch zusammengestellten volkstümlichen Überlieferungen bilden. In den meisten Fällen existieren noch beachtliche Gebäude, die als greifbare Zeugen die Geschichten anschaulich machen – zumal es im Innern häufig Fresken oder Bilder gibt, die sich auf die Gründungslegende beziehen.
Ein gewisses Defizit in diesem Bereich ist für den Kreis Neuburg-Schrobenhausen zu verzeichnen, was

mit der Mentalität der „Mesler“ zusammenhängen mag: Der nüchterne Protestantismus, der durch die Besiedlung unter Kurfürst Karl Theodor ins Land kam, war wohl kein guter Nährboden für Aberglauben und Sagen. Daher überwiegen hier, wie übrigens auch im Landkreis Dachau und in Fürstenfeldbruck, Themen aus der kleinbäuerlichen Welt: Sagen um Grenzsteinversetzer und tyrannische Schloßherren, welche zu Lebzeiten begangenes Unrecht vor ihrem Tod nicht mehr sühnen konnten, zur Strafe keine Ruhe im Grab finden und nun entweder als körperlich gedachte Wiedergänger oder mehr spirituell gedachte Arme Seelen (etwa in Gestalt von Irrlichtern) am Ort ihrer Untat spuken und auf Erlösung warten.

Das 17. und 18. Jh. war eine Zeit blühenden *Wallfahrtswesens*. Die großen Fernwallfahrten (Jerusalem, Rom und Santiago de Compostela) wurden aufgegeben und der altbayerische und alpenländische Raum entwickelte sich zur „klassischen Wallfahrtslandschaft der katholischen Welt“ (Böck). Die Bittwallfahrt, die einen großen Aufschwung für Votivwesen und religiöse Volkskunst brachte, trat an die Stelle der Bußwallfahrt. Im Zentrum der neuen Frömmigkeitsbewegung stand die Marienverehrung; zu einer der bedeutendsten europäischen Wallfahrten wurde damals die Wallfahrt Unserer Lieben Frau von Altötting. Auch von staatlicher Seite wurde das Wallfahrtswesen in Bayern stark gefördert, was sich aus der Abschirmung gegen den Protestantismus und der Demonstration von Marienkult und Heiligenverehrung gegenüber der Reformation erklärt.

Ziele der Wallfahrer waren neben zahlreichen Muttergottes-Gnadenbildern u. a. der Gegeißelte Heiland in der Wies, das Kreuz (Polling), heilige Reliquien oder die Eucharistie (Andechs, Bettbrunn), wundertätige Heilige (Grafing), nachgebaute Kalvarienberge (Bad Tölz) und Loretokirchen (Birkenstein). Oberbayern ist auch ein Kernland kirchlicher Prozessionen, wie der noch heute gefeierten Georgi- und Leonhardiritte.

Viele Geschichten ranken sich um *Burgen und Schlösser*, die sich baulich entweder noch vollständig erhalten haben oder als Ruinen die Phantasie der Menschen anregen. Hier handelt es sich entweder um Persönlichkeiten, die mit der Geschichte der Burg in besonderer Weise verbunden sind (Strauchritter Rapoto II. beim Höhlenschloß in Stein an der Traun) oder um Schatzsagen, die den Wunsch des armen Volkes nach materiellem Reichtum verdeutlichen.

Ebenfalls gewichtig sind die Sagen, die an *Naturerscheinungen* anknüpfen. Neben wundersamen Begebenheiten um *Quellen* in Verbindung mit der Heilkraft des Wassers (Eresing in der Nähe des Ammersees), sind Geschichten um große Felsen und Gesteinsbrocken sowie um *Höhlen* zu nennen, die vor allem im Landkreis Eichstätt mit seinen höhlenreichen Karstlandschaften anzutreffen sind.
Schatz- und Erlösungssagen sind häufig mit Bergen und Höhlen verbunden, da man hier unerreichbare Schätze vermutete oder sich auch populäre Herrscher, die ihrem Volke in Notzeiten zu Hilfe kommen werden, im Innern der Berge auf Erlösung wartend vorstellte (Schatzberg am Ammersee, Leeberg am Tegernsee, Karlsberg bei Starnberg, Untersberg im Berchtesgadener Land).
Gut vertreten sind *Teufelssagen*, die von einem Pakt mit dem Teufel erzählen, den der menschliche Vertragspartner listig bricht: Satan verliert und wird lächerlich gemacht, z. B. in der Sage von der Münchner Frauenkirche oder der Teufelskuchel bei Holzkirchen.
In *historischen Sagen* begegnen die Gestalt Karls des Großen in seinem Geburtsort im Landkreis Starnberg, Heinrich der Löwe und Kaiser Ludwig der Bayer, während dessen Regierungszeit die deutsche Kaiserkrone in München aufbewahrt wurde. Spuren des letzteren finden wir im Alten Hof in München, in Puch bei Fürstenfeldbruck und in Ettal. Auch der Dreißigjährige Krieg mit seinen konfessionell-politischen Spannungen hat manchen Anlaß zur Sagenbildung gegeben.
Aus der reichen Fülle des vorhandenen Materials wurden die schönsten und kulturhistorisch interessantesten Beispiele sagen- und legendenumwobener Stätten ausgewählt.
Die Autorinnen danken allen fachkundigen Personen aus den oberbayerischen Landkreisen, die sie bereitwillig bei den Recherchen unterstützten.

Marie-Louise Schmeer-Sturm

Symbole

Burgen und Schlösser

Wachtürme, Burgruinen

Kirchen und Klöster

Kapellen

Flurdenkmäler : Kreuze, Bildstöcke, Gedenksteine

Naturdenkmäler : Steine, Felsen und Berge

Hervorragende Bäume, Wälder

Quellen und Brunnen

Flüsse, Seen und Wasserfälle, Moore, Brücken

Höhlen und Grotten

Vorgesch. Denkmäler, Hünen- und Hügelgräber

Häuser, Gasthäuser, Mühlen, Baudenkmäler

Standbilder, Reliefs, Skulpturen, Gemälde, Wahrzeichen

Wappen

A

AINHOFEN (Markt Indersdorf, Lkr. Dachau)

Kath. Filial- und ehemalige Wallfahrtskirche St. Maria

Nördlich von Markt Indersdorf liegt Ainhofen mit seiner Filialkirche St. Maria, schon seit 837 als Eiinhofa urkundlich erwähnt. Von der seit mindestens 1229 bestehenden Kirche ist das Mauerwerk in den unteren Partien von Langhaus, Chor und Turm erhalten geblieben. Im aufwendig gestalteten Hochaltar von 1732 befindet sich das Gnadenbild, eine kleine Muttergottesfigur aus der Mitte des zwölften Jahrhunderts, eine hölzerne Skulptur der thronenden Maria lactans.
Seit Anfang des 16. Jh., mit Beginn der Wallfahrt, befindet sich dieses älteste Mariengnadenbild der Erzdiözese München-Freising in Ainhofen. Die Legende erzählt, daß bei einer Prozession zu Ehren der Gottesmutter die Skulptur nicht über die Schwelle des Friedhofs zu bewegen war. Daraufhin soll der Pfarrer, um die Madonna leichter zu machen, auf die Idee gekommen sein, der Gottesmutter die entblößte Brust, an der sie das Jesuskind nährt, abschlagen zu lassen. Diese vermessene Tat ließ ihn erblinden, und erst nach langer Buße und inbrünstiger Verehrung „unserer lieben Frau von Ainhofen“ soll er auf wunderbare Weise sein Augenlicht wieder erhalten haben.
Eine andere Version erzählt, daß die Indersdorfer die Madonna als die ihre bezeichneten, weil sie aus dem Augustiner-Chorherrenkloster stamme. Sie wollten also mit einem großen Wagen und sechs Pferden davor die Statue zurückholen. Die Pferde konnten aber den Berg bei Gundackersdorf nicht überwinden, worin man ein Zeichen erblickte, die Madonna in Ainhofen zu lassen.
Diese Legende gehört zum Kreis der *„Gespannwunder“*. Man versteht darunter das häufig vorkommende Motiv, daß heilige Leichname oder heilige Bilder auf Ochsen- oder anderen Tierkarren an bestimmte Orte gebracht werden sollen. Die Tiere bestimmen dabei durch eigenmächtiges Anhalten den betreffenden Platz.

ALMOSMÜHLE (Gem. Walting, Lkr. Eichstätt)

Quellen

Links der Verbindungsstraße zwischen *Pfünzerbrücke* und *Inching* treten, am Fuß des mächtigen überhängenden Dolomitfelsens, fünf Karstquellen hervor, die zur Altmühl abfließen. Nach der Sage schöpfte an einem Sonntagmorgen eine Müllermagd einen Trunk aus dem Wasser, als sie in der Nähe ein Klingen wie von Geld hörte. Aus einer Felsritze kollerte ein Taler nach dem anderen herab. Als das erschrockene Mädchen schrie, versiegte die Geldquelle sofort. Ein altes Mütterchen soll ihr nachher gesagt haben, wenn sie geschwiegen hätte und schnell etwas Heiliges wie einen Rosenkranz darauf geworfen hätte, wäre der ganze Schatz ihr zugefallen.

ALTENBURG (Gem. Moosach, Lkr. Ebersberg)

Wallfahrtskirche Unsere liebe Frau vom Siege
Die Marien-Wallfahrtskirche wurde 1467 an der Stelle der Burgkapelle einer alten Burg errichtet. Um 1711 wurde sie barockisiert. Im Zentrum des Hochaltars steht eine ausdrucksvolle, künstlerisch wertvolle spätgotische Holzfigur, die Muttergottes von Altenburg. Dem Gnadenbild werden seit dem 16. Jh. wundertätige Gebetserhörungen zugeschrieben. Davon berichten drei Mirakelbücher aus der Mitte des 18. Jh. und Votivtafeln an der Orgelempore. Gegenüber dem Sakristeieingang hängen zeitgenössische Votivtafeln, welche bestätigen, daß Maria-Altenburg heute wieder zu den bekannten Marienwallfahrtsstätten in Bayern zählt.
Wie es zur Gründung der Wallfahrtskirche gekommen ist, von der Burg von Altenburg und ihrem Schicksal, erzählt eine sozialkritische Sage: Die Burgherren und ihre Soldknechte schindeten Bauern und „Häusler“ bis aufs Blut. Sie trieben den Zehnt mit Daumenschrauben und Stockhieben ein. Sie raubten und plünderten und scheuten sich nicht, die Höfe niederzubrennen. Junge Frauen und Töchter der Bauern mußten in der Burg Frondienste leisten und wurden während der nächtlichen Zechgelage von Rittern und Söldnern oft geschändet.
Eines Tages wurde die anmutige und fromme Tochter eines Bauern entführt, welche bisher von ihrem Vater vor den Burgherren versteckt gehalten wurde. Die Räuber schleppten das Mädchen in die Burg, wo die „Beute“ mit lautem Jubel begrüßt wurde. Um Mitternacht näherte sich ein schamloser Ritter dem entführten Mädchen. Es wehrte sich. Plötzlich flammte auf der Stirn des Mannes ein feuerrotes Brandmal. Außer sich vor Zorn griff er zur Peitsche und schlug auf sein Opfer ein, bis es tot am Boden liegen blieb. Den Leichnam warf er den Bluthunden vor. Diese aber rührten ihn nicht an, sondern beleckten seine Wunden und

fletschten die Zähne, wenn es jemand wagte, sich der Toten zu nähern.
In der Nacht erhob sich ein gewaltiger Sturm. Bäume wurden wie Zündhölzer geknickt. Äste stürzten krachend zu Boden, und im alten Gemäuer der Burg rumpelte und polterte es. Als die Morgensonne aufging, war die Burg verschwunden. Jahrelang wurde die schaurige Stätte ängstlich umgangen. Nachdem aber später das tote Mädchen entdeckt wurde, das völlig unverwest gewesen sein soll, errichtete man an der Fundstelle eine Kapelle.

ALTENHOHENAU (Gem. Griesstätt, Lkr. Rosenheim)

Ehem. Dominikanerinnen-Klosterkirche St. Peter und Paul
Altenhohenau liegt in den Flußauen auf der rechten Seite des Inn nahe der Straße, die von Rosenheim über Griesstätt nach *Wasserburg* führt. Konrad, der letzte Graf von Wasserburg, hatte das Kloster gestiftet als Ausgleich für die gelobte Teilnahme an einem Kreuzzug, die er nicht verwirklichen konnte. Von der alten Klosteranlage stehen nur noch die Kirche und einige Nebengebäude. Im 18. Jh. erhielt die Kirche ihr heutiges Aussehen: außen ein einfacher Bau mit einem bescheidenen Türmchen in Form eines Dachreiters; innen die prachtvolle Rokoko-Ausstattung, an der hauptsächlich der bedeutende Bildhauer Ignaz Günther (1725–1775) und der Freskant Matthäus Günther (1705–1788) beteiligt waren.
In der Kirche werden mehrere Gnadenbilder verehrt. Auf dem Tabernakel des Hochaltars (1761) thront eine bekleidete Figur der Muttergottes mit dem Jesuskind (17. Jh.). Ein Kranz von zwölf Sternen ziert ihr Haupt; in der Hand hält sie den Rosenkranz. Die Verehrung Mariens als Rosenkranzkönigin wurde von den Dominikanern eingeführt und besonders von Papst Pius V. (reg. 1766–72) gefördert, der selbst Dominikaner war. Zur Königin des Rosenkranzes wurde Maria 1475 von den Dominikanern (Gründung des Ordens 1215 durch den Spanier Dominikus in Toulouse) in Köln erklärt, basierend auf der Legende, sie habe dem hl. Dominikus die Gebete des Rosenkranzes gelehrt bzw. ihm diesen überreicht. Der Rosenkranz ist seit dem 16. Jh. die übliche Bezeichnung für eine Perlenschnur zum Abzählen einer festgelegten Anzahl von Gebeten. Rosenkränze hängen eng zusammen mit Wallfahrten. Der Marienmonat Oktober weist auf ein Ereignis der

Kirchengeschichte hin: am 7. Okt. 1571 besiegte die christliche Flotte in der Seeschlacht von Lepanto die Türken. Den Ausgang des Kampfes schrieb man dem Rosenkranzgebet zu, wodurch dieses gewaltigen Aufschwung erfuhr.

Auf dem rechten Seitenaltar steht ein dreiteiliger, goldgefaßter Glasschrein mit dem Altenhohenauer Jesuskind in der Mitte. Das nur 9 cm kleine stoffbekleidete und gekrönte Schnitzfigürchen aus dem 18. Jh. hält ein Kreuz und ein Zepter. Das Gnadenbild soll an vielen heiligen Stätten Palästinas berührt worden sein. Der Kult des Jesuleins überstrahlte in der zweiten Hälfte des 18. Jh. alle anderen Jesuskind-Kulte. Votivtafeln haben sich erhalten wie auch alte Andachtsbildchen und Gebetbucheinlagen mit dem Bild des verehrten Kindes. Sogar eine Wallfahrtsmedaille wurde geprägt.

Pilgerziel seit dem 16. Jh. war auch ein wertvolles frühgotisches Kruzifix (14. Jh.) an der Nordwand gegenüber der Kanzel. Christus hängt an einer Astgabel; deshalb wird das Kreuz hier als „Astkreuz“, das Holz des Lebens, verstanden. Der Korpus ist hohl und war mit (über 900) Votivzetteln ausgefüllt, die man durch die Seitenwunde eingeschoben hatte.

Ebenfalls an der Nordwand zwischen Kreuz und Gitter befindet sich ein Glasschrein (16. Jh.) mit einem bekleideten Jesusknaben, einem gotischen Figürchen aus Lindenholz (um 1430). Das Columba-Jesulein ist der ikonographische Typus des „Jesuskindes mit der Weintraube und der Darbietung einer Weinbeere“ und wird dem Meister von Seeon zugeschrieben. Sein Name erinnert an die Mystikerin Columba Weigl (1713 bis 1783) aus München. Im Eingangsbereich, der unter dem Nonnenchor gelegenen Vorhalle, hängt an der Vorderseite des rechten Stützpfeilers ein Bild, auf dem sie mit dem „Astkreuz“ dargestellt ist. Columba Weigl war bereits mit 17 Jahren in das Kloster Altenhohenau eingetreten. Hier hatte sie zahlreiche Visionen und soll 1731 vor dem Kruzifix die Wundmale Christi (Stigmatisierung) erhalten haben. Ihr Jesuskind-Glaubenseifer manifestiert sich in dem gotischen Jesulein, welches sie als „Brautausstattung“ wahrscheinlich mitgebracht hatte. In mystischer Hochzeit soll sie sich dem Jesuskind vermählt haben, sieht ein Wägelchen, in dem ein überaus schönes Kind ... „saß, welches auf das schönste mit einem hochzeitlichen Kleid bekleidet war ... und Columba sah, daß in diesem Wäglein noch ein Sitzplatz war. Auf die Frage, was dies bedeute, wurde ihr geantwortet, daß dieser Platz ihr gehöre;

wenn sie treu bleiben würde, werde sie einstens hineingesetzt und mit ihrem Geliebten in den Himmel fahren“.

Das Columba-Jesulein, um 1430 in barocker Kleidung

In einem kleinen Schrank verwahrt das Kloster heute noch die vielen kostbaren Kleidchen und Mäntelchen des Columba-Jesuleins, dazu eine reiche Auswahl von Schuhen. Der Legende nach soll das Gnadenkindl öfter mit zerrissenen Schuhen auf dem Altar gestanden haben, bis eines Nachts eine Nonne das Jesulein durch das Kloster wandeln und in jede Zelle schauen sah, was die verschlissenen Schuhe erklären würde.

ALTENSTADT (Lkr. Weilheim-Schongau)

Basilika St. Michael

Altenstadt, das frühere *Schongau*, liegt an der ehemaligen Römerstraße *Via Claudia Augusta*, die von Augsburg nach Rom führte. Durch Handelsgeschäfte gelangten die Bürger des Ortes zu erheblichem Wohl-

stand, der den Bau der großen Kirche Ende des 12. Jh. ermöglichte.
Die zwischen 1180–1220 erbaute Kirche ist eine dreischiffige Basilika mit drei parallelen Apsiden und einem Kreuzgratgewölbe, das für die mittlere romanische Periode in Bayern einmalig ist. Der Blickfang im Inneren ist ein überlebensgroßer (3,20 m) Holzkruzifixus aus dem frühen 13. Jh.: der „Große Gott von Altenstadt".
Im Tympanonrelief des Westportals (außen) ist ein Drachenkampf zu sehen, dessen Deutung ungewiß ist. Man nimmt an, daß es sich hier um ein Sinnbild des christlichen Kampfes gegen das die Menschheit bedrohende Böse handelt – eine Darstellung, die der Auffassung des 12./13. Jh. entsprach.
Neben dieser Version wurde längere Zeit auch die Ansicht vertreten, die Kampfhandlung sei mit der Dietrich-Sage in Verbindung zu bringen. Der Drache trägt einen Mann im Maul, Rentwin, der den vor ihm stehenden Ritter um Hilfe anfleht. Da der Ritter aber sein Schwert verliert, bittet Rentwin ihn, sein eigenes Schwert aus dem Maul des Tieres zu ziehen und mit dem Drachen zu kämpfen. Der Lindwurm erliegt nach langem Kampf.
In Dietrich von Bern, einer der bekanntesten Gestalten germanischer Heldendichtung, lebt der Ostgotenkönig Theoderich der Große (471–526) weiter. In der Sage wurde sein Leben tragisch umgedichtet; die höfische Epik des Hochmittelalters hat ihn zu einer Idealgestalt des christlich-ritterlichen Helden gemacht. In märchenhaften Dichtungen kämpft Dietrich gegen übernatürliche Wesen wie Riesen, Zwerge oder auch Drachen.

ALTMÜHLDORF (Stadt Mühldorf/Inn)

Totenkapelle in der Pfarrkirche St. Laurentius
Auf der Hochuferkante des Inns westlich von Mühldorf präsentiert sich die hochragende Kirche als Backsteinrohbau (1500–1518), an den im Osten der barokke rechteckige Altarraum (1758) angefügt ist. In der kapellenartigen Vorhalle (um 1690) befindet sich ein sehenswerter „Totenaltar", flankiert von zwei zierlichen „Tödlein": zwei Skelette in Harnisch, Prunkkleidung und mit Turban versehen. Diese „Schreinwächter", ein Soldat und ein Fürst in der Tracht des Dreißigjährigen Krieges, sind nicht als Tote, sondern als Abgesandte des Todes zu verstehen. Die Kapitelle der in sich gedrehten Säulen sind durch Totenschädel

ersetzt. Über dem Altarblatt der „erlösten Armen Seelen", im Altarauszug, sind drei weitere Totenköpfe zu sehen mit Bischofsmitra, Priesterbirett und Krone. Sie sind Teil eines verkürzten Totentanzes und erinnern daran, daß kein Mensch, egal welchen Ranges, welcher Schicht, vom Tod verschont bleibt.
Vorläufer der Darstellung des Todes als Knochenmann ist ein Fresko auf dem Camposanto, dem Domfriedhof in Pisa/Italien. An den Wänden des dortigen Kreuzgangs befindet sich unter anderen Fresken des 14. und 15. Jh. ein monumentales Wandgemälde, der „Triumph des Todes", dessen bekanntester Ausschnitt die „Legende von den drei Lebenden und den drei Toten" ist: Gezeigt werden drei Könige, die zur Jagd ausgezogen sind und unterwegs ihren verstorbenen Vorgängern begegnen. Diese präsentieren sich in verschiedenen Stadien der Verwesung als grausiges Memento mori und rufen ihren lebenden Nachfolgern zu: „Was wir waren, seid ihr! Was wir sind, werdet ihr sein!"
Das Motiv von den drei Lebenden und drei Toten ist bereits im 3. Jh. im Orient nachweisbar; über Spanien und Frankreich kam es im Mittelalter auch nach Deutschland, wo eine künstlerische Ausgestaltung dieses Themas jedoch relativ selten ist.

ALTOMÜNSTER (Lkr. Dachau)

Kloster

Altomünster wird beherrscht von der auf ansteigendem Gelände errichteten Klosteranlage, deren Basis bereits um 760 erwähnt wird. Im 10. Jh. wurde die Mönchsniederlassung von den Ungarn völlig zerstört. Durch die Welfen erfolgte eine Neubesiedelung mit Benediktinern. Deren Niederlassung wurde nach wechselvollem Schicksal aufgehoben und im 15. Jh. durch Herzog Georg den Reichen als Doppelkloster für Mönche und Nonnen dem Birgittenorden übergeben. Während der Säkularisation durften die Nonnen – im Gegensatz zu den Mönchen, die vertrieben wurden – bleiben. So blieb der Konvent erhalten. Er ist der einzige Birgittenorden in Deutschland.
Die Klosterkirche in ihrer heutigen Form ist der letzte Großbau des Münchner Baumeisters Joh. Michael Fischer, des führenden bayerischen Rokokoarchitekten. Um die Mitte des achten Jahrhunderts ist in der Gegend des heutigen Altomünster in den geschichtlichen Quellen der Eremit Alto nachgewiesen, um den sich viele Legenden ranken. Er hatte über Jahre ein gottes-

Der heilige Alto

fürchtiges Leben geführt. Deshalb bekam er von König Pippin den Wald geschenkt, in dem er lebte, um dort ein Kloster gründen zu können. Der Stumpfenbach, der durch das Tal fließt, führte Wasser genug. Aber auf dem Hügel, auf dem das Kloster geplant war, fehlte es. Da stieß Alto seinen Stab in den Boden, und reines Quellwasser sprudelte hervor. Der Brunnen im Klosterhof zeugt von diesem Wunder. Bei der Rodung des Waldes zeichnete Alto mit seinem Messer nur die Bäume an, die gefällt werden sollten, worauf sie von selbst umfielen. Und die Vögel des Waldes kamen, um das Geäst wegzutragen.
Für die tiefe Gläubigkeit des hl. Alto zeugt auch das Kelchwunder: Bei der Feier der heiligen Messe erschien ihm während der Wandlung, aus dem Kelch emporsteigend, das segnende Jesuskind.
Die Deckenfresken des Malers Joseph Mages von 1768 in der Klosterkirche St. Alto zeigen sowohl das Quell- als auch das Kelchwunder. Der rechte Seitenaltar ist dem heiligen Alto geweiht. Unter der Mensa liegt eine figürliche Darstellung des Heiligen, dem in einem Strahlenkranz das Christuskind im Kelch erscheint.

Altötting

Heilige Kapelle

Schon in der Zeit der Agilolfinger – 748 unter Herzog Tassilo III. – wird Altötting urkundlich als Amtshof Autinga erstmals erwähnt. Diese Pfalz enthielt wohl schon eine eigene Kirche, auf die die achteckige „innere Kapelle" der Hl. Kapelle zu Altötting zurückgeht. Ein typisches Legendenmotiv innerhalb der Gründungsgeschichte ist die Geschichte vom heidnischen Ursprung, wonach der heilige Rupert Anfang des 8. Jh. einen heidnischen, den sieben Planeten geweihten Tempel zur Muttergotteskapelle umgewandelt haben soll. Ein weiterer Markstein in der Entstehung der Gnadenkapelle ist die Einrichtung eines Chorherrenstiftes 877 durch König Karlmann – nach der Absetzung der Agilolfinger (788) wurden die Karolinger Herren des Ortes und der Umgebung. Im 9. Jh. hielten sie hier häufig Hof und die kleine Kirche wurde als Palastkapelle benutzt. 1228 gründete Herzog Ludwig der Kelheimer ein neues Chorherrenstift; um 1490 entstand im Anschluß an das Oktogon ein spätgotisches Langhaus (Burghauser Bauhütte) mit einem spitzen Glockentürmchen. Man faßte die ganze Anlage mit einem Bogengang ein und ersetzte das romanische Dach durch einen hohen Spitzhelm. Das 17. Jh. brachte eine Barockisierung des Inneren.
Die Wallfahrt sctzte mit zwei „Wunderzeichen" um das Jahr 1489 ein und war begünstigt durch das damals schon bestehende hohe Ansehen und Alter der Hl. Kapelle: Ein Kind fiel in den Mörnbach, wurde abgetrieben, nach einer halben Stunde als ertrunken aus dem

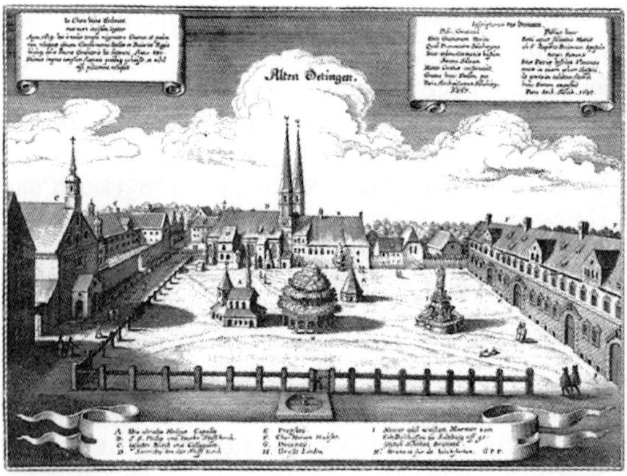

Kapellplatz, um 1670

Wasser gezogen. Die Mutter flüchtete mit dem toten Kind zum Bild der Muttergottes und nach ihren Gebeten wurde das Kind wieder lebendig. Ein anderes Kind stürzte bei der Ernte vom Pferd, geriet unter den Wagen und erlitt so schwere Quetschungen, daß keine Hoffnung mehr bestand. Aber nach Anrufung der Muttergottes war der Junge am nächsten Tag wieder gesund.

Andechs, bis zu diesem Zeitpunkt größter Wallfahrtsort Altbayerns, wurde bald von Altötting überflügelt. Dazu trug bei, daß die Wittelsbacher die Gnadenmutter von Altötting eifrig verehrten und oft sogar jährlich zu ihr pilgerten. Auch die deutschen Kaiser machten, von den Reichstagen in Regensburg kommend, gern den Weg über Altötting. Die Säkularisation (1803) verursachte einen vorübergehenden Niedergang, aber schon bald danach begann mit dem Einzug der Kapuziner (1826) und der Redemptoristen (1841) eine neue Hochblüte. Die Seligsprechung (1930) und Heiligsprechung (1934) des Klosterpförtners Bruder Konrad von Parzham zog weitere Wallfahrer an, die nicht nur die berühmte Schwarze Madonna von Altötting aufsuchten, sondern auch das Grab des einfachen Kapuziners.

Mit über 500 000 Wallfahrern jährlich, von denen etwa 30 000 zu Fuß pilgern, stellt Altötting heute den bedeutendsten Wallfahrtsort Deutschlands dar. Auf die Jahrhunderte alte Verehrung des Gnadenbildes und die Hoffnung der Menschen in ihren Nöten verweisen die vielen Votivtafeln im Inneren und im äußeren Umgang der Kapelle, die geopferten Kerzen und die zahlreichen hölzernen Büßerkreuze, die als Sühneleistung oft von weitem hergeschleppt wurden und mit denen sich die Wallfahrer auch noch heute häufig beladen und mit ihnen auf dem Rücken betend den gedeckten Rundgang der Kapelle umkreisen.

Der Zentralbau der inneren Kapelle beruht auf einem achteckigen Grundriß, an dessen Seiten sich acht halbkreisförmige Nischen ausbuchten. Um die Kapellen zieht sich ein gemauerter Umgang mit schräg ansteigendem Dach. Neben den anscheinend von Anfang an sorgfältig geführten Mirakelbüchern geben die Tafelbilder im Umgang, weitgehend von einem unbekannten Maler um 1520 im Auftrag der Kapelle erstellt, Einblick in die vielfältigen Nöte und Anliegen der Pilger. Die beigefügten Texte unterrichten über das Dargestellte: Einer verletzt sich beim Vogelschießen an einem Pfeil; das verloren geglaubte Auge gesundet nach Anrufung der Muttergottes. Nach langer rätselhafter Krankheit und einem Gelübde gehen von einer Magd nach Anrufung der Muttergottes dreizehn Schlangen ab. Besondere Beachtung im Umgang verdient Bild 4, wo ein Sporer aus Augsburg genannt ist, der ans Rad geflochten wurde, dies überlebte und ein wächsernes Rad mit einem Mannsbild darauf zu opfern verspricht – ein gewiß seltenes Motiv! Merkwürdig berührt der Text von Bild 42, wo ein Mann genannt ist, dem eine Kröte auf der Zunge gewachsen war und der sich mit einer wächsernen Zunge und einer Kröte darauf verlobte. Auch für die Geschichte der Opferdarbringung sind die Tafeln von Interesse. Als Weihegaben zum Dank oder auch zur Sühne spendete man gern Naturalien wie Flachs oder Schmalz, außerdem den Erlös aus dem Verkauf von Leinwand, Kleidern oder Vieh. Sehr beliebt waren Kerzen, die an der Gnadenstätte angezündet wurden, oder Wachsvotive: Nachbildungen einzelner Körperteile oder gar in ganzer Figur selbst bis zu Lebensgröße – sinnfälliger Hinweis auf Gebrechen oder erbetene Gnaden. Vornehme und reiche Leute brachten wohl auch Kleinodien zur Ausschmückung der Kirche oder zur Zier des Gnadenbildes. Die in der Sakristei der Stiftskirche untergebrachte Schatzkammer enthält neben sehr schönen Beispielen der Gold- und Silberschmiedekunst eine reiche Sammlung von Weihegaben an die Madonna von Altötting.

Das spätgotische, flachgedeckte Langschiff dient als Vorraum der inneren Kapelle, die man durch das spätromanische Portal betritt und deren Mauern mit

Gnadenaltar, um 1670

schwarzem Stuckmarmor (1886) verkleidet sind. In der Ostnische befindet sich das Silbertabernakel des Gnadenaltars (1645). Das Gnadenbild der Muttergottes stammt aus der Zeit der Frühgotik (1. Hälfte 14. Jh.) und wird seit Anfang des 16. Jh. prächtig bekleidet. Der jetzige schwere Prunkornat geht auf das 17. Jh. zurück. Die Legende erzählt, die dunkle Farbe des Gnadenbildes komme daher, daß die Ungarn im Jahre 907 die Kapelle mit Feuer heimgesucht hätten und allein das Gnadenbild unversehrt geblieben sei. Tatsächlich ist die schwarze Färbung durch das jahrhundertelange Abbrennen von Opferkerzen entstanden.

Die Nische hinter dem Altar ist mit einer silbergetriebenen Wurzel Jesse (entworfen von Tobias Schinagl, modelliert von Balthasar Ableitner, Goldschmiedarbeiten Franz Oxner; 1670) und einer silbernen Gruppe der Hl. Dreifaltigkeit im Bogenfeld (1673) verkleidet. Rechts der Nische befindet sich eine wertvolle, annähernd lebensgroße Silbergußfigur des knieend anbetenden Kurprinzen Max Joseph. Der (zehnjährige) kleine Rokokokavalier (der nachmalige Kurfürst Max III. Joseph) hat die feingliederigen Hände über der Brust gekreuzt. Er ist gerade im Begriff, sich betend auf ein prächtiges Kissen zu knien, der Helm liegt vor ihm, den Degen trägt er an der Seite. Der Brustharnisch ist mit dem breiten Band des Ritterordens vom hl. Georg geschmückt, den Kurfürst Karl Albrecht (der nachmalige Kaiser Karl VII., Vater des dargestellten Prinzen) 1729 erneuert hat. Karl Albrecht war auch der Stifter dieses Silberbildes, das er der Gnadenmutter von Altötting 1737 nach einer schweren Krankheit seines Sohnes widmete. Es wiegt 41 Pfund, was dem Gewicht des Kranken entspricht. Durch den niederländischen Bildhauer Wilhelm de Groff wurde das Votivbild zu einem Symbol höfischer Frömmigkeit.

Ursprünglich gab es eine Vielzahl von lebensgroßen Wachsfiguren fürstlicher Persönlichkeiten (im Jahre 1623 waren in der Gnadenkapelle dreißig solcher Wachs-Fürstenbildnisse). Wachsfiguren sind – wie die Opferkerze – Symbol für die Selbstverzehrung im Dienst für andere. In der Wärme der Kapelle hatten sie jedoch keinen längeren Bestand, weshalb man später dazu überging, Votivbilder in Edelmetall zu formen. Die Statue des „Silberprinzen" ist nur der Rest von vielen hier einst vorhandenen Votivfiguren, die Kriege und Säkularisation nicht überstanden haben.

Eine kulturgeschichtliche Besonderheit ist die Hörigmachung durch blutschriftliche Lebensweihe, nach

der Kurfürst Maximilian I. und sein Sohn Ferdinand Maria sich durch ein mit dem eigenen Blut geschriebenes Dokument der Muttergottes von Altötting verschrieben. Die geheimnisvolle Kraft des Blutes, mit der man sich im Volksglauben sonst nur dem Teufel verschreibt, ist hier ins Positive gewendet und stellt geschichtlich einen Sonderfall dar. Die enge Bindung der Wittelsbacher ist des weiteren durch die Sitte betont, die Herzen der Wittelsbacher bis zum Letztregierenden in Altötting beizusetzen: Gegenüber dem Gnadenaltar werden in Wandschränken die Herzen von sechs bayerischen Königen, zwei Königinnen und zwei Kurfürsten bewahrt. Besonders prächtig ist in einer südlichen Nische (rechts) das Denkmal für die Herzen Kaiser Karls VII. und seiner Gemahlin Amalia gestaltet (1745, Johann Baptist Straub). Der große Aufbau zeigt die Büste des Kaisers, eine trauernde Bavaria, den Reichsadler, den bayerischen Löwen und Kriegsfahnen.
Das vermutlich älteste deutsche Votivbild dürfte die gemalte Tafel von 1501 sein, die von einem Bauernknecht namens Oswald Dienstl wegen „hinfallender Krankheit“ (Epilepsie) verlobt wurde und an der linken Längswand im Inneren der Kapelle hängt. Es zeigt den vor dem Gnadenbild knienden Votanten und erwähnt im Text die Spende eines wächsernen Auges. Daneben gibt es aber auch neuere Votivbilder aus den letzten beiden Weltkriegen bis in unsere Zeit hinein, die zeigen, daß die Wallfahrt auch heute noch lebendig ist.

Kapuzinerkloster und Bruder-Konrad-Kirche
Neben den Jesuiten setzten sich auch die „Minderen Brüder“ des hl. Franziskus für die Wallfahrtsseelsorge ein. Mit Hilfe der Kurfürstin-Witwe Anna wurden sie 1653 nach Altötting berufen; ihr zu Ehren erhielt die Kirche das Patrozinium der hl. Anna. Nachdem zuerst die Jesuiten (1773) durch die Aufhebung ihres Ordens von Altötting vertrieben wurden, verbannte man 1802 auch die Franziskaner aus Altötting und erklärte die leerstehenden Gebäude zum Aussterbekloster für insgesamt 150 Kapuziner aus Ober- und Niederbayern. Erst 1826 gestattete König Ludwig I. die Aufnahme von Novizen und ordnete die Wiedererrichtung der bayerischen Kapuzinerprovinz an. Ihr Sitz wurde St. Anna (1834); 1873 übernahmen die Kapuziner auch St. Magdalena und wurden von da an zum beherrschenden Orden für die Wallfahrtsseelsorge in Altötting.

1961 ist die Kirche umbenannt worden nach einem außerhalb Bayerns kaum bekannten Heiligen: Bruder Konrad von Parzham. Johann Birndorfer, wie sein bürgerlicher Name lautet, kam am 22. 12. 1818 auf einem Bauernhof im niederbayrischen Parzham zur Welt. Nach dem Tod der Eltern bewirtschaftete er zunächst zusammen mit einigen seiner zahlreichen Geschwister den Hof; 1849 trat er mit 31 Jahren als Laienbruder bei den Kapuzinern in Altötting ein, wo er 1852 die Profeß ablegte. Sein weiteres Leben war arm und bescheiden; mehr als 41 Jahre hat er den Dienst an der Klosterpforte versehen. Er starb am 21. 4. 1894. Am 14. 10. 1912 wurden die Gebeine erhoben; 1930 erfolgte die Selig-, 1934 die Heiligsprechung.
Die ehemalige Franziskaner- und spätere Kapuzinerkirche hat seither manche Veränderungen erfahren. 1930 wurde unter einem eigens errichteten Altar mitten im Raum ein gläserner Reliquienschrein installiert, in welchem eine wächserne lebensgroße Nachbildung des Heiligen zu sehen ist. Glasgemälde in den Fenstern erzählen aus seinem Leben.
In den 50er Jahren wurden Kirche und Kloster völlig umgestaltet; vom Kloster ist nur die alte Pforte in der Form wie zu Lebzeiten Konrads erhalten geblieben. Heute steht hier über einem Brunnen, dessen Wasser als heilkräftig gilt, eine lebensgroße Bronzefigur des Heiligen (G. Busch). Die meisten Darstellungen zeigen ihn im Kapuzinerhabit, wie er, das Kreuz in der Hand, Brot austeilt.
Ein besonderes Brauchtum um den volkstümlichen Heiligen ist die Sitte, ihm längere, oft ausführliche Briefe zu schreiben. In Umschläge gesteckt und mit Adresse versehen (z. B. an den heiligen Bruder Konrad in Altötting oder den heiligen Bruder Konrad im Himmel) werden die Briefe entweder am Grab des Heiligen niedergelegt oder dem Kloster durch Boten übersandt.

AMMERSEE (Lkr. Landsberg)

Der Ammersee entstand am Ende der letzten Eiszeit. Aus dem *Loisachtal* hatte sich ein mächtiger Gletscher nach Norden geschoben, und als er sich zurückzog, sammelten sich die Schmelzwasser, deren Abfluß durch die Endmoränenwelle nördlich von *Grafrath* verhindert wurde. Der See erstreckte sich früher im Norden bis Grafrath und im Süden bis zum Peißenberg und bildete eine Art natürlichen Stausee. Der Wasserspiegel wurde durch den Wasserablauf der Amper gesenkt, die Ammer brachte Geröll aus den Bergen, was dazu führte, daß der See im Norden und Süden verlandete. Es bildeten sich das Ampermoos (der Fluß heißt bis zum Eintritt in den See Ammer, nach seinem Austritt Amper), das Ammermoos und das Weilheimer Becken. Zum Ammersee gehörten ursprünglich auch die inzwischen abgetrennten Wörthsee und Pilsensee im Nordwesten. Der See ist 16 km lang, drei bis sechs km breit, seine größte Tiefe beträgt 83 m. Mit seiner Gesamtfläche von 47 qkm ist er 10 qkm kleiner als der Starnberger See.

Seen, Teiche, Flüsse und Brunnen sind dem Volksglauben nach von dämonischen, meist tückischen Wesen bewohnt; sie symbolisieren die durchaus realen Gefahren offener Gewässer. Auch im Ammersee soll ein solches Wesen hausen. Die Sage erzählt, man habe einstmals einen Verbrecher in einem Glassturz tief bis auf den Grund des Sees hinuntergelassen, aber schnell wieder heraufgezogen, als unter ihm eine Stimme rief: „Ergründst du mich, so verschling ich dich!“ Seitdem las man jährlich am Ammersee eine heilige Messe und warf einen goldenen Ring hinein; beides sollte den Seedämon besänftigen und bannen, damit der See nicht das Land überschwemme.

Nach einer anderen Sage war das Ammerseetal einst fruchtbares Land und wurde von drei Fräulein, die in einem südlich von Bischofsried auf dem Jungfernberg gelegenen Kloster lebten, mit dem Pflug bestellt. Als sie aber einen Fluch über die Gegend aussprachen, soll das Tal von Wasser überflutet und der See an seine Stelle getreten sein.

→ Bischofsried → Dießen

ANNABRUNN (Gem. Obertaufkirchen, Lkr. Mühldorf/Inn)

Wallfahrtskirche St. Anna, Quelle und Grotte

Auf der B 12 von *Haag* Richtung *Mühldorf* befindet sich nach ca. 7 km links eine Abzweigung nach Annabrunn. Nach 4 km auf schmaler Straße stehen die Kirche zur Heiligen Mutter Anna und ein Gasthaus, hinter dem die Quelle in einem Brunnen gefaßt ist. Bereits um 1500 schon soll die heilende Wirkung des Wassers für Hautkrankheiten und Augenleiden bekannt gewesen sein. Ein Eintrag im Schwindegger Saalbuch berichtet 1591 von Votivtafeln aus dem frühen 16. Jh. Aus der gleichen Zeit könnte auch die nachfolgende Legende stammen:

Das Kind einer Bäuerin war an Aussatz erkrankt. Eines Tages begegnete ihr eine alte, gut gekleidete Frau und riet ihr, ins „Aignerholz“ zu gehen. Dort werde sie unter einer Tanne, auf der eine weiße Taube sitze, eine Quelle mit heilkräftigem Wasser finden. Nach mehrmaligen Waschungen wurde das Kind völlig gesund. Die Bäuerin glaubte in der Frau die heilige Anna, die Mutter Mariens, erkannt zu haben, daher der Name Annabrunn. Die heilige Anna wird als Patronin der Mütter und der Familien verehrt, aber auch Arme, Kranke und Sterbende bitten um ihre Hilfe.

Gegen Ende des 17. Jh. mußte die altersschwache Tanne gefällt werden. Drei Quellen kamen dabei zum Vorschein. Um die zahlreichen Tafeln und Votivgaben wie beispielsweise Flachs und Wachsfiguren, welche am Stamm der Tanne befestigt waren, zu erhalten, ließ die Schwindegger Grundherrin Anna Regina Gräfin Fugger 1685 zunächst ein „Hüttlein“ errichten. Bereits ein Jahr später konnte an seiner Stelle mit den Geldern aus dem darin aufgestellten Opferstock eine kleine St. Anna-Kapelle errichtet und 1687 eine Hütte für Waschungen und Bäder mit dem Quellwasser gebaut werden. Durch die enge Verbindung zwischen Anna-Kult und der Heilkraft des Quellwassers entstand eine blühende Wallfahrt und reger Badebetrieb.

Die Kapelle wurde 1782–84 zur Wallfahrts- und Umrittskirche umgebaut. Einmal im Jahr, am Sonntag nach dem Anna-Tag (25. 7.), fand eine Pferde-Wallfahrt statt. Beim Anna-Brünnlein wurden den Pferden die Augen gewaschen. Anschließend ließ man sie in der Anna-Kirche segnen. Dabei wurden sie durch zwei eigens dafür gebaute rundbogige Tore an der Rückseite geführt. Diese Tradition endete um 1910. Die unter der Tanne entsprungenen Quellen spenden heute das aus zwei Rohren fließende Wasser für das darunterliegende Schwimmbecken des Gastwirts. Lediglich die Tuffsteingrotte hinter dem Brunnenbecken, überdacht von einem Holzunterstand, weist mit einer Anna-Figur darauf hin, daß es sich hier um die Fassung einer „heiligen“ Quelle handelt. Die Darstellung „Unterweisung Mariens“ aus Gips zeigt, wie die hl. Mutter Anna ihrer Tochter das Lesen der Heiligen Schrift beibringt.

→ München

ANZING (Lkr. Ebersberg)

Pfarr- und Wallfahrtskirche St. Maria Geburt

Die barocke Kirche ist am Nordostrand des älteren, nördlichen Dorfteiles mit ihrem charakteristischen

Zwiebelturm weithin sichtbar. Sie steht an der Stelle einer älteren Marienkirche und wurde vom Schlierseer Maurermeister Jörg Zwerger 1677–1681 erbaut.
Auf dem Hochaltar über dem Tabernakel steht unter einem Säulenbaldachin das Gnadenbild einer stehenden Muttergottes. Sie trägt Krone und Zepter, in ihrer Linken hält sie das Kind, welches seine Arme weit ausbreitet. Die zierliche Figur ist aus Lindenholz (13./14. Jh.) und gilt als Stiftung des Ortsadels der Sunderndorfer.
Über den Ursprung der Wallfahrt „Zu unserer Lieben Frau von Anzing" berichtet ein großes Ölgemälde an der Westwand der 3. Kapelle links hinten. Auf diesem ist ein langer Prozessionszug abgebildet, welcher seinen Ausgangspunkt in München nimmt und in Anzing endet.
Die Legende berichtet von drei Münchnerinnen, die 1625 nach Altötting pilgerten und auf dem Heimweg in der Anzinger Kirche das heutige Gnadenbild entdeckten, welches ‚stund in den hintern Winkel der Kirchen". Sie nahmen die unbeachtete Marienstatue „mit des Pfarrherrn Erlaubnis" mit nach München, ließen sie neu fassen und stellten sie in einem Weberhaus bei der Kreuzkirche auf. Dort entfaltete sich eine große Zuneigung zu ihr, „nit anders, als wan dieses Wöberhaus eine Kirche wäre". Wegen der zahlreichen Gebetserhörungen wurde das Gnadenbild in die Münchner Pfarrkirche St. Peter getragen, von wo es schließlich „samt den Opfer in einer herrlichen Prozession widrum nach Anzing gebracht" wurde.
Die Wallfahrt zu „Unserer lieben Frau nach Anzing" ist heute fast in Vergessenheit geraten. Nur noch kleine Gruppen von Wallfahrern finden sich zur „Dreizehner-Wallfahrt" (am 13. jeden Monats) hier ein.

ASCHOLDING (Gem. Dietramszell, Lkr. Bad Tölz-Wolfratshausen)

St. Georgskapelle auf dem Bühel
Nordöstlich von *Geretsried* liegt die kleine Gemeinde Ascholding mit einer der ältesten Kirchen im Umkreis, der St. Georgskapelle. Sie liegt auf einem kleinen Hügel südlich des Ortes, im Volksmund „Georgibichl" genannt und stammt aus der 2. Hälfte des 17. Jh. Die Längswände im Innern sind bemalt mit Szenen aus der Legende des Hl. Georg, der auch „Schimmelreiter" genannt wird. Sie gehört zu den sogen. Schimmelkapellen, die man in Bayern vielerorts findet. Das Hauptverbreitungsgebiet ist jedoch die

Hallertau. Der legendäre Hintergrund aller Schimmelkapellen geht auf folgende Begebenheit zurück: Ein junger Schimmel, der in der Gegend dem Schutzpatron der Pferde zuliebe auf dem Hügel frei laufen durfte, verirrte sich durch eine offene Tür ins Innere der Kirche. Kaum war er drinnen, fiel die Tür hinter ihm zu. Weil aber zu der einsam gelegenen Kirche lange Zeit niemand kam, mußte er elend verhungern. Man fand ihn später tot am Altar.

Der Georgibichl, der auch Birnberg oder einfach Birn genannt wird, gilt seit altersher als unheimlicher Ort, von dem man sagt, hier sei in früheren Zeiten ein Wodans-Heiligtum gewesen. Es soll sich dort außer dem Geist des verhungerten Schimmels auch ein Geisterhund mit Augen wie glühenden Kohlen herumtreiben. Außerdem taucht um Mitternacht – so erzählt man – manchmal die „Birnhexe“, ein uraltes Weib mit wirren Haaren, auf. Und nur laute Gebete können den, der sie sieht, vor einem schlimmen Schicksal bewahren.

→ Enzelhausen

ATTEL (Stadt Wasserburg, Lkr. Rosenheim)

Ehem. Benediktiner-Klosterkirche, jetzige Kath. Pfarrkirche St. Michael

Attel (Hatile) ist die älteste Kultstätte der Gegend. Die 807 erwähnte St. Michaelszelle liegt auf dem malerischen Berg zwischen der Attel und dem Inn, 7 km südlich von Wasserburg. Sie gehört zu den ältesten Besitzungen des Freisinger Domstifts. Graf Arnold von Andechs gründete 1038 ein Kloster, welches 1145 zur Benediktiner-Abtei erhoben wurde. Seit der Säkularisation 1803 dient die Kirche als Pfarrkirche. Im Vorchorjoch an der nördlichen Seite ist seit 1786 der Kreuzaltar errichtet. Er stammt aus der Wallfahrtskirche zum Hl. Kreuz (1665), welche wegen Baufälligkeit abgerissen wurde. Auf dem Wallfahrtsaltar steht in festlicher Umrahmung das Gnadenkruzifix (1200–1230) „Unser Herr im Elend“.

Seit dem 4. Jh. ist die liturgische Verehrung des Kreuzes im Gottesdienst der Kirche fest verankert. Zur selben Zeit blüht die Kreuzreliquienfrömmigkeit auf, die im römischen Weltreich weit verbreitet ist. Als Kreuzaltar wird der am Übergang vom Langhaus zum Chor in Volksnähe aufgestellte Altar bezeichnet. Beim Aufkommen des Lettners wurde er meistens zum Volksaltar.

Eine Serie von Ölbildern, die jetzt in den Seitenkapellen von Attel hängen, berichtet über die Geschichte dieser Wallfahrt. Laut Gründungslegende wurde das Kreuz 1628 vom Klosterfischer aus den Fluten des Inns geborgen; es soll innaufwärts geschwommen sein und dabei geseufzt haben „oh Elend, oh Elend!“ An seiner Fundstelle, unterhalb des Klosterberges, wurde die ehemalige Wallfahrtskirche erbaut.

AUFKIRCHEN (Gem. Berg, Lkr. Starnberg)

Pfarr- und Wallfahrtskirche Maria Himmelfahrt
Ufkiricha, die „Kirche auf der Anhöhe“ wird in einer Urkunde 1017 erwähnt: ein Graf Otto schenkte Ufkiricha als Seelgerät an den Bischof von Freising. 1499 wurde die gotische Kirche erbaut, der Überlieferung nach an der Stelle, wo es schon Vorgängerkirchen gab. Die Weihe war 1500; den Neubau förderten die Wittelsbacher Herzöge Sigmund und Albrecht IV.
Die Legende berichtet, daß ein Ochsengespann den Standort der neuzuerbauenden Kirche bestimmte. Da der Platz der alten Kapelle für ungeeignet gehalten wurde, umgab man die Stelle mit Dornen und dichtem Gehege. Die Ochsen aber trugen den ihnen aufgeladenen Grundstein mitten durch das Gestrüpp und blieben am alten Platz stehen.
Die im süddeutschen Raum häufig vorkommenden Gespannwunderlegenden beruhen auf der im Volksglauben verbreiteten Ansicht, daß Tiere eine Seele haben und oft ein die menschlichen Fähigkeiten übertreffendes Ahnen besitzen. Darüber hinaus ist das Phänomen der weisenden Tiere Ausdruck göttlichen Willens.
Ende des 17. Jh. kam Aufkirchen durch den bayerischen Kurfürsten Ferdinand Maria an die Augustiner Mönche in München, die die berühmte Aufkirchener Wallfahrt bis zur Säkularisation unterhielten. Seit 1896 ist das Kloster Heim der Unbeschuhten Karmelitinnen. Ihr heutiges Aussehen erhielt die Kirche nach einem Brand 1626. Die einschiffige, gotische Kirche wurde dem Zeitgeschmack entsprechend architektonisch im Stil der Spätrenaissance verändert. Die Apostelfiguren an den Wänden schuf der Münchner Hofbildhauer Christoph Angermair.
Die Herzöge Sigmund und Albrecht IV. stifteten Ende des 15. Jh. das Gnadenbild, eine thronende Muttergottes mit Kind, die sich heute am südlichen Chorbogen befindet.
In den Mirakelbüchern der Kirche, die von 1500 bis zur Säkularisation geführt wurden, wird von Gebetserhörungen berichtet und werden die Wirkungen des

wundertätigen Gnadenbildes beschrieben, das 1704/1705 während des Spanischen Erbfolgekrieges in die Münchner Augustinerkirche in Sicherheit gebracht wurde und alle Kirchenbrände überstanden hat. Votivbilder und Kerzen erinnern an die große Zeit der Wallfahrt.

BAD REICHENHALL (Lkr. Berchtesgadener Land)

Ehem. Augustinerchorherrn-Stiftskirche St. Zeno
„Hall" ist das althochdeutsche Wort für „Salz". „Reich an Salz" ist auch heute noch die Salinen- und Kurstadt Bad Reichenhall. Mitte des 3. Jh. entstanden Siedlungen im Ortsteil *St. Zeno*, von den Römern wegen der Salzgewinnung „salinae" genannt.
Die Geschichte des Stiftes reicht quellenmäßig in das 8. Jh. zurück. Auf dem Klostergelände befand sich ursprünglich ein römisches Gräberfeld. Die erste Erbauung der Kirche wird Kaiser Karl dem Großen (803) zugeschrieben. Zum Schutz der Salzstollen wurde sie dem hl. Zeno geweiht, dem Schutzpatron gegen Hochwasser. Im Tympanon des romanischen Westportals (um 1200) steht er neben der thronenden Maria. Als Bischof von Verona (362 – ca. 380) wird er in Pontifikalkleidung mit Bischofsstab und Buch dargestellt, auf dem zwei Fische liegen. Der Legende nach ernährte sich der hl. Zeno vom Fischfang aus der Etsch. Eines Tages schenkte er drei Männern je einen Fisch. Einer von ihnen nahm noch heimlich einen vierten aus seinem Korb. Als aber der gestohlene Fisch munter im kochenden Wasser herumschwamm, brachten die Männer den Fisch zurück und baten den Heiligen um Verzeihung.

Burgruine Karlstein
Der heutige Ortsteil Karlstein lag im römischen Noricum. Hier stand die ehem. Burg, seit 1817 Ruine.
Einer Sage nach verband früher eine lederne Brücke die Burg auf dem Karlstein mit einem gegenüberstehenden Turm. Sie soll Schauplatz eines tragischen Geschehens gewesen sein: Ein junges Burgfräulein wurde gezwungen, einen Mann zu heiraten, den es nicht liebte. An ihrem Hochzeitstag stürzte sie sich aus Verzweiflung von der Brücke in den Tod. Seitdem soll ihre Seele noch immer am Unglücksort herumirren und unten am Burgfelsen das Weinen und Klagen des Burgfräuleins zu hören sein.

Schlafende Hexe

Etwa auf halber Strecke der Straße von Bad Reichenhall nach *Berchtesgaden* fällt der Blick auf das Lattengebirge (eine 1735 m hohe Gruppe der Salzburger Kalkalpen auf deutschem Staatsgebiet zwischen dem Paß Hallthurm und der Schwarzbachwacht) mit dem markanten Bergzug der „Schlafenden Hexe". Mit einiger Phantasie kann man in ihm eine liegende Frauengestalt erkennen; Ansichtskarten, die an der stereotypen Ausformung des Hexenbildes, wie es sich im 19. Jh. durch die Märchen der Brüder Grimm und Ludwig Bechsteins ausgebildet hat, orientiert sind, verfestigen das auf äußere physiognomische Merkmale fixierte Bild der typischen Norm-Hexe als alter Frau von abstoßendem Äußeren: die „Schlafende Hexe", ausgestreckt auf den Gipfeln des *Predigtstuhls* und des *Schlegels*, hat ein spitzes Kinn und eine lange, spitzige Nase, die sich in den Himmel strecken.

Hof in Loipl, im Hintergrund die „Schlafende Hexe"

Eine ätiologische Sage sucht sowohl die auffallende Felsformation wie auch das hier nicht selten auftretende Phänomen des Steinschlags zu erklären; die Legende bringt sie mit dem Wirken der heiligen Bischöfe Zeno von Verona († um 380) und Martin von Tours († 397) in Verbindung. Beide wirkten als Missionare und Prediger, bekämpften die Arianer, eine religiöse Sekte des 4. Jh. Als nach Zenos Tod die bayrische Bevölkerung zu seinem Grab im Dom von Verona zu pilgern begann, soll am Hallthurmpaß eine Hexe ihr Unwesen getrieben haben: sie reichte den Reisenden mit Gift versetzte „erfrischende" Getränke und rollte große Felsbrocken von den Berggipfeln herab, um die unten vorbeiziehenden Gläubigen zu töten. Schließlich konnte der hl. Martin ihrem teuflischen Treiben Einhalt gebieten: auf einer Missionsreise in seine Heimat Ungarn entkam er beim Hallthurmpaß knapp einer von der Hexe ausgelösten schweren Steinlawine und hielt ihr, auf der Paßhöhe angekommen, sein Brustkreuz entgegen. Daraufhin wurde sie von unsichtbaren Kräften in die Luft geschleudert und fiel, in Stein verwandelt, auf den Gipfeln des Predigtstuhls und des Schlegels nieder.

Die steinerne Agnes

Von Bad Reichenhall aus ist das *Lattengebirge* in ca. drei Stunden zu Fuß zu erreichen. Hier erhebt sich eine schlanke Felsspitze, Steinerne Agnes genannt. Eine Sage, welche dieses auffallende Naturgebilde zu erklären sucht, berichtet, daß die Sennerin Agnes eines der „saubersten Dirndl“ im Land gewesen sei: flink bei der Arbeit und lustig, wenn von anderen Almen Burschen und Sennerinnen zu Besuch kamen. Sie war auch fromm. Dies ärgerte den Teufel. Als Jäger, Hirt und Musikant wollte er sie verführen, aber Agnes blieb standhaft. Eines Tages trieb der Teufel ihre schönste und beste Kuh weit weg von der Herde. Nachdem Agnes nach langem Suchen das Tier gefunden hatte und es heimtreiben wollte, stand plötzlich der Teufel als Wildschütz mit funkelnden Augen vor ihr. Agnes lief voll Angst davon, gejagt vom Teufel. Entkräftet sank sie zusammen und bat in ihrer Not die Muttergottes um Beistand. Da öffnete sich die steinerne Wand – Agnes lief hindurch und glaubte, dem Teufel entronnen zu sein. Dieser aber war ihr auf den Fersen. Als er auf sie losstürzen wollte, rannte er sich seine Nase ein, denn Agnes war zu Stein geworden. Noch heute heißt die steinerne Wand das *„Teufelsloch“*.

Bad Tölz

Kalvarienberg mit Leonhardikapelle

Rechts der Isar, nordwestlich auf einer Anhöhe über der Stadt erhebt sich der Kalvarienberg, eine der bemerkenswertesten Anlagen dieser Art in Bayern, gestiftet Anfang des 18. Jh. vom kurfürstlichen Salz- und Zollbeamten Friedrich Nockher aus Tölz.

Westlich der Doppelkirche Heilig Kreuz, die zur Kalvarienberganlage gehört, steht die kleine, kettenumspannte Leonhardikapelle, ein interessantes Beispiel für den Bedeutungswandel einer Votivkapelle. Sie erinnerte ursprünglich an die bekannte Sendlinger Mordweihnacht von 1705 (→ Kochel): Aus Dankbar-

Tölz im 17. Jahrhundert. Holzschnitt

keit für die Rückkehr aus der Sendlinger Bauernschlacht hatten 1718 einige Tölzer zu Ehren der Mutter Gottes eine kleine Votivkapelle gebaut; eine Seitenfigur darin war der heilige Leonhard, der Viehpatron der Bauern. Während einer Viehkrankheit im Jahre 1743 wandte sich die Verehrung immer mehr dem heiligen Leonhard zu, und es wurde Brauch, alljährlich am 6. November ihm zu Ehren mit geschmückten Roßgespannen um die Kapelle zu fahren. Leonhardifahrten sind in Oberbayern weit verbreitet. Eine der bekanntesten findet in Bad Tölz statt. Vorreiter führen die Prozession an, ihnen folgen die Teilnehmer auf sogenannten „Leonharditruhen“, das sind Kastenwagen, die mit Bildern und Texten aus der Legende des Heiligen bemalt sind. Musikkapellen und Einzelwallfahrer schließen sich dem Zug an.
Eine Legende erzählt, daß bei einer dieser Leonhardifahrten die Pferde scheuten und mit dem vollbesetzten Wagen den Berg hinunterrannten. In seiner Not gelobte der Bauer, der den Wagen fuhr, dem heiligen Leonhard eine Eisenkette zu stiften, lang genug, um die ganze Kapelle zu umspannen. Wunderbarerweise kam auch keiner zu Schaden, und der Bauer ließ die Kette anfertigen.
Der heilige Leonhard, Sproß einer fränkischen Adelsfamilie, lebte im 6. Jh. als Einsiedler, später als Abt des Klosters Noblac bei Limoges. Ihm wird neben vielen anderen Wundern vor allem die Fürsorge für die Gefangenen zugeschrieben, deren Ketten oft durch das an ihn gerichtete Gebet zersprangen. Besonders in der Barockzeit wurde er einer der volkstümlichsten Heiligen, bald auch der Patron der Kranken und Helfer in allen Nöten einer bäuerlich strukturierten Welt (Vieh, Wetter). Sein Attribut, die Kette (oft mit Halsring und Schloß), wird entweder als Gefangenen- oder Viehkette gedeutet. Besonders als Nothelfer für Pfer-

de angerufen, sind in den St. Leonhard geweihten Kirchen oft Hufeisen als Votivgabe geopfert worden und zwar in solcher Fülle, daß man sie, zu Ketten aneinandergefügt, um die Kirche legte (Kettenkirchen).

BAUMBURG (Gem. Altenmarkt an der Alz, Lkr. Traunstein)

Ehem. Augustiner-Chorherrenstift und Klosterkirche St. Margaretha

Auf bewaldeter Höhe über dem Zusammenfluß von Traun und Alz thront majestätisch das einstige Augustinerkloster Baumburg, weithin sichtbar über den nordöstlichen Chiemgau. Die Doppelturmfassade der Stiftskirche stammt noch vom Vorgängerbau, welcher auf Betreiben der Gräfin Adelheid von Sulzbach im 12. Jh. errichtet wurde. Anläßlich der 600-Jahr-Feier 1756 erfolgte 1754–57 ein Neubau vom Trostberger Baumeister Franz Alois Mayr. Felix Anton Scheffler, Hofmaler in Prag und Asam-Schüler, hat das Gewölbe mit riesigen Fresken geschmückt. Bemerkenswert in der Ausstattung der Kirche ist die in die Kirchenwand links vom Eingang eingemauerte Deckplatte aus rotem Marmor eines um 1430 entstandenen Hochgrabes mit dem Reliefbildnis der Gräfin Adelheid von Sulzbach in ganzer Figur als Stifterin mit dem Kirchenmodell, eine Salzburger Arbeit.

Im Deckengemälde des Presbyteriums wird das Begräbnis der Gräfin und ihre drei Ehemänner dargestellt und die Entstehungsgeschichte der Kirche erzählt. Als Tochter des Grafen Kuno von Megling-Frontenhausen wurde sie 1075 geboren. Sie heiratete in erster Ehe den wesentlich älteren Marquart von Marquartstein, der nur wenige Monate nach der Trauung auf der Jagd erschlagen wurde. Auf dem Totenbett setzte er seine junge Frau als Alleinerbin ein mit der Verpflichtung, die bereits von seinem Großvater verfolgten Pläne zur Neugründung eines Klosters weiter zu verfolgen. Erst auf dem Sterbebett (1153) erinnerte sich Adelheid an ihr Versprechen und ließ ihren dritten Ehemann, Graf Berengar von Sulzbach, im Beisein von zwölf Rittern schwören, daß er in Baumburg ein Kloster errichten und sie dort begraben werde. Der Sage nach hat die schöne Gräfin in ihrem Grab keine Ruhe gefunden haben. In ein graues Tuch gehüllt soll sie mit angezogenen Füßen in so geringer Höhe über dem Erdboden umherschweben, „daß sie noch Menschen und Rosse streift“. Im gewaltigen Deckenfresko werden Szenen aus dem Leben des hl. Augustinus (354–430) und der Missionstätigkeit der Augustiner dargestellt. Die meisten bildlichen Darstellungen zeigen Augustinus im bischöflichen Ornat, in der Hand ein Buch und ein brennendes Herz oder auch ein von Pfeilen kreuzweise durchbohrtes Herz als Zeichen seiner feurigen Gottesliebe. Das Deckenfresko der Baumburger Stiftskirche hingegen stellt eine legendäre Begebenheit aus dem Leben des Heiligen dar: als Augustinus einst über das Geheimnis der Heiligen Dreifaltigkeit nachdachte, bemerkte er am Meeresstrand einen spielenden Knaben, der mit einer Muschel Wasser in eine Sandgrube goß. Auf seine Frage antwortete das Kind, es sei leichter, das Meer in eine kleine Grube zu schöpfen, als den unendlichen Gott mit dem Verstand zu begreifen.

BENEDIKTBEUERN (Lkr. Bad Tölz-Wolfratshausen)

Kloster

Das Kloster Benediktbeuern, an der Nordseite der *Benediktenwand* am Rande des weiten Moors, wurde um 740 von der Familie der Huosi gegründet. Es war das erste Benediktinerkloster im nördlichen Alpenvorland. Karl der Große schenkte dem Kloster als Reliquie die Speiche des rechten Unterarms des heiligen Benedikt. Dies veranlaßte eine Änderung des Namens: Statt *Buron (Beuern)* hieß das Kloster fortan *Benedictoburanum* (Benediktbeuern). Die Ungarnstürme des 10. Jh. setzten der Tätigkeit der Benediktiner vorerst ein Ende, bis es 1031 von *Tegernsee* neu besiedelt wurde. Im 12. und 13. Jh. gelangte das Kloster zu hoher kultureller und politischer Blüte und wurde ein Vorbild in der Buchkunst und Literaturpflege. Seit dem 13. Jh. bewahrte man hier eine Handschriftensammlung mittelalterlicher Trink-, Spiel- und Liebeslieder, die sogenannten „Carmina burana" auf. Sie wurden durch Carl Orffs Vertonung (1937) weltberühmt. Nach der Säkularisation 1803 ging es für kurze Zeit 1818 in den Privatbesitz von Josef von Utzschneider über, der ein mathematisch-optisches Institut einrichtete, in dem auch der bekannte Optiker und Physiker Josef von Fraunhofer arbeitete. In der historischen Fraunhofer-Glashütte im ehemaligen Kloster-Waschhaus ist jene Werkstatt mit zwei primitiven Öfen zu sehen, in der Fraunhofer bedeutende Entdeckungen und Entwicklungen gelangen. Mit dem Einzug der Salesianer 1930 gewann das Kloster seine geistliche Bestimmung zurück. Heute befinden sich hier eine Philosophisch-Theologische Hochschule und ein Gästehaus.

Die heute bestehende Klosteranlage entstand im wesentlichen in der Barockzeit 1669 bis 1675 unter Beibehaltung des gotischen Erdgeschosses des Konventgebäudes. Sehenswert sind Kreuzgang und gotisches Refektorium, der alte Festsaal von Kaspar Feichtmayr – errichtet 1672–75 – und die ehemalige Bibliothek mit Stuck und Fresken von Johann Baptist Zimmermann (1724–25).
Um die Gründung des Klosters und dessen erste Äbte Lantfried, Eliland und Waldram kreisen viele Legenden. Als die frommen und reichen Brüder aus dem Hause der Huosi beschlossen, sich aus der Welt zurückzuziehen und im Gebiet der oberen Loisach ein Kloster zu gründen, sollen sie ihren Knechten befohlen haben, am Kolomanbach in der Nähe von Benediktbeuern Bäume für die Wohnstätte zu fällen. Gott aber hatte sich diesen Ort nicht auserwählt und tat es durch Zeichen kund. Die Knechte verletzten sich immer wieder beim Fällen der Bäume, so daß das Holz von ihren Wunden blutig wurde. Tauben kamen daraufhin, trugen die Holzscheite zu der Stelle, wo heute die Kirche steht und legten sie zu Kreuzen zusammen. Die Brüder erkannten das als Gotteszeichen und bauten an diesem Ort.
→ Beuerberg

Benediktenwand
Um die Benediktenwand mit ihrem nordwärts steil abstürzenden Kamm, der den Raum zwischen Isarwinkel und Kochelsee beherrscht, ranken sich viele Sagen. Der Donner bei den häufig auftretenden Gewittern an schwülen Sommertagen, der wie das dumpfe Rollen von Kegelkugeln klingt, ließ die Geschichte von den verwunschenen Klosterherren entstehen: sie sitzen auf dem Berg ihre Strafe ab, weil sie einst, statt den sonntäglichen Gottesdienst zu besuchen, dem Kegelspiel frönten.
Auch von märchenhaften Schätzen im Berg erzählt man sich. Eine arme Witwe und ihr Sohn, ein Hütejunge, konnten der drückenden Schulden wegen ihr kleines Haus nicht mehr halten. Als der Bub nun eines Tages traurig auf einer Bergwiese der Benediktenwand saß, erschien ihm eine Bergelfe, die ihn aufforderte, mit ihr zu gehen. Sie führte ihn zu einem Hochtal, das er noch nie gesehen hatte. Der Boden war mit vielen Goldadern durchzogen, und ein sprudelnder Quell gab statt Wasser Gold. Auf die Aufforderung der Elfe, von dem Gold zu schöpfen, riß er sein Hütchen vom Kopf und füllte es. Er wollte nur soviel nehmen, wie nötig

war, die Schuldenlast abzutragen. Der Bub merkte aber nicht, daß auf dem Heimweg eine Menge des flüssigen Goldes durch ein Loch seines Hutes rann. Als er bei seiner Mutter ankam, war gerade noch soviel Gold vorhanden, daß sie ihre Schulden bezahlen konnten. Den Weg in das Hochtal aber hat niemand mehr gefunden.

Berchtesgaden

Watzmann, Hundstod und Untersberg

Die Berchtesgadener Alpen sind ihrer Entstehung nach ein Plateaugebirge und werden in neun Gruppen eingeteilt, darunter der sagenumwobene Untersberg und der Watzmann mit seiner prägnanten Gestalt, das Symbol von Berchtesgaden.
Über die Entstehung des mächtigen Berges berichtet eine bekannte Sage: Vor langer Zeit herrschte im Berchtesgadener Land ein wilder König namens Watzmann. Er war ein grausamer Wüterich, der schon Blut getrunken haben soll aus den Brüsten seiner Mutter. Er liebte weder Menschen noch Tiere. Die wilde Hetzjagd war seine höchste Lust, gefolgt von seinem ebenso blutrünstigen Weib und seinen Kindern. Eines Tages jagte der Wüterich wieder mit seinem Gefolge und sah in der Dämmerung ein Mütterlein mit seiner Enkelin auf dem Schoß. Er lenkte sein Pferd vor die Hütte, schaute zu und frohlockte, als seine Meute über die alte Frau herfiel und sie blutüberströmt, das zerfleischte Kind neben ihr, am Boden zurückließ. Da erhob sich ein dumpfes Brausen, ein Heulen in den Klüften. Die Hunde würgten den König, die Königin und ihre sieben Kinder. Ihr Blut strömte ins Tal, ihre Leiber wurden in riesige Felsen verwandelt. So steht heute

Berchtesgaden um 1840

der eisumstarrte Bergriese König Watzmann, mit seiner Familie, den kleineren Zinken, zu grauenvoller Erinnerung da.

Zwischen Watzmann und dem Steinernen Meer erhebt sich die mächtige Kuppel des *Hundstod*. Unter seinen Steinmassen sollen die Hunde von König Watzmanns Meute liegen. In stürmischen Nächten hört man ihr Winseln und Kläffen. Auch die Namen der benachbarten Bergspitzen und Rücken Gjaidköpfe und Hirschwiese erinnern an die Jagdzeit Watzmanns.

Der sagenumwobene *Untersberg* wird auch „Wunderberg“ genannt. Nach altem Volksglauben bevölkern nicht nur Zwerge, Riesen und wilde Frauen diese unterirdische Welt. Tief im Inneren des Untersberges, in einer prächtig ausgestatteten Halle, thront auf einem Marmorsessel mit juwelenbesetzter Krone und goldenem Zepter Kaiser Karl der Große. Er ist umgeben von seinem Hofstaat und den tapfersten Kriegern, welche alle in einen todesähnlichen Schlaf gefallen sind. Sein langer, weißer Bart ist mit Perlen durchflochten und fällt ihm über den goldenen Brustpanzer über den Schoß auf den Boden. Er ist so lang, daß er schon zweimal um den vor ihm stehenden Tisch herumreicht. Eine Sage prophezeit, daß, wenn der Bart des Kaisers ein drittes Mal um den Tisch gewachsen sei, das Ende der Welt kommen wird. Wenn es aber jemandem gelänge, das Zepter zu entwenden und damit drei Streiche gegen den Berg zu führen, würde der Kaiser aufwachen und zu den Lebenden zurückkehren. Auch der berühmte Kaiser Friedrich Barbarossa hält sich im Untersberg auf. Er soll mit seinem Gefolge in das unterirdische Reich verbannt worden sein. Um Mitternacht ertönt kriegerische Musik, und Waffen klirren aus den Höhlen des Berges. Die Krieger Barbarossas durchstürmen auf feurigen Rossen die benachbarten Gefilde und kehren im Morgengrauen wieder in den Berg zurück, wo sie in Gebet und guten Werken auf ihre Erlösung warten.

Die Watzmann-Sage ist eine ätiologische Erzählung, die besonders auffallende Naturphänomene – hier die prägnante Felsbildung – durch einen einst von Menschen begangenen Frevel erklärt. – Die Sage um den Untersberg gehört zu den weitverbreiteten Geschichten vom Schlafenden Kaiser (und seinem schlafenden Heer) im Berg. Das prophetische Bild von einem Helden der letzten Tage, der aufstehen und eine Erneuerung herbeiführen wird, ist sehr alt. Es sind vor allem besonders volkstümliche Herrscher, die man sich in einem Berg schlafend dachte und die in besonders schwierigen Zeiten ihrem Volk zu Hilfe kommen würden. Menschen, die gelegentlich auf wunderbare Weise Zutritt in den Berg finden, werden von den Insassen oft reich beschenkt. Vor allem in der deutschen Romantik hat die „Kaisersage" eine Wiederbelebung erfahren.

BERG (Landkreis Starnberg)

Schloß Berg, Votivkapelle und Kreuz im See

Berg, das als Fischerdorf 822 urkundlich genannt wird, liegt am Ostufer des *Starnberger Sees* und ist aus zwei Ortschaften erwachsen, *Ober-* und *Unterberg*, mit dem Schloß am Seeufer.

Das Schloß ist heute noch in Besitz des Hauses Wittelsbach (Besichtigung nicht möglich). Es wurde 1640 von Friedrich von Hörwarth erbaut und 1676 von den Wittelsbachern erworben. Park und Gebäude wurden in den folgenden Jahrhunderten mehrmals umgestaltet. Das Schloß ist eng verknüpft mit der Tragödie, die

Der tote König Ludwig II. auf dem Grund des Sees

sich dort am 13. 6. 1886 ereignet hatte, als König Ludwig II. von Bayern (1845–1886) im See den Tod fand. Hier, wie in seinen anderen Schlössern, lebte Ludwig in seiner eigenen Gedankenwelt, umgeben von Bildern und Skulpturen der Gestalten aus Opern Richard Wagners und der deutschen Sagenwelt, die ihn schon als Kind fasziniert hatte. Seine Vorliebe für die Bourbonen, sein aufwendiger Lebensstil, seine maßlose Bautätigkeit (*Neuschwanstein, Linderhof, Herrenchiemsee*) und die damit verbundenen Schulden haben ebenso wie seine Ehe- und Kinderlosigkeit (die Verlobung mit seiner Kusine Prinzessin Sophie, einer Schwester der Kaiserin Elisabeth von Österreich, wurde nach einigen Monaten wieder gelöst) und die Freundschaft mit Wagner, dessen Mäzen er war und hinter der man homosexuelle Neigungen vermutete, eine verhängnisvolle Rolle gespielt. Der König, der zunehmend in eine krankhafte Menschenscheu verfallen war, führte in seinen letzten Jahren ein sehr zurückgezogenes Leben; mit Vorliebe hielt er sich fern von der Residenzstadt München auf seinen Alpenschlössern auf. Am 10. Juni 1886 wurde er von der bayerischen Regierung vom Thron abgesetzt und am 12. Juni von Neuschwanstein nach Schloß Berg gebracht, wo er am folgenden Tag zusammen mit dem ihn begleitenden Psychiater Dr. Bernhard von Gudden unter ungeklärten Umständen im Starnberger See ertrunken ist. Beide waren am frühen Abend auf Wunsch des Königs zu einem Spaziergang aufgebrochen, von dem sie nicht mehr zurückkehrten; Stunden später fand man ihre Leichen im See. Die Unglücksstelle ist heute durch ein Kreuz im Wasser, nur wenige Meter vom Seeufer entfernt, gekennzeichnet.

Mühselige Bergung aus dem See

Ludwig II., 1874

Zehn Jahre nach Ludwigs Tod ließ Prinzregent Luitpold im südlichen, öffentlich zugänglichen Teil des Schloßparks den Grundstein zu einer Gedächtniskapelle legen, die als neuromanischer Zentralbau mit drei Apsiden von Julius Hofmann in Kreuzform errichtet wurde. Die Fresken malte der Historienmaler August Spieß. Auf dem Absatz der Terrassenanlage steht eine Totenleuchte, die Königinmutter Marie in Gedenken an ihren toten Sohn gestiftet hatte.
Nach Meinung einer ärztlichen Kommission, die den König allerdings nicht untersucht, sondern ihr Gutachten lediglich auf Grund von „reichhaltigem und geradezu erdrückendem Aktenmaterial“ erstellt hatte, litt Ludwig II. an Paranoia (eine Form der Schizophrenie, die durch Wahnideen und Auftreten von Halluzinationen gekennzeichnet ist) – eine Diagnose, die allerdings schon damals angezweifelt wurde und aus heutiger Sicht vermutlich eine Fehldiagnose war. Das Protokoll der von mehreren Ärzten und Psychiatern durchgeführten Sektion spricht von „Gehirnschwund“

und chronischen Entzündungen im Gehirn. Die Leiche des Königs war am 15. Juni 1886 nach München überführt und drei Tage lang in der alten Residenzkapelle aufgebahrt worden; die Beisetzung in der Michaelskirche am 18. Juni erfolgte unter großer Anteilnahme der Bevölkerung.

Der nie geklärte Tod des bayrischen Monarchen hat nicht nur Berg ins Interesse der Öffentlichkeit gerückt und es zu einer Art profanem Wallfahrtsort werden lassen, sondern verhalf dem „Märchenkönig" auch zu unsterblicher Popularität. Viele Versuche sind gemacht worden, zu ergründen, was sich an jenem regnerischen Pfingstsonntagabend 1886 am Ufer des Starnberger Sees wirklich zugetragen hat. Die am meisten vertretene Version sagt, der König habe schwimmend über den See fliehen bzw. mit einem für ihn bereitgestellten Fischerboot oder einer Flugmaschine entkommen wollen, woran der begleitende Arzt, an dessen Körper man Spuren von Gewaltanwendung gefunden hatte, ihn zu hindern versuchte. Seinen gewaltsamen Tod im Wasser soll Gudden vor seiner Abreise von München nach Neuschwanstein im Traum vorausgesehen haben. Andere Theorien sprechen von Mord, Selbstmord oder einem Herzschlag. Es wird auch behauptet, der König habe einen Doppelgänger gehabt, welcher dem Psychiater ausgeliefert wurde, während er selbst unerkannt entkommen konnte. Der Sage nach schläft König Ludwig II. heute in einer Höhle des beim niederbayerischen *Deggendorf* gelegenen Natternbergs, aus dem er eines Tages wiederkommen wird, um seinem Volk in schwierigen Zeiten zu Hilfe zu kommen – eine typische Wandersage, die auch von anderen volkstümlichen Herrschern wie Karl dem Großen oder Friedrich Barbarossa überliefert wird. Verglichen mit dieser rein sagenhaften Vorstellung von einem entrückten irdischen Weiterleben hat die Geschichte vom Flug über den Starnberger See durchaus reale Hintergründe: In der Tat hat Ludwig dem Bühnentechniker und Regisseur Friedrich Brandt den Auftrag erteilt, eine Flugmaschine in Form eines Pfauenwagens zu konstruieren, mit dem er über den Alpsee und seine geliebten Berge segeln wollte. In einer Plenarsitzung der Kammer der Reichsräte vom 21. Juni 1886 wurde dies als Beweis einer Geisteskrankheit gewertet – zehn Jahre später gab es die ersten Flugzeuge.

Der bis heute nachwirkenden Volkstümlichkeit des „Märchenkönigs" hat all das keinen Abbruch tun können.

→ Linderhof

Berganger (Gem. Baiern, Lkr. Ebersberg)

Schwedenkapelle

Am Ortsrand, in einer Hangmulde mitten in den Feldern, steht die kleine sog. Schwedenkapelle mit Zwiebeltürmchen. Sie wurde 1635 errichtet aus Dankbarkeit, daß Berganger sowohl vor den brandschatzenden Schweden während des Dreißigjährigen Krieges als auch von der Pest verschont wurde. Deshalb ist das Kirchlein dem Heiligen Florian, der vor Feuersbrunst schützte und dem Heiligen Sebastian, welcher die Pest fernhielt, geweiht.

Der Überlieferung nach wurde der Ort wegen starken Nebels von den Schweden nicht bemerkt. An den Hufeindrücken der Pferde konnte man die Stelle erkennen, an der die schwedischen Reiter umkehrten. Hier steht heute die reizende Kapelle.

Bergen (Stadt Neuburg a. d. Donau, Lkr. Neuburg-Schrobenhausen)

Kath. Pfarr- und Wallfahrtskirche Hl. Kreuz

Den Neuburger Ortsteil Bergen – im Norden der Stadt – überragt der massige, romanische Kampanile des ehemaligen Benediktinerinnenklosters, das 976 von Biletrudis (Wiltraud), Witwe des Bayernherzogs Berthold, gegründet wurde. 1542 wurde es durch den evangelischen Pfalzgrafen Ottheinrich aufgehoben und 1635 den Neuburger Jesuiten übergeben. Den Kirchenbau, dessen Bauteile im wesentlichen aus dem 12. Jh. stammen, schmücken an der Ostseite drei romanische Apsiden, die ebenso wie der Wehrturm beim durchgreifenden Umbau von 1755–58 beibehalten wurden. Sie zeigen in den Bogenfeldern Menschen- und Stierköpfe. Über diese Stierköpfe erzählt man sich folgende Legende:

Als bei der Gründung des Klosters die Quadersteine zum Kirchenbau aus dem eine halbe Stunde entfernten Hütting zu holen waren, verrichteten zwei Ochsen, die einen Wagen zogen, die Arbeit völlig ohne Führer. Sie brachten die Steine zum Bauplatz und fuhren mit leerem Wagen wieder zum Steinbruch zurück. Zum Andenken an dieses Wunder brachte man Abbildungen von Stierköpfen an der Kirche an.

Über die kleine Glocke des Klosters Bergen wird erzählt, daß sie jedesmal, wenn eine Nonne gestorben war, von selbst geläutet habe.

BERNRIED (Lkr. Weilheim-Schongau)

Pfarrkirche St. Martin, ehem. Stiftskirche
Am Westufer des *Starnberger Sees* liegt das Fischerdorf Bernried, vermutlich der älteste Siedlungsplatz am Starnberger See. Graf Otto von Valley und seine Gemahlin Adelheid gründeten 1120 ein Augustinerchorherrenstift zu Ehren des hl. Martinus, von dem sie eine Armreliquie erhalten hatten. 1659 wurde die gotische Kirche von Kaspar Feichtmayr (geb. 1639), einem Bernrieder Stukkateur und Baumeister, barockisiert. Die Saalkirche mit stark eingezogenem Chor ist eine Nachbildung von St. Michael in München. Feuer, Pest und Kriege forderten vom Kloster ihren Tribut. 1803 wurde das Chorherrenstift säkularisiert. 1949 pachteten die Missionsbenediktinerinnen von Tutzing den Besitz.

Bernried ist die Grablege der seligen Herluka. Ein Kreuz auf den Steinfliesen rechts im Chor bezeichnet das Grab; eine gotische Statue im Kirchenschiff stellt sie mit Buch und Lilie in den Händen dar. Herluka, um 1060 geboren, stammt aus Epfach im Schongau und

Die selige Herkula

kam 1122 nach Bernried, das damals noch ein Doppelkloster war. Die Legende erzählt, sie sei zur Strafe für ihr sündhaftes Leben erblindet; im Kloster tat sie Buße und begann, mit den „inneren Augen" zu schauen. Sie nahm sich der Armen, der Kinder und Hilfsbedürftigen an und soll schließlich ihr Augenlicht zurückerhalten haben. Sie starb am 18. Apri 1127. Einer der Chorherren, Paul von Bernried, hat neben einer Biographie Papst Gregors VII. ihre erste Lebensgeschichte verfaßt.

Pfarrkirche St. Mariä Himmelfahrt
Das Gotteshaus, eine Saalkirche mit eingezogenem Chor, wurde 1382 für die Hofmarksleute erbaut und 1697 barockisiert. Ein Vesperbild aus dem 14. Jh. – eine plastische Darstellung der schmerzergriffenen Maria mit dem totem Christus auf dem Schoß – stand lange Zeit am Hochaltar und wurde von der Bevölkerung sehr verehrt. Als z. Zt. des Dreißigjährigen Krieges und in den darauffolgenden Jahren der Mißernte und der Pestepedemien die Menschen bei der Muttergottes Schutz suchten, ließ der damalige Probst wegen des starken Zulaufs an der Nordseite der Kirche (Eingang unter der Kanzel) eine Krypta anbauen, und das Gnadenbild fand in der einige Stufen tiefer liegenden Gruftkapelle einen neuen Platz. Nur durch den lebhaften Protest der Gemeinde wurde die zum Abbruch bestimmte Kirche während der Säkularisation gerettet. Für 575 Gulden kaufte die Gemeinde das Gotteshaus vom bayerischen Staat.

Neben diesem Gnadenbild wurde in Bernried aber noch ein frühbarockes Vesperbild verehrt, das – nur wenige Meter vom Bernrieder Dampfersteg entfernt – in der kleinen, in den Turm der Klostermauer eingebauten Seekapelle steht. Dieses Muttergottesbild soll der Legende nach bei einem Sturm angeschwemmt worden sein. Da es den Bernriedern besser gefiel als das alte Gnadenbild, brachten sie es in feierlicher Prozession in die Gruftkirche und tauschten es mit dem alten Vesperbild aus, das sie in der Seekapelle aufstellten. Auf unerklärliche Weise standen die Figuren aber am anderen Morgen wieder an ihrem alten Platz. Als die Bürger den Austausch wiederholten, bemerkten sie, daß der „schönen Madonna" Tränen aus den Augen liefen. Sie beugten sich diesem Zeichen, ließen die Muttergottes in der Kapelle am See und nannten sie „Liab woanat Frau".

Als die hohe Zeit der Wallfahrt vorbei war, belebte man die Verehrung der beiden Madonnen durch eine

Lichterprozession am Tag Mariä Himmelfahrt und an jedem ersten Sonntag in den Monaten Mai bis September. Bei Anbruch der Dunkelheit ziehen noch heute die kerzentragenden Gläubigen von der Seekapelle durch den Ort zum Gnadenbild in der Gruftkapelle.

BERTOLDSHEIM (Markt Rennertshofen, Lkr. Neuburg-Schrobenhausen)

Schloß

Westlich von Neuburg an der Donau liegt Schloß Bertoldsheim, 1718–30 im Auftrag des Freiherrn Fortunat von Isselbach an Stelle einer mittelalterlichen Anlage durch Gabriel de Gabrieli errichtet. Seit 1828 ist die zweigeschossige Dreiflügelanlage im Besitz der Familie Moulin-Eckart.

Die weiße Frau im Schloß. Kupferstich 1857

Die weiße Frau, die hier umgehen soll, sei eine Nonne gewesen, sagt man. Sie trägt ein langes, weißes Kleid und einen Schleier vor dem Gesicht. Früher soll sie schweigend durch die Gänge des Schlosses gegangen sein und mit dem Finger auf eine der zwölf Ziffern einer Uhr gezeigt haben, bevor ein Mitglied der Familie starb. Die angedeutete Uhrzeit bedeutete dann die Todestunde.

Außerdem gehört Bertoldsheim zu den Schlössern, von denen man berichtet, sie hätten so viele Fenster wie das Jahr Tage hat. Das Schloß soll 365 Fenster haben, 52 Türen nach der Anzahl der Wochen im Jahr, 12 Kamine nach der Zahl der Monate und sieben Tore für die sieben Wochentage. Das nämliche kosmische Zahlenverhältnis ist noch von Schloß Helfenberg/Opf.

bekannt. Im irischen Volksglauben hatte nur der König das Recht, in seinem Schloß 365 Fenster zu haben.

BETTBRUNN (Markt Kösching, Lkr. Eichstätt)

Wallfahrtskirche St. Salvator
Bettbrunn ist die älteste bezeugte bayerische Hostienwallfahrt (seit 1125). Aus dieser Zeit stammt auch die geschnitzte Christusfigur des hl. Salvator, die besonders verehrt wird und jetzt auf dem Altar hinter Glas steht. Ursprünglich bestand hier nur ein Viehhof. Ein gottesfürchtiger Hirte hatte 1125 nach seiner Osterkommunion die Hostie heimlich aus dem Mund genommen und in seinem ausgehöhlten Hirtenstab versteckt, um sie auch beim Hüten immer verehren zu können. Als er eines Tages im Zorn einem störrischen Tier den Stab nachwarf, fiel die Hostie heraus, das Vieh kniete sogleich vor ihr nieder und als der bestürzte Hirt nach ihr greifen wollte, wich ihm die Hostie aus. Auch der beigerufene Pfarrer konnte das Allerheiligste nicht fassen und rief den Bischof von Regensburg zu Hilfe. Dieser gelobte den Bau einer Kapelle, wenn es ihm gelänge, die Hostie zu heben. Dieses Gelübdekirchlein brannte 1330 ab, die Holzfigur, in der man die Hostie aufbewahrte, wurde dabei aber nur leicht angesengt, und so entwickelte sich aus der Hostien- eine Gnadenbildwallfahrt. Ein gotischer Neubau der Kirche hielt sich bis 1774 und wurde dann in breiterer Form unter Beibehaltung des gotischen Chores wieder aufgebaut.
Im Jahr 1647 befand sich im Gefolge des bayerischen Oberst Kolb ein ungläubiger, verwegener Kornett. Als er hörte, daß man das Gnadenbild nicht von seinem Platz wegtragen könne, da es jedesmal von selbst wieder dorthin zurückkehre, eilte er nach Bettbrunn, packte das Holzbild und nahm es mit in sein Zimmer. Am nächsten Morgen war es von dort verschwunden und stand wieder auf seinem alten Fleck. Als später auch ein Student der Universität Ingolstadt das Gnadenbild entführte, ließ Graf von Wartenberg, der Kardinal von Regensburg, im 17. Jh. ein eisernes Behältnis für die Gnadenfigur anfertigen.
Die großartigen Deckenfresken von Christian Wink beziehen sich großteils auf die Wallfahrt. Das Chorfresko (1784) zeigt Christi Verklärung auf Tabor, die Deckenfresken am Langhaustonnengewölbe haben die Aufhebung der hl. Hostie durch Bischof Hartwig (über dem Eingang zum Chorraum) zum Inhalt. Im Hauptfresko (1777) sieht man einen Tempel mit einem

Opferaltar mit der Gestalt der Kirche und Wallfahrern am Bildrand, die auf Erlösung von ihren Krankheiten hoffen oder Erhörung im Gebet erhalten. Über der Orgel ist eine bildliche Darstellung von der wunderbaren Rettung der Salvatorfigur zu sehen. Sie zeigt den „Corte“ aus Kösching, einen ungewöhnlich starken Mann, der beim Brand der ersten Kapelle (1330) drei Stunden lang aus dem Köschinger Bach Wasser herbeischleppte. Dadurch konnte das Salvatorbild, wenn auch ganz schwarz vom Brande, gerettet werden.
Die Votivkerzen an den beiden Wänden des Chors werden auch *„Immerkerzen“* genannt, weil sie immer als symbolisierter Ruf nach Hilfe und Erlösung bzw. als Dank an den Salvator hier stehenbleiben. Unter ihnen befinden sich die ältesten Votivkerzen ganz Europas.

BEUERBERG (Lkr. Bad Tölz-Wolfratshausen)

Ehemaliges Augustiner Chorherrnstift
Drei Kilometer entfernt von der A 95 München-Garmisch, Ausfahrt *Königsdorf*, liegt der kleine Ort Beuerberg mit dem gleichnamigen Kloster. Gegründet wurde es 1120 von Otto von Iringsburg. 1626 begann ein durchgreifender Umbau der Klosterkirche aus dem Jahr 1560. Sie ist eine der entwicklungsgeschichtlich wichtigen, vorbildhaft wirkenden Wandpfeilerkirchen des bayerischen Frühbarock.

Kloster Beuerberg. Ausschnitt aus einem Stich von Michael Wening, um 1701

Von Kloster Beuerberg gibt es, wie bei vielen anderen Kirchen und Klostergründungen, auch die Legende von weisenden Tieren, die durch ihr Verhalten den Menschen die Stelle des Baus angezeigt haben. So verletzten sich auch hier die Arbeiter immer wieder

beim Zurichten des Bauholzes, worauf Raben kamen, um die Scheite an den Platz der heutigen Klosteranlage zu tragen.
→ Benediktbeuern

Birkenstein (Gem. Fischbachau, Lkr. Miesbach)

Wallfahrtskapelle Mariä Himmelfahrt
Die Kapelle liegt am Fuße des Breitensteins, eines Vorberges des Wendelsteins, ca. 1 km von Fischbachau entfernt. Die Wallfahrt um das ehemals in der Klosterkirche von Fischbachau befindliche Mariengnadenbild entstand 1673. Anlaß war der Überlieferung nach ein Traum des Pfarrvikars Johann Maier, der hier bei einem großen, von Birken umstandenen Stein, der eine Martersäule trug, bei Verrichtung seiner Andacht eingeschlafen war. Da erschien ihm die Muttergottes und sagte: „Hier an diesem Orte will ich denen, die mich verehren, meine Gnade mitteilen". Zwei andere Männer hatten gleichzeitig ebenfalls eine Traumerscheinung, in der sie auf dem Birkenstein ein von vielen Wallfahrern besuchtes Kirchlein stehen sahen. Der neue Pfarrvikar, der Träume für ein wenig glaubwürdiges Zeichen hielt und mit dem Baubeginn zögerte, erkrankte schwer – genas aber sofort, nachdem er gelobt hatte, einen Kapellenbau auf dem Birkenstein mit allen Mitteln zu unterstützen. Ein Bilderzyklus im überdachten Umgang der heutigen Kirche berichtet von der Entstehungsgeschichte.
Die zuerst errichtete Kapelle wurde 1709/10 durch einen größeren Bau ersetzt und 1760 in üppigem Rokokostil ausgestattet. Die doppelgeschossige Anlage birgt im Erdgeschoß einzelne Kreuzwegstationen und eine Nachbildung des Hl. Grabes in Jerusalem. Das Obergeschoß mit steilem Satteldach und kleinem Dachreiter im Westen ist über eine überdachte Freitreppe erreichbar. Schon am Außenbau (Wände und Decken) befinden sich zahlreiche Votivtafeln und -gaben, die auch einen großen Teil der Wanddekoration im Inneren der Kirche ausmachen. Die überreiche, in Gold und Silber erstrahlende Rokokodekoration folgt einem reichen theologischen Programm, dessen Mittelpunkt – inhaltlich und auch formal – Maria als Königin des Himmels und der Erde bildet.
Die Kapelle folgt in ihrer Form und Größe dem hl. Haus von Loreto. Nach einer mittelalterlichen Legende sollen Engel das Haus, in dem Maria geboren wurde und die Verkündigung erfahren hat, von Nazareth nach Italien (Loreto) versetzt haben. Dabei wirkte of-

fensichtlich das durch die Kreuzzüge bestärkte Bestreben nach, Stätten des Hl. Landes, wie z. B. auch Hl. Gräber (→ Eichstätt) in der Heimat nachzubilden. Weite Verbreitung fand auch die vor allem durch die Jesuiten geförderte Lauretanische Litanei. Durch Verwendung sog. Loreto-Häubchen und Loreto-Längen, die als Fraishäubchen den Kindern aufgesetzt bzw. Gebärenden um den Leib gewunden wurden, erhoffte man sich Gesundheit für die Familie. Im 17. und 18. Jh., als das Wallfahrtswesen beachtlichen Aufschwung nahm, entstanden auch außerhalb Italiens zahlreiche Nachbildungen dieses Hauses, sog. Loretokapellen. Die drei ältesten Santa-Casa-Nachbildungen im Bistum Freising sind *Rosenheim*, *Reutberg* und *Landshut* und wurden durch Wallfahrten ihrer Gründer nach Loreto initiiert. Bei vielen Kapellen bezieht sich die Nachahmung nicht nur auf die Architektur in Loreto, sondern auch auf die hügelige Lage, die man als Bauplatz auswählte.

BIRNBACH (Gem. Erlbach, Lkr. Altötting)

Wallfahrtskapelle „Kroahäusl"

Südlich von Erlbach gelegen entstand hier vermutlich um 1643 eine erste Holzkapelle; es folgten 1833 ein Neubau und 1973 die Errichtung der heutigen Kapelle an gleicher Stelle. Im gleichen Jahr wurde auch die hier besuchte heilsame Quelle modern gefaßt. Der vielfältige Bestand an Votivgaben, den der Volkskundler R. Kriss in den Dreißiger Jahren vorfand, läßt auch auf Heilungen durch das Wasser schließen. Vor allem bei Augenschmerzen holte man sich das Quellwasser gerne zu Heilzwecken nach Hause. Wie an anderen Wallfahrtsstätten ist auch in Birnbach im Lauf der Zeit eine Vermischung und gegenseitige Ablösung zweier verschiedener Kulte erfolgt. Die hl. Corona, der Legende nach eine Märtyrerin des 2. nachchristlichen Jahrhunderts, war vor allem in nachmittelalterlicher Zeit in Bayern und Österreich populär; wegen ihres Namens wurde sie vor allem als Helferin in Geldangelegenheiten angerufen. Als im 19. Jh. die kleine Wallfahrt zum Erliegen gekommen war, pilgerte die Besitzerin der Kapelle, eine Bäuerin aus dem Nachbarweiler, 1833 nach Rom, von wo sie ein Fläschchen mit „heiligem Wasser" mitbrachte und die schlicht bekleidete Madonnenfigur mit Krone („Maria coronata") verehrt. Das frühere Corona – Patrozinium hat sich in der volkstümlichen Bezeichnung „Kroahäusl" erhalten.
→ Sigrün

BISCHOFSRIED (Markt Dießen am Ammersee, Lkr. Landsberg)

Jungfernberg und Kapelle Maria Schnee

Ein paar hundert Meter unterhalb der sieben Quellen von Bischofsried, die heute fast das ganze Westufer des Ammersees mit Trinkwasser versorgen, befindet sich das Kirchlein Maria Schnee, südlich von Bischofsried der Jungfernberg. Dort sollen drei Fräulein in einem Kloster gelebt haben, die der Sage nach das früher fruchtbare Ammerseetal mit dem Pflug bestellten, es dann aber verfluchten: dem Jungfernberg entsprangen daraufhin mehrere Quellen, die den Bischofsrieder- oder Beinbach bildeten und die Landschaft in den Ammersee verwandelten.

Der Rundbau der Kapelle aus dem 17. Jh. birgt im Inneren ein Bild der Gottesmutter: „Maria Schnee". Zur Entstehung der Kapelle aufgrund eines Gelübdes wird folgendes berichtet: Als die Schweden im Dreißigjährigen Krieg bis zum Ammersee vordrangen, gaben die frommen Bauern Salcher aus Bischofsried mit anderen Bewohnern der Himmelskönigin das Versprechen, ein Kirchlein zu errichten, wenn die Feinde ihren Hof verschonten. Die Bewohner wurden wunderbar errettet, da die Schweden vorbeizogen und wegen dichten, undurchdringlichen Nebels die Höfe der Ortschaft nicht sahen. Als die Bauern um 1650 ihr Versprechen einlösen wollten, baten sie die Muttergottes, ihnen den Platz für die Kapelle kundzutun. Als mitten im Winter roter Schnee fiel, erbauten die Bauern an der so bezeichneten Stelle eine Kapelle, die 1674 eingeweiht wurde.

→ Ammersee → Dießen

BREITBRUNN (Gem. Herrsching, Lkr. Starnberg)

Pfarrkirche St. Johann Baptist

Die Kirche aus Tuffstein liegt auf einer Anhöhe über dem Ort. Der Chor ist vermutlich noch aus dem 13. Jh., das einschiffige Langhaus entstand im 16. Jh. Nach dem Dreißigjährigen Krieg setzte die Wallfahrt zum sel. Leypold ein, der um 1102 gestorben und hier bestattet sein soll. Der Überlieferung nach hat er ein heiligmäßiges Leben geführt, ging häufig auf Pilger- und Wallfahrten und ist im nahegelegenen Ellwang gestorben.

Als er fühlte, daß sein Leben dem Ende zuging, befahl er, seinen Leichnam auf einen Ochsenkarren zu legen und es den Tieren zu überlassen, den Begräbnisort zu bestimmen. Die Legende berichtet, daß der Wagen mit dem Leichnam nach Breitbrunn kam, wo die Ochsen stehenblieben. Als man erfuhr, daß der fromme Mann ein Abkömmling der Grafen von Dießen-Wolfrathshausen war, nahm seine Verehrung noch zu. Es heißt, daß am Grab des Heiligen im 17. Jh. Brot- und Mehlspenden dargebracht wurden. Ein bei dieser Gelegenheit mit Mehl gestreuter Kreis soll magische Heilwirkung gehabt haben: das danach einem kranken Menschen aufgestreute Mehl befreite diesen in kurzer Zeit von seinen Leiden.

Bei einer Graböffnung 1739 konnten keine Skelettreste gefunden werden, aber die Verehrung des Grabes des sel. Leypold blieb bis ins 19. Jh. bestehen, als das Grabmonument entfernt wurde. Eine um 1700 entstandene Holzfigur, die einen bärtigen Mann im Pilgergewand darstellt, befand sich lange Zeit in der Sakristei der Kirche und erinnerte an den ehemaligen Kult.

Johann-Georg Bergmüller, der zur Zeit der Graböffnung im Presbyterium der Stiftskirche Dießen das Kuppelbild mit allen Heiligen des Hauses Dießen-Andechs („Dießener Himmel") schuf, bezog den sel. Leypold in diesen Kreis mit ein. Dort sieht man ihn mit Pilgerstab und mit einer Mönchskutte bekleidet.

→ Aufkirchen → Dießen → Puch

Burghausen (Lkr. Altötting)

Burg

Die Geschichte der Burghausener Burg geht bis auf ein befestigtes Holzhaus aus dem 7. Jh. zurück: das erste Bauwerk auf dem Burgberg. Dieser ungewöhnlich geformte, langgestreckte Höhenzug zwischen *Salzach* und *Wöhrsee* bildete in den weiteren Jahrhunderten den natürlichen Baugrund für verschiedene Wehranlagen. Allerdings erst unter den bayerischen Herzögen des Hauses Wittelsbach, in deren Besitz sich die Burg ab 1180 befand, entstand in mehreren Etappen die riesige Burganlage, so wie sie heute noch erhalten ist. In jene Zeit fällt auch das Aufblühen des Ortes Burghausen, der vor allem durch die Einnahmen aus dem Salzhandel an Bedeutung gewann.

Vom Leben auf Burghausen sind mehrere Begebenheiten überliefert, die teils historisch, teils sagenhaft sein dürften, wobei die Übergänge fließend sind: So soll Herzog Friedrich von Landshut († 1393) einmal einen Koch, der mit der Fürstin ein Liebesverhältnis unterhielt, lebendig haben einmauern lassen. Als später auf dem Konzil von Konstanz (1414–18) Herzog Ludwig der Gebartete seinen Vetter Heinrich den Reichen als „Sohn eines Kochs“ beschimpfte, rächte Heinrich sich, indem er den Feind überfiel und auf der Burg inhaftieren ließ – ein Konflikt, der nur in einer streng nach Ständen gegliederten Gesellschaft möglich ist. Einen interessanten Einblick in alte Rechtsgepflogenheiten vermittelt das Museum im Kemenatenhaus, wo u. a. das Schwert des Burghauser Scharfrichters, mit welchem allein zwischen 1748 und 1776 insgesamt 1100 Menschen geköpft wurden, zu sehen ist. Die Prozessierung der Maleficanten fand in der Schloßfronfeste statt, Hinrichtungen in älterer Zeit auf dem Marktplatz (1574), später befand sich das Hochgericht im städtischen Brückenstadel jenseits der Salzach. Seit dem 17. Jh. wurden die Hinrichtungen außerhalb der Stadt an der Marktler/Altöttinger Str., genannt „Weh“, durchgeführt, nach 1780 befand sich der Galgen- und Köpfplatz bei Heiligkreuz. – Im 18. Jh. wird von einem Jesuiten erzählt, dessen Aufgabe war, die zum Tode Verurteilten auf ihren Tod vorzubereiten und auf dem letzten Weg zu begleiten. Dieser sog. „Galgenpater“ wurde einmal zu einem jungen Menschen in den Kerker gerufen, der wegen eines schweren Verbrechens zum Tode verurteilt war, jedoch immer wieder seine Unschuld beteuerte. Am Tag der Hinrichtung flehte der junge Mann zu Gott, zum Beweise seiner Unschuld möge der größte Sünder im Umkreis von vier Stunden sich bekehren und der Galgenpater dies erfahren. Voll Vertrauen auf die himmlische Gerechtigkeit ließ er sich zur Richtstätte führen und starb. Der Pater konnte vor Schmerz und Trauer erst spät einschlafen. Gegen drei Uhr morgens pochte es laut an seiner Tür: der Pförtner meldete, es stehe be-

Gefängnis am Ende des Mittelalters

reits seit einer Stunde ein Mensch vor der Kirchentür, der zu beichten begehre. In der Folge hörte der Galgenpater im Beichtstuhl ein stundenlanges Bekenntnis furchtbarer Verbrechen. Auf die Frage, wieso er gerade um diese Nachtstunde und ausgerechnet zu ihm gekommen sei, antwortete der Fremde, er sei während der gewöhnlichen Stallarbeiten ganz plötzlich von großem Selbstekel wegen seiner Schuld erfaßt worden; eine Stimme habe ihm geraten, nicht zu verzweifeln und beim Galgenpater die Beichte abzulegen – dann werde Gott ihm vergeben. Als der Pater genauer nachfragte, stellte sich heraus, daß der Reumütige gut vier Stunden entfernt wohnte und am Tag zuvor um fünf Uhr nachmittags – genau zu dem Zeitpunkt, als der zum Tod Verurteilte den Himmel um ein Zeichen seiner Unschuld gebeten hatte – von unwiderstehlicher Reue gepackt worden war.

BURGHEIM (Lkr. Neuburg-Schrobenhausen)

Tierskulpturen an der Pfarrkirche
Fährt man von Neuburg auf der B16 Richtung Südwesten, erreicht man nach kurzem Burgheim mit seiner Kath. Pfarrkirche St. Cosmas und Damian. Der quadratische Turmunterbau stammt wohl aus dem 12. Jh. Nach etlichen Veränderungen wurde die Kirche im 18. Jh. barockisiert. Am oberen südöstlichen Chorpfeiler befinden sich zwei steinerne, sitzende Hunde. Was es mit ihnen für eine Bewandtnis hat, erzählen, in Anlehnung an die vor allem im Zusammenhang mit dem Geschlecht der Welfen bekannte Vielgeburtssage, zwei unterschiedliche Sagenversionen.
Die eine berichtet von einem mächtigen Grafengeschlecht, das vor langer Zeit in Burgheim geherrscht hat. Eines Tages, als der Graf nach einer längeren Reise nach Hause zurückkehrte, bemerkte er, wie seine Gemahlin – ohne ihn zu sehen – verstohlen mit einem Korb am Arm aus der Burg davoneilte. Mißtrauisch ging er ihr nach und verlangte Auskunft über den Inhalt des Korbes. Erschrocken und verlegen erwiderte die Gräfin darauf, es seien nur junge Hunde, die sie ins Dorf bringen wolle. Als der Graf allerdings den Dekkel des Korbes öffnete, lagen zwei neugeborene Kinder darin. Das Zwillingspaar stammte aus einer unehelichen Verbindung der Grafentochter, und die Mutter war auf dem Weg, die Kinder in Pflege zu geben. Über das weitere Geschehen berichtet die Sage nichts.
Die zweite Version erzählt ebenfalls von einer außerehelichen Geburt zweier Kinder. Hier soll die Gräfin

selbst die Kinder geboren haben und eine Magd bei dem Versuch, sie wegzubringen, vom Grafen überrascht worden sein. Auch sie sagte auf seine Frage nach dem Inhalt des Korbes, es seien junge Hunde. Der Graf nahm die Knaben in seine Obhut und sorgte für sie, ohne seiner Gemahlin etwas zu sagen. Erst als die Knaben schon groß waren, stellte er ihr eines Tages die „zwei Hunde“ vor. Zum Andenken daran sollen Abbilder der zwei Hunde an die Kirche gekommen sein.
→ Petersberg

Der Vohbach
Südöstlich von Burgheim fließt der Vohbach. An seinen Ufern soll es früher nicht geheuer gewesen sein. Vorübergehende berichteten von einem alten Weiblein, das am Weg saß mit einer Menge glitzernder Goldmünzen im Schoß. Eines Abends kam ein Wanderbursche vorbei, sah das Gold und griff hinein. Erschrocken zog er schnell die Hand wieder zurück und lief davon, weil sich das Gold bei seinem Zugriff in glühende Kohle verwandelt hatte. Klagend rief das Weiblein ihm nach: „Hättest Du nur fester zugegriffen. Dann wäre ich jetzt erlöst. Nun muß ich weiter für meinen Geiz büßen.“ Von diesem Tage an wurde das Weiblein am Vohbach nicht mehr gesehen.

DACHAU

Schloß
Am Hochufer der Amper, am Nordrand des größtenteils kultivierten Moores, breitet sich die Stadt Dachau aus. Erstmals taucht der Name (abzuleiten vom ahd. „daha“ = Lehm und „ouwa“ = Flußaue) in einer Urkunde von 805 auf. Auf der Anhöhe über der Amper gründeten die Dachauer Grafen schon um 1100 eine Burganlage, in deren Schutz eine Kaufmanns- und Handwerkersiedlung entstand. Nach dem Aussterben der Linie wurde der Besitz von den Wittelsbacher Herzögen übernommen und mehrfach aus- und umgebaut. Unter Herzog Wilhelm IV. und Albrecht V. entstand ein vierflügeliges Renaissance-Schloß, das 1715 vom Baumeister Joseph Effner in eine Barock-Residenz umgestaltet wurde. Heute steht nur noch der für Konzertveranstaltungen genutzte Festsaal-Trakt mit einer prächtigen holzgeschnitzten Kassetten-Decke aus der Renaissance vom Münchner Kistler Hans Wisreuter.
Eine Sage erzählt, daß Anfang des zwölften Jahrhunderts Graf Otto von Dachau bei der Jagd von Unbekannten ermordet worden sei. Seine Hand, die die

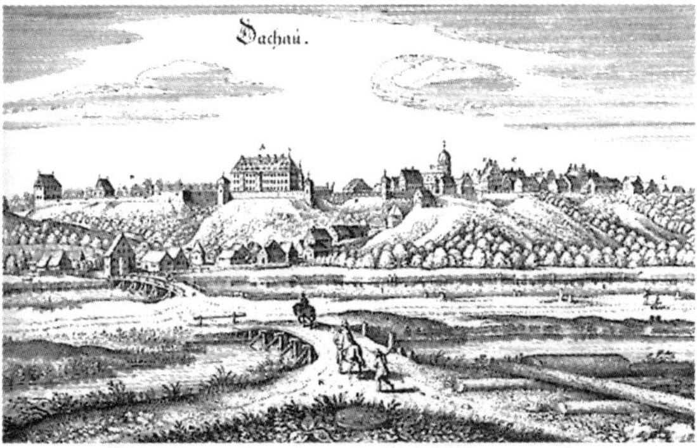

Dachau mit Schloß und Stadtpfarrkirche. Kupferstich von Matthäus Merian

Mörder ihm abgeschlagen hatten, trug sein treuer Hund ins Dachauer Schloß und legte sie der Mutter, Gräfin Beatrix, zu Füßen. Die erkannte am Ring, den die Mörder nicht abgenommen hatten, daß es die Hand ihres Sohnes war. In ihrem großen Schmerz ließ sie an der Stelle, an der man den jungen Grafen gefunden hatte, eine Kapelle bauen. Diese Kapelle bei der Rothschwaige bei Dachau wurde allerdings während der Säkularisation abgerissen.

Giglberg

In Dachau-*Mitterndorf* erhebt sich hinter hohen Bäumen ein kleiner Hügel, den die Einheimischen den Giglberg nennen. Der Name könnte sich sowohl von „Gipfel“ als auch von „Gugelhupf“ ableiten lassen.

Auf dem Giglberg soll einst in einer Burg ein böser Ritter namens Arnold gehaust haben. Er war reich, lebte in Saus und Braus und preßte aus seinen Bauern den letzten Pfennig heraus, so daß sie in bitterer Armut lebten. Seine gerechte Strafe traf ihn in einer schlimmen Gewitternacht. Während er und seine Gäste ein ausschweifendes Gelage feierten, tat sich unter fürchterlichem Blitzen und Donnern die Erde auf und verschlang die Burg samt Ritter und Saufkumpanen.

Seitdem ist es um den Giglberg herum nicht geheuer. Ein Geisterschimmel mit übergroßen Hufen, feurigem Schweif und dampfenden Nüstern treibt dort sein Unwesen. Die Leute meinen, es ist vielleicht das Reitpferd des Grafen Arnold, der keine Ruhe finden kann.

Würmmühle

Nordöstlich am Stadtrand von Dachau liegt die Würmmühle. Sie ist heute im Besitz der Familie

Das versunkene Schloß, Holzschnitt von 1555

Krauß und wird immer noch als Getreidemühle genutzt. 1809 brannte die alte Mühle, deren eigentliches Gründungsdatum unbekannt ist, ab und wurde 1810 wieder neu aufgebaut. Im Laufe der folgenden Jahre hat sie allerdings zahlreiche Renovierungen erfahren. Eines Tages, so wird erzählt, war dem Müller eine wertvolle goldene Uhr gestohlen worden, wovon er voller Aufregung seinem Knecht berichtete. Der meinte, daß er seinem Dienstherren wohl helfen könne. Von seiner Großmutter habe er ein Zauberbuch mit allerlei Bannsprüchen, die auch hilfreich beim Herbeischaffen von Gestohlenem seien. Als der Müllerbursche nun langsam die Zauberformel aus dem Buch zu lesen begann, wurde der Dieb gezwungen, rückwärts zur Mühle zurückzugehen, bis er wieder anlangte und dem Müller die Uhr zurückgeben mußte. Der vollzog die Strafe gleich auf der Stelle, indem er dem Dieb ein paar gewaltige Ohrfeigen gab. Leider ist über den Verbleib des so überaus nützlichen Zauberbüchleins nichts bekannt.

Es ist kein Zufall, daß Mühlen wegen ihrer ursprünglich einsamen Lage und ihrer großen Bedeutung im

Volksleben und -glauben oft von Sagen umwoben sind. Der Müller als Vertreter eines „unehrlichen“ Gewerbes galt als Zauberer und Teufelsbündner; die Existenz von Zauberbüchern mit allerlei Rezepten zu Nutzen oder auch Schaden von Mensch und Tier ist kulturhistorisch belegbar.

Dettenschwang (Markt Dießen, Lkr. Landsberg)

Drei Steinkreuze

Zwei ca. 80 cm hohen Steinkreuze wurden versetzt und finden sich in Dettenschwang Nr. 11 und 4; ein dritter Stein ging bei der Flurbereinigung verloren. Der Sage nach kamen drei Burschen aus dem Weiler *Thann* zu spät zum Gottesdienst, stahlen auf dem Wege Kirschen und rissen Witze. Beim Wandlungsläuten warf sie eine gewaltige Faust vom Baum zur Erde, wobei einer tot am Platze blieb, der zweite und dritte kurz darauf starben. An der Stelle ihres Todes errichtete man die Sühnekreuze zur Warnung für alle Frevler.

Steinkreuz bei der Kapelle Maria Einsiedeln

In Richtung *Issing* steht ein altes Steinkreuz, mit dem es folgende Bewandtnis hat: Auf dem Kirchbauernhof in Dettenschwang diente einmal ein grober Knecht, Blasius Harrer, der den ebenfalls dort dienenden Buben oft peinigte. Als jener erwachsen war, zog er in Kriegszeiten mit den Soldaten fort. Als er 1741 nach Friedensschluß wieder in die Heimat kam, begegnete ihm als erster sein Todfeind, den der Bursche in grimmiger Wut ermordete. Der Mörder aber floh und ward nie mehr gesehen; zur Sühne der Mordtat wurde dieses Kreuz errichtet.

Diessen am Ammersee (Lkr. Landsberg)

Mit der Überschwemmungssage vom → Ammersee ist auch die der Stadt Damasia verbunden. Auf einem alten Dießener Marktsiegel von 1650 stand: *Sigilium Civium et Communitatis ad Damasiam* (Siegel der Bürger und Gemeinde zu Damasia). Nach alten Erzählungen soll Dießen früher Damasia geheißen haben und von Weilheim bis Wartaweil gereicht haben, bis es versunken sei. Mit der von Strabo genannten Stadt hat man auch Auerberg, Augsburg, Landsberg und Epfach gleichsetzen wollen. Drusus und Tiberius, die Stiefsöhne des Kaisers Augustus, haben Damasia, die Burg der Lechanwohner (arx Licatorum), von Grund auf zerstört. Vermutlich setzte man Dießen und Damasia wegen des gleichen Anlautes gleich. – Namengebend waren die tosenden Wasserfälle, ahd. wazardiozo, mhd. dieze Wirbel, Getöse. Dießen bedeutet also Ort am Wasserfall.

Ehem. Augustinerchorherrenstift und Stiftskirche St. Mariä

Die Anfänge des Klosters liegen im 9. Jh. und gehen zurück auf eine klösterliche Niederlassung bei der heutigen Pfarrkirche St. Georg. Der sel. Rathard, ein Vorfahr der späteren Grafen von Andechs, soll sie 815 gestiftet haben. Seinen neuen, auch noch heutigen Standort bekam das Stift 1132 durch die Grafen von Dießen-Andechs, dem mächtigen Herrschergeschlecht, das erst in Dießen, später in Andechs seine Stammburg hatte. Nach Zerstörung und Wiedererrichtung der Anlage im 13. Jh. folgte 1681–88 ein Neubau des Klosters durch den Vorarlberger Baumeister Michael Tumb. Ab 1720 wurde die bestehende Stiftskirche wiederum durch eine neue ersetzt in nahezu der Form, in der sie uns heute noch erhalten ist. 1728 stockte der Neubau; er wurde erst in den Jahren

Der selige Rathard

1733–39 durch den Münchner Stadtbaumeister Johann Michael Fischer vollendet und in jenen Jahren auch ausgestattet. 1803 wurde das Stift aufgehoben und verkauft, die Klosterkirche zur Pfarrkirche ernannt. In den letzten Jahren unterzog man die Kirche einer vollständigen Restaurierung.

Die Seitenaltäre, die mit Reliquienglassärgen verbunden sind und von verschiedenen Meistern stammen, bereiten in ihrer Anordnung und zunehmenden Pracht die Steigerung zum Hochaltar vor. Der zweite Altar zeigt ein hervorragendes Bild des hl. Sebastian von Tiepolo (1739), der dritte Altar rechts den Glasschrein mit den Gebeinen des sel. Rathard. Die Legende erzählt von der Wiederentdeckung der von ihm gegründeten Kirche in Dießen, die 955 von den Ungarn zerstört worden war. Bei Aufräumungsarbeiten fand man 1020 das Grab des um 850 verstorbenen Stifters, dem ein lieblicher Geruch entströmte und wo sich in der Folge viele Wunderheilungen ereignet haben sollen. Ab 1620 wurden die Gebeine Rathards auf dem Hochaltar in Dießen zur Verehrung ausgesetzt, 1687 auf Wunsch der Bevölkerung wieder nach St. Georgen zurückgebracht und schließlich nach Vollendung der neuen Klosterkirche wieder feierlich in jene übertragen. In St. Georgen verblieb als Reliquie ein Teil seines Armes über dem Tabernakel.

Der dritte Altar links birgt die Gebeine der hl. Mechtildis; ihre spätgotische Grabplatte befindet sich unter der Kanzel. Die Andechser Grafentochter (um 1125 bis 1160) gehört neben dem sel. Rasso, der hl. Hedwig von Schlesien und der hl. Elisabeth von Thüringen zu den zahlreichen Adligen aus dem Hause Dießen-Andechs-Meran, die als Heilige verehrt werden. 1135 trat sie in das von ihrer Großmutter gegründete Chorfrauenstift St. Stephan in Dießen ein, wo sie ein sehr asketisches Leben führte und schon früh auf Grund bestimmter Wunderzeichen als Heilige galt. 1136 wurde sie zur Magistra gewählt; 1154 Äbtissin des Klosters Edelstetten bei Krumbach in Schwaben – allerdings ohne dauerhaften Erfolg. 1160 kehrte sie nach Dießen zurück, wo sie am 31. Mai desselben Jahres gestorben ist. Als das Dießener Frauenkloster sich im 14. Jh. auflöste, übernahm das benachbarte Chorherrenstift die Obhut über das Grab der Heiligen, deren Gebeine bei der Erhebung im Jahr 1468 „unverdorben" aufgefunden wurden. Die Legende weiß zu berichten, Mechtild habe Besessene geheilt, Stummen die Sprache und einer am Auge verletzten Mitschwester durch bloße Berührung das Gesicht wiedergegeben. Sie wird vor allem bei Kopf- und Augenleiden angerufen und um eine „gute Sterbestunde“ angefleht.

Im Grab der hl. Mechtild fand man einen Tuffstein, den sie zu Lebzeiten als „Kopfkissen“ benutzt haben soll und den man in der neuen Klosterkirche neben dem Taufstein einmauerte. Leute, die von Kopfweh gequält werden, binden sich abgeschabtes Steinmehl davon als Heilmittel an die Stirne.

Die Legende erzählt, daß, als Mechtilds Leichnam in der Kirche aufgebahrt lag, ein Untertan des Grafen Heilung von furchtbaren Kopfschmerzen erflehte, wobei er mit seinem Haupt den Kopf der Toten berührte – er war auf der Stelle geheilt.

Die von Stuckrahmen eingefaßten Deckenfresken behandeln und deuten Themen der Dießener Orts- und Klostergeschichte. Dadurch wird bewußt an den Ruhm des ehemaligen Klosters angeknüpft, welches dem Grafen von Dießen-Andechs als Begräbnisstätte diente. Der Zyklus beginnt über der Orgel mit der Auffindung der Gebeine des sel. Rathard in der Kirche von St. Georgen. Die erste Klosterkirche, 955 bei Ungarneinfällen zerstört, erscheint im Bildhintergrund als Ruine. Die beiden Priester, die 1013 an den Wiederaufbau des zerstörten Gotteshauses gingen, fanden die unversehrten Gebeine, von denen ein „himmlischer Duft“ ausging, der bildlich als kleine Wölkchen über dem Skelett dargestellt wird. Da die Priester die schwere Grabplatte nicht heben konnten, kam ihnen ein Engel zur Hilfe. Bei der Wiederauffindung sollen sich Heilungen ereignet haben, die durch Krüppel und Kranke am unteren Bildrand angedeutet werden, während Rathard selbst auf den Wolken schwebend das Geschehen segnet. Das dreigeteilte Hauptfresko zeigt im Osten die eigentliche Klostergründung durch Berthold I. von Dießen und Otto II. von Dießen-Wolfratshausen im Jahre 1132. Die päpstliche Bestätigung des Chorherrenstiftes findet vor dem Hintergrund der Lateransbasilika statt; im Westen die Aufnahme der hl. Mechtildis in das Dießen ehemals angegliederte Nonnenstift; in der Mitte Maria als Patronin der Kirche, umgeben von Dießener Heiligen. Im östlich anschließenden Joch wird von der Gründung der Kirche St. Georg durch den hl. Rathard erzählt, um schließlich im sog. „Dießener Himmel“ des Chores zu gipfeln: Unter der Gestalt Christi in der Glorie thronen nach Geschlechtern geteilt 28 Heilige und Selige aus dem Grafengeschlecht Dießen-Andechs, darunter auch die hl. Mechtildis als Äbtissin. Die Umschrift lautet: „Der Ruhm eines Geschlechtes sind seine Heiligen“.

Schatzberg und Mechtildisbrünnlein

Von der Sconenburg der Grafen von Diessen, die sich einstmals auf dem Schatzberg befand, sind heute lediglich noch einige Gräben zu finden. Die Burg wurde 1157 aufgegeben; die Grafen waren schon vorher nach Andechs und anderen Burgen (Wolfratshausen, Neuburg am Inn, Plassenburg bei Kulmbach) übergesiedelt und nannten sich nach ihren neuen Sitzen. Nach der Zerstörung der Stammburg wurde ihr Fundament im 16. Jh. zum Bau der Maria-Schnee-Kapelle in Bischofsried verwendet.

Der Sage nach soll auf dem Schatzberg einst ein prächtiges Schloß gestanden haben, in welchem drei Schicksalsgöttinnen wohnten: zwei von ihnen waren weiß, die dritte halb weiß, halb schwarz. Diese bat einen armen Hirten, sie zu erlösen, indem er um Mitternacht einem feuerschnaubenden Hund den Schlüssel zu einer mit Geld gefüllten Tasche entriß. Als der Hirte im entscheidenden Moment voller Angst die Flucht ergriff, verfluchte sie die ganze Gegend, die für immer von Wasser überschwemmt wurde.

An die am Schatzberg gelegene Mechtildisquelle knüpft sich die Legende, die Heilige sei häufig nachts nach Dießen zur Messe gegangen, wo sich ihr die Kirchtüren von selbst öffneten. Einmal jedoch hatte es so stark geregnet, daß sie das hierdurch entstandene Wasser – die später nach ihr benannte Quelle – nicht überqueren konnte. Als Steig zum Überqueren des Hindernisses benutzte sie Zaunpfähle. Da sie diese aber unerlaubt genommen hatte, öffneten sich die Kirchtüren von nun an nicht mehr. Dem Wasser der Mechtildisquelle schreibt man besonders in den Morgenstunden Heilkraft gegen Augenleiden zu. In einer Kapelle wurde ein Bild der hl. Mechtild aufgestellt.

Die hl. Mechtild gilt auch als Wetterheilige. Zieht ein Unwetter herauf, so wird das „Mechtildisglöcklein" der Stiftskirche geläutet. Am Dreifaltigkeitssonntag (8 Tage nach Pfingsten) zieht eine feierliche Prozession von Dießen zum Schatzberg. Die Mädchen flechten aus sogenannten „Wetterblumen" (allerlei Wiesenblumen, die angeblich das Wetter anzeigen oder feindliche Mächte abwenden sollen) Mechtildiskränzlein; geweihte Kerzen und zinnerne Medaillen sollen ebenfalls Schutzwirkung haben.

→ Ammersee → Bischofsried

Dietramszell (Lkr. Bad Tölz-Wolfratshausen)

Kath. Wallfahrtskirche St. Leonhard

Etwa 2 km nördlich von Dietramszell liegt der barocke Zentralbau von 1769 (Leonhard Matthäus Gießl), der anstelle einer 1686 gestifteten Pestkapelle erbaut wurde. Wie es zur Gründung der Votivkirche kam, erzählt folgende Legende: Nach Ende des Dreißigjährigen Krieges brach in der Gegend eine schreckliche Pferdeseuche aus. Der damalige Probst von Dietramszell legte das Gelübde ab, dem hl. Leonhard, einem volkstümlichen Viehpatron, eine Kapelle zu bauen, wenn er dem Sterben ein Ende mache. Wie durch ein Wunder blieben die Pferde kurz danach wieder gesund. Der Probst, recht zufrieden in dem Glauben, die Seuche habe von selbst aufgehört, vergaß sein Versprechen, die Kapelle zu bauen. Merkwürdig war nur, daß von Stund an bei allen Fahrten, die ihn in seiner Kutsche an der Stelle der heutigen Wallfahrtskirche vorbeiführten, ein Unfall geschah: einmal war es Achsenbruch, ein andermal fiel plötzlich ein Rad ab. Als aber an der gleichen Stelle immer wieder etwas passierte, erinnerte er sich an sein Gelübde und ließ dem hl. Leonhard eine Kapelle errichten. Von da an hörten die rätselhaften Unfälle auf.

→ Bad Tölz

Kath. Wallfahrtskirche Maria im Elend

Südlich des Ortes liegt in einsamer Waldlage die kleine Kirche, ein Achteckbau, mit Sakristei im Westen und Turm im Osten. Sie stammt aus den Jahren 1688 bis 1690. 100 Jahre später wurde die Kirche neu ausgestattet. Der Rokokoaltar zeigt eine Skulpturengruppe von Christus und Maria im Elend: Christus ist neben einer großen Geißelsäule dargestellt, während etwas tiefer die Hl. Maria sitzt. Über die Gründung der schönen kleinen Kirche erzählt man sich folgendes.

In schlimmen Kriegszeiten, möglicherweise während des Dreißigjährigen Krieges, wurde ein Mann von Soldaten zu Pferd verfolgt. Sie jagten ihn über Stock und Stein, bis er zu einer kleinen Waldlichtung kam. Dort sank er verzweifelt auf die Knie und rief aus: „Oh Elend, ich bin verloren. Heilige Maria, rette mich!" Mutlos wankte er ein paar Schritte weiter und fiel dabei in eine von Gras verdeckte Grube. So war er den Blicken seiner Feinde entzogen und gerettet. Zum Dank ließ er an dem Ort seiner Errettung eine Kapelle bauen.

Die Grüne Marter und das Schwarze Kreuz im Zeller Wald
Südlich von Dietramszell führt ein Spazierweg durch den Zeller Wald zur *Pelletsmühle*. Auf diesem Weg kommt man an einer hölzernen Gedenksäule vorbei, die eine alte Ansicht von Dietramszell und ein Bild des Hl. Hubertus, des Schutzheiligen der Jäger, zeigt. Bevor der Bildstock 1950 erneuert wurde, soll er, wohl durch Witterungseinflüsse bedingt, grünlich geschimmert haben, obwohl er nicht gestrichen war. Im Dreißigjährigen Krieg soll an dieser Stelle ein schlimmes Verbrechen geschehen sein: ein Pater des Klosters Dietramszell war von Soldaten in seinem Versteck im Wald entdeckt, grausam gefoltert und getötet worden, weil er nicht preisgeben wollte, wo sich der Klosterschatz befand.
Ein Stückchen weiter auf dem Weg zur Pelletsmühle steht ein schlichtes schwarzes Kreuz, von dem erzählt wird, daß ein verheerender Brand, der einst im Zeller Wald gewütet habe, genau an diesem Kreuz zum Stillstand gekommen sei.

DOLLNSTEIN (Lkr. Eichstätt)

Burgruine
Die Ruine liegt innerhalb des Ortes auf einer Felskuppe; zugänglich ist nur die Vorburg unterhalb des Burgfelsens. Im 12. Jh. erbaut, war die Burg 1139 im Besitz der Grafen von Gröging, die sich zeitweilig auch Grafen von Dollnstein und später Grafen von Hirschberg nannten. 1440 wurde die Burg von Fürstbischof Albrecht II. von Rechberg zusammen mit dem Marktort gekauft und das Hochstift Eichstätt richtete hier das „Pfleg- und Kastenamt Dollnstein“ ein. Ende des 15. Jh. ließ Bischof Wilhelm von Reichenau die Burg verstärken und den Markt mit einer hohen Ringmauer umgeben, die sich einschließlich des nördlichen Tores erhalten hat. Nach dem Dreißigjährigen Krieg war die Burg nur noch teilweise bewohnt, wurde in der Säkularisation an Privatleute verkauft und in der Folge als Steinbruch benutzt.
Gegenüber der Bubenberger Mühle an der Altmühl liegt der hohe steile Fels des Burgsteins. Dieser hat ein Loch, das der Sagen nach den Anfang eines durch den Mühlberg sich erstreckenden und in den Schatzfels mündenden unterirdischen Ganges bilden soll. Aus dem Burgstein kamen nachts drei Wichtel in die Bubenmühle, wo sie bis zum Morgen alle Arbeiten verrichteten wie das Mahlen des Getreides und das Reini-

gen der Mühle. Der Müller ließ ihnen zum Dank für ihren Fleiß Kleider machen, aber sie meinten nun, sie seien abgedankt, sagten weinend: „Ausgelohnt, ausgelohnt!“ und kamen nie wieder.

Ebersberg

Stadtwappen
Die Geschichte des Ortes war über viele Jahrhunderte geprägt durch die Geschichte des Klosters.
Einer Legende zufolge hängt die Gründung Ebersbergs mit der Jagd des Grafen Sieghart von Sempt (südöstl. von *Markt Schwaben*) im Jahre 878 zusammen, welcher eines Tages auf einen besonders großen und gewaltigen Eber anlegte. Das aufgebrachte Tier verschwand in einer Höhle unter einer uralten Linde. Darüber soll sich eine heidnische Kultstätte befunden haben. Sieghart glaubte, der Eber habe in Gestalt des Teufels vor ihm die Flucht ergriffen. Er ließ deshalb aus Dankbarkeit an Stelle der gefällten Linde um 880 eine Marienkapelle und eine Burg errichten. So kam Ebersberg zu seinem Namen und zu seinem Wappentier. In Gold auf einem grünen, gegen den rechten Schildrand ansteigenden Dreiberg erhebt sich ein schwarzer Eber. Es war ursprünglich das Wappen des Klosters Ebersberg und tauchte in der ersten Hälfte des 15. Jh. auf. Als Kragstein, in Form einer Engelsbüste mit Wappenschild und Schriftband, ist es in der heutigen Pfarrkirche St. Sebastian unter der Empore zu finden.

Ebersberger Wappen

Pfarrkirche St. Sebastian

Die Ebersberger Pfarrkirche liegt im östlichen Teil des Marienplatzes. Graf Eberhard von Sempt stiftete 934 den Augustinerchorherren ein kleines Hauskloster. Das Innere der ehemaligen Klosterkirche präsentiert sich heute im Stil des Rokoko. Johann Georg Ettenhofer gab 1733/34 der spätgotischen, dreischiffigen Hallenkirche das heutige Gewand.

Mitten im Eingangsbereich unter der Empore steht das Stifterhochgrab des Grafen Ulrich von Sempt (gest. 1029) und seiner Gemahlin Richardis von Kärnten (gest. 1013). Das Grabmal ist eines der kulturgeschichtlich bedeutendsten spätmittelalterlichen Hochgräber Bayerns. Es ist aus Rotmarmor und wurde vom Münchner Bildhauer Wolfgang Leb (1498–1550) geschaffen. Auf der Deckplatte ist das kniende Grafenpaar, von spätgotischen Baldachinen umrahmt, als Stifter von St. Sebastian dargestellt. In ihren Händen halten sie gemeinsam das Kirchenmodell. Beide werden als Selige verehrt.

Eine Legende erzählt, daß die fromme Richardis keinen Tag versäumte, um frühmorgens der Heiligen Messe beizuwohnen. Eines Tages hatte sie sich verspätet, und in der Eile verlor sie ihren Handschuh. Eine Elster hob ihn auf und flog davon. In dem Augenblick, als der Priester den Gottesdienst beginnen wollte, legte der Vogel ohne Scheu den Handschuh auf dem Altar nieder. Der Priester erkannte das Kleidungsstück und folgerte daraus, daß die Gräfin noch unterwegs sei. Er unterbrach die Messe, bis Richardis eintraf.

Im Jahre 1668 ließen die Jesuiten anstelle der oberen Sakristei und der Klosterbibliothek das Kleinod der Ebersberger Pfarrkirche, die Sebastians-Kapelle, errichten. Sie ist nur über eine schmale Stiege vom vorderen Sakristeieingang links erreichbar. Die Kapelle ist mit prächtigen Barockstukkaturen ausgestattet, darunter auch Bogen, Köcher und Pfeile. Die Bilder an den Wänden weisen u. a. auf das Martyrium des hl. Sebastian hin, welcher der Leibgarde Kaiser Diokletians angehörte.

Die *„Legenda aurea“* berichtet, daß Sebastian um zweier Christen willen, die er mit seinen Worten während des Prozesses stärkte, den Richtern aufgefallen, angeklagt und zum Tode durch Erschießen verurteilt worden sei. Er wurde an einen Baum gebunden und von numidischen Bogenschützen mit Pfeilen beschossen. Nachdem der vermeintlich Tote von der Witwe des Märtyrers Kastulus gesund gepflegt wurde, stellte Sebastian den Kaiser wegen der sinnlosen Christenverfolgung zur Rede. Daraufhin wurde er auf persön-

lichen Befehl Diokletians mit Keulen erschlagen und in die „Cloaca maxima" geworfen. Die Christin Lucina, der er im Traum erschien, holte den Leichnam heraus und bestattete ihn ‚ad catacumbas', wo im 4. Jh. über seinem Grab die erste Sebastians-Kirche, die heutige Basilika San Sebastiano, errichtet wurde.
Der Heilige wird immer als junger Mann dargestellt, meist nur mit einem Lendenschurz bekleidet, an einen Baum gefesselt, sein Körper mit Pfeilen gespickt. Sein Attribut ist der Pfeil, deshalb ist der hl. Sebastian auch Patron der Schützenbruderschaften. Der Pfeil steht aber auch als Symbol für plötzliche Seuchen. In der mittelalterlichen Vorstellungswelt wurde die Pest durch „Pestengel" (Dämonen) mittels geheimnisvoller Pfeile unter die Menschen gebracht. Die Legende berichtet, daß Rom um 680 von einer Pestepidemie heimgesucht worden sei. Nachdem die Bevölkerung dem hl. Sebastian einen Altar hatte errichten lassen, war die Pest beendet, und der hilfreiche Heilige wurde zum Pestpatron erhoben.
In einem Boulleschrein auf dem marmornen Altar der Sebastians-Kapelle wird die reich geschmückte Silberbüste (um 1450) des hl. Sebastian aufbewahrt. Sie zählt zu den besten spätgotischen Silberschmiedearbeiten Bayerns. Sie wird getragen von vier Löwen. In der Brust stecken drei Pfeile. An der umgehängten Kette sind als Votivgaben Gedenkmünzen befestigt u. a. von Kurfürst Max. III. Joseph (1745–1777), König Max. I. Joseph (1799–1825) und Kronprinz Ludwig von Bayern (1825–1848). In dem abnehmbaren Fürstenhut befindet sich in einer mit Schaugläsern versehenen Fassung die Hirnschale des Heiligen. Diese wertvolle Kopfreliquie hatte der Augustinerpropst Hunfried auf seiner Romreise 931 aus der Katakombe San Sebastiano von Papst Stephan VIII. (929–931) erhalten. Dadurch wurde Ebersberg bis zur Auffindung des Andechser Reliquienschatzes 1388 die bedeutendste Wallfahrtsstätte in Oberbayern.
Mit der Einweihung der Kirche 970 soll auch der Brauch entstanden sein, aus der Hirnschale des hl. Sebastian geweihten Wein zu trinken. Nachdem die Benediktiner in das Kloster eingezogen waren, nahm die Sebastianswallfahrt immer größere Ausmaße an. Die Wundertaten mehrten sich. Sogar Kaiser Konrad II. kam 1028 nach Ebersberg, um dem Heiligen für seine erwiesenen „Gutthaten" zu danken. Wie auf einem Votivbild links vom Hochaltar gezeigt wird, war er in Seenot geraten und hatte den hl. Sebastian um Schutz und Hilfe angerufen. Noch bis zur Mitte des 17. Jh. be-

kamen die Wallfahrer den geweihten Wein aus der um 1500 kostbar gefaßten Hirnschale direkt gereicht. Dann tranken die Pilger mit silbernen Röhrchen aus dem eigens dafür angefertigten vergoldeten Sebastianskelch. Später war es üblich, mit kleinen Pfeilen aus Blei das Reliquiar zu berühren und als Amulette gegen die Pest und ansteckende Krankheiten zu tragen. Sie wurden auch an den kurfürstlichen Hof nach München, den kaiserlichen Hof nach Wien und an den Erzbischof von Köln verschickt.

„Um die Wunderkraft stets zur Hand zu haben“, wurden alljährlich zwei Maß Wein, welche durch die Hirnschale des Heiligen geflossen waren, in die Residenz nach München gebracht. Weil aber der geweihte Wein oft sauer wurde, „gebrauchte man eine gottselige List“: ein feines Leinentuch wurde mit dem im Schädel befindlichen Sebastianswein getränkt und anschließend getrocknet. Um die wundersame Heilkraft zu übertragen, „brauchte es der Fürst dann nur in sein Getränk zu tauchen“. Noch bis 1923 hat sich der alte Brauch erhalten, den Wallfahrern geweihten Wein aus dem Sebastianskelch zu reichen. Geweihte Pfeile können heute noch in der Sakristei erworben werden.

Durch das kunstvoll geschmiedete Abschlußgitter, welches im oberen Bereich mit Pfeilen abschließt, wird der Blick auf die zentrale, lebensgroße Schreinfigur des hl. Sebastian (um 1630) über dem Hochaltar gelenkt. Die Fresken an den Wänden (1783) nehmen Bezug auf die Wundertaten des Kirchenpatrons. Ein Fresko an der linken Chorwand erinnert an den Brand, dem 1305 Kirche und Kloster zum Opfer fielen, bei dem die Hirnschale des hl. Sebastian aber unversehrt blieb. In einer anderen Szene wird dargestellt, wie der kleine Graf Ulrich von Sempt-Ebersberg als kränkliches Kind auf den Altar des hl. Sebastian gelegt und daraufhin gesund wurde.

Nach jahrhundertelangen Untersuchungen konnte zuletzt 1928 auf Betreiben von Kardinal Faulhaber und Papst Pius XI. bestätigt werden, daß die Ebersberger Hirnschale genau mit der übrigen Kopfreliquie des hl. Sebastian in der Kirche Quattro Coronati (vier gekrönte Märtyrer in Rom) zusammenpaßt.

→ Wolfratshausen

Eching (Lkr. Landsberg)

Kapelle St. Sebastian

Die Kapelle stammt aus der Mitte des 17. Jh. und wurde als Pestkapelle zur Abwendung der Seuche errich-

Opfer der Pest. Holzschnitt

tet. Wie der hl. Rochus war auch der hl. Sebastian ein Pestheiliger und somit sind ihm geweihte Kapellen in der Regel Zeugen jener schrecklichen Pestzeiten, wie in diesem Falle am Ende des Dreißigjährigen Krieges. Die „Seuchensäule" daneben ist noch älter und soll an der Stelle errichtet worden sein, wo bei einer Viehseuche das letzte Stück Vieh starb. Noch lesbar ist die Zahl 48, aus der man aber leider das Alter der Säule nicht mehr ermitteln kann (wahrscheinlich 1548).
→ Ebersberg → Wolfratshausen

ECKSBERG (Stadt Mühldorf/Inn)

Wallfahrtskirche St. Salvator
Nur 3 km westlich von Mühldorf präsentiert sich der einschiffige Barockbau mit seinem Zwiebelturm. Er wurde 1683/84 nach Plänen von Christoph Domenikus Zuccalli an Stelle einer spätgotischen Vorgängerkirche erbaut. Anläßlich der Einweihung 1686 wurde das Gnadenbild St. Salvator vom früheren spätgotischen Choraltar in die neue Kirche überführt: Christus als Erlöser der Welt, dargestellt mit zum Segen erhobener Hand und der Weltkugel in seiner Linken. Diese Plastik ist eine Mühldorfer Arbeit von 1511. Sie wurde zum Zentrum der Verehrung (jetzt an der Rückwand des Hochaltars). Die Wallfahrtskirche St. Salvator diente hauptsächlich als Zufluchtstätte für Kranke, die von Ordensschwestern betreut wurden. Heute befindet sich in den benachbarten Gebäuden von St. Salvator eine Anstalt für geistig Behinderte.
Auf einem Bild von 1672, welches in der heutigen Kirche als Antependium die Front des Volksaltars bil-

det, wurde vom Mühldorfer Maler Wolfgang Spägl die Gründungslegende der Wallfahrtskirche festgehalten. Sie berichtet von drei Dieben, welche 1453 im Gotteshaus *Mößling* (Stadtteil Mühldorf) eingebrochen waren und das Ziborium mit zwölf Hostien geraubt hatten. Weil es aber nicht aus Silber, sondern nur aus Kupfer war, versteckten sie das Ziborium mit den Hostien im Wald bei Ecksberg und flohen, weil „ihnen doch die Rach' Gottes auf dem Fuße nacheilte". Bei *Dorfen (Lkr. Erding)* wurden sie gefangen, bekannten den Frevel und verrieten den Ort des vergrabenen Ziboriums. Am Platz der Wiederauffindung wurde eine Sühnekirche gebaut.

EGERN (Gem. Rottach-Egern, Lkr. Miesbach)

Totenkapelle

An der Nordseite des Friedhofes, der die vielbesuchten Gräber der bayerischen Schriftsteller Ludwig Ganghofer und Ludwig Thoma birgt, befindet sich die spätgotische Totenkapelle zu Ehren der Pestpatrone Sebastian und Rochus. Ehemals war auf dem alten Fahrweg des Wallbergs, in einer Serpentinenkehre mit schönster Aussicht auf den Tegernsee, das Relief eines kreuztragenden Christus aufgestellt, das sich heute links vom Altar in der Wand befindet und zu dem folgende Legende erzählt wird: Vor mehreren hundert Jahren regierte im Kloster Tegernsee ein strenger und ganz unbeliebter Abt, der trotz seines geistlichen Amtes sehr hart gegen seine Untertanen war und sie mit Abgaben und Frondiensten drückte. Eines Tages erschien ihm in einem Angsttraum Jesus mit dem Kreuz und forderte ihn zur Umkehr auf. Nun ließ sich der Abt ein großes schweres Holzkreuz zimmern, das er auf den Wallberg tragen wollte, um sich als heiligmäßigen Mann beim Volk berühmt zu machen. Am dritten Tage brach er vor Anstrengung an der Stelle, die noch heute nach ihm benannt ist, tot zusammen.

EHEKIRCHEN (Lkr. Neuburg-Schrobenhausen)

Lorenzoberg

Am westlichen Rand des Donaumooses, im Süden von Ehekirchen, liegt der weithin sichtbare Lorenzoberg, um den sich gleich mehrere Sagen ranken. So erzählt man sich, daß nachts ein riesiger, feuriger Hund dort zu sehen ist. Er hat einen goldenen Schlüssel im Maul, mit dem man eine Truhe voll mit Gold und Edelsteinen öffnen kann, die sich tief im Berg befin-

det. Wenn man zwischen Mitternacht und ein Uhr auf dem Gipfel des Berges neben einer Buche gräbt, soll man den Schatz finden können. Allerdings muß man dabei sehr leise sein, denn sonst kommt der Hund und tötet einen.
Auch über ein schönes Schloß, das einmal auf dem Berg stand, berichtet die Sage. Zwei Schwestern – die eine blind und schön, die andere sehend aber häßlich – wohnten hier. Es war ein großes Erbe vorhanden, welches die Schwestern teilen sollten. Die häßliche Schwester drehte voller List einen kleinen Topf um und legte obenauf eine Handvoll Goldmünzen, so daß die Blinde meinen sollte, der Topf sei ganz gefüllt mit Gold. Wegen ihres bösen Täuschungsversuchs versank das Schloß im Boden. In der Heiligen Nacht hört man nun immer lautes Weinen tief im Berg: das ist die böse Schwester, die um Erlösung bittet. Die kann sie nur erlangen, wenn man es schaffen würde, unter größtem Schweigen eine Kiste voll Gold auszugraben. Glaubt man mancher Überlieferung, so hat es hier immer wieder erfolglose Grabungsversuche gegeben.

Eichstätt

Anstoß zur Entwicklung der Stadt war 740 die Errichtung eines Klosters auf Veranlassung des „Apostels der Deutschen", Bonifatius, der den mit ihm verwandten, ebenfalls aus England stammenden hl. Willibald zum ersten Bischof erhob. Bereits damals erhielt Eichstätt seine Prägung als christlich-geistliches Zentrum und Bischofsstadt. Das Territorium des Bistums Eichstätt wurde schon Ende des 9. Jh. zum „Reichsbistum" erklärt. Nach den Zerstörungen des Dreißigjährigen Krieges begann der Wiederaufbau um 1670 und wurde unter den meisten Fürstbischöfen der Barock- und Rokoko-Zeit fortgeführt; das bis heute nahezu unveränderte barocke Stadtbild Eichstätts wurde maßgeblich von drei Architekten gestaltet: Jakob Engel (Angelini) aus Monticello bei Bellinzona, Gabriel de Gabrieli aus Rovereto in Südwest-Graubünden und Maurizio Pedetti aus der Gegend von Como.

Abtei St. Walburg
Die heutige Pfarr- und Klosterkirche ist durch ihre Terrassenlage im Stadtbild beherrschend; sie wurde 1626–1631 von Martin Barbieri errichtet. Der obere Teil des Turmes mit der flachgedrückten Kuppel wurde etwas später aufgesetzt und ist bekrönt von einer feuervergoldeten Statue der hl. Walburga.

Die heilige Walburga

Der Hochaltar umfaßt das Monumentalgemälde mit einer Darstellung der hl. Walburga in Anbetung des Gotteslammes, umgeben von Gläubigen, die das Walpurgisöl als Heilmittel erflehen. Hinter dem Hochaltar befindet sich die Gruftkapelle der hl. Walburga. Die Wände des Raumes sind mit etwa 1200 Votivtafeln und Metallvotiven ausgekleidet, die von zahlreichen Gebetserhörungen zeugen. Der Gruftaltar birgt die Gebeine der Heiligen. Auf der Grabplatte befindet sich eine liegende Steinfigur. Zu sehen ist außerdem ein Schrein mit mehreren Holzfiguren aus dem frühen 16. Jh.: sie zeigen die hl. Walburga zwischen ihren Eltern Richard und Wuna und ihren Brüdern Willibald und Wunibald. Die durchsichtigen Tropfen (Schwitzwasser), die sich gelegentlich von der Grabplatte absondern, werden in Fläschchen abgefüllt und als heilkräftiges „Walburgisöl" verkauft.

Die angelsächsische Königstochter Walburga wurde um 710 geboren, im Kloster Wimborne erzogen und folgte später ihren Brüdern Willibald und Wunibald in die deutsche Mission des hl. Bonifatius. Sie lebte zunächst im Kloster Tauberbischofsheim und wurde dann Äbtissin des Benediktinerinnenklosters Heidenheim, wo sie am 25. Februar 779 starb. Ende des 9. Jh. wurden ihre Gebeine nach Eichstätt, dem Bischofssitz ihres Bruders Willibald, in eine vor den Stadtmauern liegende Kirche überführt, wobei es zu außerordentlichen Wunderzeichen gekommen sein soll: zum ersten Mal wurde der sog. „Ölfluß" beobachtet, d. h., man fand die Gebeine „feucht wie von Tautropfen". Das mit der nun in St. Walburga umbenannten Kirche verbundene Kanonissenstift wurde 1035 in ein Benediktinerinnenkloster umgewandelt, das noch heute besteht.
Dargestellt wird die hl. Walburga meist als Nonne im schwarzen Ordenskleid mit Stab und Regelbuch, in der Hand ein Ölfläschchen und (oder) drei Ähren, weil sie der Legende nach ein Kind vor dem Hungertod rettete. Eine Bauernregel „Georgi gibt Walburga die Ähren in die Hand" zeigt sie als Schützerin der Feldfrucht. Sie ist Patronin der Landleute, der Haustiere und Helferin bei allerlei Krankheiten von Mensch und Tier. Die einschlägigen Wunderberichte waren Ausgangspunkt für eine über ganz Deutschland und viele Nachbarländer verbreitete Verehrung der Heiligen.
Außer dem 1. Mai, dem Tag ihrer Übertragung nach Eichstätt, sind ihr vor allem die Erntetage geweiht. Der Walpurgisnacht (30. April/1. Mai) kommt im Volksglauben besondere Bedeutung zu: sie gilt als Freinacht für böse Geister, Hexentreiben und allerlei Aberglauben: Da man annahm, daß in dieser Nacht die Hexen zum Sabbat auf den Blocksberg reiten, suchte man Felder, Haus und Stall durch magische Mittel zu schützen und verehrte vor allem die hl. Walburga als Bewahrerin vor schädlichem Zauber aller Art.

Kapellenbachquelle

Ca. 200 m vom Kloster St. Walburg stadtauswärts zweigt ein Weg von der Westenstraße zum Kapellbuck ab, auf dem der Kapellenbach entspringt. In einem Weiher vereinigen sich zunächst zwei Karstquellen; von dort fließt der Kapellenbach zur Altmühl ab. Die Quellschüttung beträgt 150–250 l pro Sekunde. Einst trieb der Bach mehrere Mühlen, von denen die Walburgismühle, 1496 erbaut und bis 1959 in Betrieb, noch steht (Westenstraße 52). Nach ca. 350 m fließt

der Kapellenbach in die Altmühl. Vom Ritter-von-Hofer-Weg sieht man, wie sich etwa 50 m vor der Mündung der Kapellenbach mit dem Edelbach vereinigt. Dieser stürzt – allerdings nur bei Schneeschmelze oder lang andauernden Regenperioden – im Hof des Klosters St. Walburg in einem 8 m hohen Wasserfall aus einem Felsspalt. Der Sage nach wird der Edelbach einst sein Tor sprengen und mit solcher Wucht herausströmen, daß er Kloster und Stadt vernichtet. Diese Katastrophe kann nur dadurch verzögert oder verhindert werden, daß die Klosterfrauen an einem bestimmten Tag des Jahres hl. Walpurgisöl in die Öffnung der Felswand gießen.
Nach einer anderen Sage wohnt seitwärts der Westermühle und der Schleife im Wehr, das die Gieß genannt wird, zwischen den Wasserbauten in den Wellen das „Gießweibchen", das manchmal seine traurige Behausung verläßt, auf den Kapellenbuck und zwischen den Mühlen hindurch auf die Hauptstraße wandert, auf der es wieder zurückkehrt und dabei so sehr klagt und weint, daß alle vor Furcht erstarren. Das Weiblein soll eine Müllerin gewesen sein, die zu Lebzeiten gestohlen hatte und deswegen nach ihrem Tod keine Ruhe fand.

EINSBACH (Gem. Sulzemoos, Lkr. Dachau)

Brunnen in der Wallfahrtskirche Heilig Blut
Etwa 1 km südlich von Sulzemoos liegt der kleine Ort Einsbach mit seiner Wallfahrtskirche Heilig Blut, ein ehemals spätgotischer tonnengewölbter – jetzt flachgedeckter – Saalbau. Im Altarraum befindet sich ein Ziehbrunnen, der bei der Barockisierung der Kirche um 1680 mit einer Marmorumfassung und einem schönen Eisengitter versehen wurde.
Die Entstehung der Wallfahrtskirche wird auf ein Hostien- und Quellwunder zurückgeführt, das auf einem großformatigen Gemälde mit Versen und Bildprogramm dargestellt ist. Nach der Legende soll im Jahr 1004 ein Viehknecht des nahen Schlosses Lauterbach die bei der Kommunion der Ostermesse empfangene Hostie nicht hinuntergeschluckt haben. Er behielt sie im Mund, um sie voller Verehrung nach Hause zu tragen. Bei dem Versuch, die Hostie in ein Tuch zu legen, entglitt sie ihm, und an der Stelle, wo sie die Erde berührte, entsprang ein Strahl klaren Wassers. Diese Quelle war mit Sicherheit der Anlaß für die Errichtung der Wallfahrtskirche, in der die Pilger das Wasser zur Heilung bei Augenleiden benutzten. Da das Altarblatt

aus der Mitte des 18. Jh den „Pestheiligen“ Sebastian zeigt, kann man annehmen, daß das Quellwasser auch in Pestzeiten als hilfreich angesehen wurde.

EISENHOFEN (Gem. Erdweg, Lkr. Dachau)

Der Hart

Eisenhofen und *Kleinberghofen* werden von einem ausgedehnten Waldstück, dem Hart, getrennt.
Drei adelige Fräulein, so will es die Sage wissen, galten seit langer Zeit als die Wohltäterinnen der beiden Orte. Sie sollen große Ländereien in der Gegend und das Schloß im nahegelegenen Hof besessen haben. Den Einwohnern von Eisenhofen und Kleinberghofen schenkten sie ihren Waldbesitz, den Hart. Aus Dankbarkeit wurden sie sehr verehrt, und ihre Schädel sollen heute noch in der Filialkirche St. Alban in Eisenhofen aufbewahrt werden.
Nachforschungen haben allerdings ergeben, daß die drei adeligen Fräulein nie gelebt haben. Die Schädel – falls heute noch vorhanden – können folglich nicht von ihnen stammen. Und der Hart war nachweislich keine Schenkung, sondern Gemeindewald.
Das ehemalige Hofmarksschloß in Hof, das seit dem 11. Jh. Edelmannssitz der Eisenhofener war, wurde in der ersten Hälfte des 17. Jh. ausgebaut, wovon nur noch der Ostflügel erhalten ist. Seit Ende des 19. Jh. ist es in einen Schulhausneubau einbezogen.

EITENSHEIM (Lkr. Eichstätt)

St. Salvatorkapelle

An der Straße von Eitensheim nach *Buxheim* steht rechterhand inmitten eines kleinen Friedhofes die 1589 erbaute Salvatorkapelle. Die Inschrift eines Bildes an der nördlichen Seitenwand berichtet über den Grund der Entstehung: Zwei Burschen aus Eitensheim begleiteten ein hübsches Mädchen nach Hause und prügelten sich unterwegs so sehr um sie, daß sie beinahe starben. Man brachte ihnen das Sterbesakrament, das aber einer von beiden gleich wieder von sich gab, weil er Falsches gebeichtet hatte. Am nächsten Tag wollte ein Bauer auf der Stelle ackern, an der die Hostie gelegen war, brachte aber die Pferde nicht mehr voran. Sie fielen auf die Knie und senkten ihre Köpfe, woraufhin die Hostie von der ganzen Gemeinde mit großer Andacht eingeholt wurde.

Entraching (Gem. Finning, Lkr. Landsberg)

Brunnstube

Der Weg von Entraching nach *Achselschwang* führt durch ein Moor und dann auf ansteigendem Weg über eine große Waldwiese, die sog. Probstei. Weiter nördlich im Forst liegt ein kleines Tal, in dem zwei Arme eines Bächleins ein Inselchen bilden, auf dem sich eine tiefe Zisterne, die Brunnstube, befindet.
Hier sollen der Sage nach seltsame Wassergeister ihr Unwesen getrieben haben. Als einmal der Bayernherzog Tassilo von Wessobrunn nach Regensburg reiten wollte und wegen eines Gewitters hier sein Nachtlager aufschlagen mußte, beobachtete ein Diener des Herzogs, wie sich im Mondenschein aus dem Munde des Herzogs eine kleine Schlange wand, sich eilig durch das Moos fortschlängelte und in dem tiefschwarzen Wasserbecken verschwand, nach kurzer Zeit wieder ans Ufer schwamm und wieder zu dem Herzog zurückkehrte und in dessen Mund verschwand. Am nächsten Morgen erzählte der Herzog sehr traurig, daß ihm im Traum drei Nixen auf dem Grunde eines tiefen Gewässers erschienen seien, die ihm und seiner Familie eine verhängnisvolle Zukunft vorausgesagt hätten. Tatsächlich sollte der Fürst später unglücklich enden.
Die Vorstellung vom „alter ego" oder „zweiten Leib" eines Menschen in Tiergestalt ist alt und hat eine reiche literarische und orale Tradition; sie findet sich zuerst in der Sage vom Frankenkönig Guntram, die der langobardische Geschichtsschreiber Paulus Diaconus gegen Ende des 8. Jh. erzählte. Ein typischer Zug ist, daß alles, was das Seelentier (Schlange oder Maus) während seiner Abwesenheit erlebt, dem Schlafenden als Traum vorkommt, der sich später bewahrheitet.
Das Schicksal Tassilos III. (748–788) war tatsächlich ein tragisches: Dieser letzte Herzog Bayerns aus dem Stamm der Agilolfinger hatte für sich und sein Land eine erhebliche Selbständigkeit erworben, wodurch die fränkische Vorherrschaft in Frage gestellt wurde. 788 wurde Tassilo auf dem Reichstag von Ingelheim abgesetzt, gefangengenommen und sechs Jahre später zum förmlichen Verzicht auf seinen Herzogstitel gezwungen. Er starb nach 794 in einem Kloster.
Noch eine andere Geschichte mit eher märchenhaften Zügen knüpft sich an die Brunnenstube: Auf einem Jagdausflug schoß Graf Berchtold von Andechs einen schönen Reiher an, der ins Dickicht fiel, wo er aber von seiner Beute keine Spur fand, nur die frischen Fußstapfen eines Menschen. Am Rand eines kleinen

Ludwig Richter, Nixe. Holzschnitt, 1846

Weihers fand der Graf der Sage nach ein wunderschönes Mädchen. Dieses war in ein Federkleid gehüllt und versuchte, einen tief im Oberarm steckenden Pfeil aus der Wunde zu ziehen. Später fand man den Grafen schlafend mit einem aus Fischschuppen gebildeten köstlichen Ring an der Hand. Die nächsten Jahre mied er alle Lustbarkeiten und ritt jeden Freitag bis Sonntag zur Brunnstube, wo er eines Tages tot aufgefunden wurde.

ENZELHAUSEN (Gem. Rudelzhausen, Lkr. Freising)

Kath. Kapelle St. Stephanus

An der Straße zwischen Enzelhausen und Rudelzhausen liegt auf einer kleinen Anhöhe über dem Abenstal der kleine romanische Bau. Das Langhaus ist geringfügig barockisiert. Es ist eine der vielen Schimmelkapellen in der Hallertau und gilt in dieser Gegend überwiegend als „die echte Schimmelkapelle“. Hier erzählt die Sage zwar auch von einem freilaufenden Schimmel, der sich zufällig in die offenstehende Kirche verirrt und dort verhungert. Aber es ist ein Schimmel, den mehrere Burschen gestohlen hatten und den sie auf ihrer Weide frei laufen ließen, um keinen Arg-

wohn bei den Nachbarn zu erregen. Der Hintergrund der Sage zielt wohl auf den früheren heidnischen Roßkult, dem genau wie dem verhungerten Schimmel, die Daseinsberechtigung genommen wurde.
→ Ascholding

EPFENHAUSEN (Gem. Penzing, Lkr. Landsberg)

Linden und Kreuz
Nahe der Straße von Landsberg nach Epfenhausen steht bei dem Ziegelstadel ein Kruzifix zwischen drei Linden. Ursprünglich waren es vier, als um 1790 ein Schneidergeselle einen anderen Handwerksburschen hinterrücks mit dem Pfahl, an den jene Linde gebunden war, erschlug und den Toten ausraubte. Ein unschuldiger Zimmermann aus *Untermühlhausen* wurde verdächtigt und lange Zeit ins Gefängnis gesperrt, obwohl er fortwährend seine Unschuld beteuerte. Der wirkliche Mörder wurde, als er bei Kaufbeuren zwei Frauen umbrachte, ergriffen und gestand nun auch die erste Mordtat ein, so daß der Zimmermann gerade noch der Hinrichtung entging. Letzterer starb jedoch bald an gebrochenem Lebensmut. Die Linde aber, die an den Unglückspfahl gebunden war, und alle nachgepflanzten Bäume kränkelten ebenfalls, so daß heute nur noch drei zu sehen sind.

ERDING

Wallfahrtskirche Hl. Blut
Erding liegt etwa 30 km nordöstlich von München; die Stadt wurde 1228 von den Wittelsbachern neben der schon älteren Siedlung *Altenerding* gegründet. Im Mittelalter war Erding – Reste der Stadtbefestigung aus dem 15. Jh. sind noch erhalten – ein wichtiger Stützpunkt der bayerischen Herzöge gegen das Hochstift Freising. Erding entwickelte sich später zu einem wichtigen Handelszentrum und verfügte im 18./19. Jh. über die größte Schranne nach München.
Inmitten des Stadtparks erhebt sich der barocke Kirchenbau, der 1675–1677 von dem Erdinger Hans Kogler über einer alten Gnadenstätte erbaut wurde. Im Inneren der Kirche fällt die üppige spätbarocke Stuckausstattung von Johann Georg Bader ins Auge. 1417 soll die Wallfahrt nach Heilig Blut entstanden sein; sie dürfte aber in Wirklichkeit noch älter sein. Anlaß der Wallfahrt war ein Hostienfrevel, der durch den Bau einer Kapelle gesühnt wurde, die aber schon bald durch den gotischen Vorgängerbau der heutigen Kirche er-

Heilig Blut im Jahre 1852

setzt wurde. Tuffsteinreste dieses Vorgängerbaus sind in der kreuzförmig angelegten Krypta erhalten. Heute steht im neubarocken Stuckaltar der Krypta eine Holzplastik, Christus als „Salvator mundi", aus dessen fünf Wunden Blut in eine Schale fließt. Diesem Gnadenbild werden zahlreiche Gebetserhörungen zugeschrieben, wie Votivtafeln des 17.–19. Jh. bezeugen. Unter dem Altar der Krypta ist eine kleine Grube an der Stelle, wo die Hostie in den Erdboden versunken sein soll. Vor dem Bau der heutigen Kirche nahmen die Gläubigen von dieser geheiligten Stelle Erde mit, die als Heilmittel für Mensch und Tier genutzt wurde. Noch im 18. Jh. war es Aufgabe der Mesnerin, aus der heiligen Erde einen Teig zu bereiten, den sie dann mit Hilfe von Modeln formte; solche Model werden heute im Bayerischen Nationalmuseum München (Sammlung Kriss) aufbewahrt.

Während über dem südlichen Eingangsportal der Kirche (innen) dem Betrachter die Entstehungsgeschichte in Worten geschildert wird; ist sie am Hochaltar in drei Antependiengemälden dargestellt: Zwei Bauern aus dem nahegelegenen *Klettham* gingen am Gründonnerstag des Jahres 1417 zur Kommunion in die Alterdinger Pfarrkirche. Der eine war reich; der andere sehr arm. Auf die Frage des Armen gibt der andere das Geheimnis seines Reichtums preis: vor langer Zeit habe er eine Hostie mit nach Hause genommen und hebe sie da gut auf. Daraufhin ließ sich der arme Bauer dazu verleiten, nach der Kommunion mit einer Hostie im Mund nach Hause zu eilen. Auf dem Weg entwich ihm aber die Hostie; sie schwebte eine Weile in der Luft, fiel auf die Erde und wurde unsichtbar. Auch der herbeieilende

Pfarrer und selbst der Freisinger Bischof konnten die Hostie nicht „erheben“. Sie versank, nachdem sie sich noch einmal gezeigt hatte, endgültig im Erdboden, der fortan als heilig galt (das Mitnehmen einer konsekrierten Hostie als glückbringendem Talisman könnte durchaus real gewesen sein; das einfache Volk schrieb der Eucharistie tatsächlich magische Kräfte zu und benutzte sie auch als Zaubermittel).

Brunnhaus
Bald nachdem sich das Hostienwunder ereignet hatte, soll eine Quelle entsprungen sein, deren Wasser ‚alle gebrechen des leibs“ heilte. Neben der Gruftkapelle und der wundertätigen Christusfigur ist auch sie ein Ziel der Pilger. Das heutige sechseckige Brunnenhaus (Pumpbrunnen) nahe beim Nordportal wurde 1701 von Hans Kogler anstelle eines älteren Vorgängerbaus errichtet.

ERESING (Lkr. Landsberg)

Wallfahrtskapelle und Brunnenhaus
Das Ulrichsbrünnl und die Wallfahrtskapelle St. Ulrich befinden sich südlich von Eresing; man erreicht sie von Windach kommend kurz vor Eresing linker Hand über einen Waldweg. Nach der Legende soll das Ulrichsbrünnl nach der Schlacht am Lechfeld (955) entstanden sein, in die der hl. Augsburger Bischof Ulrich († 973) rettend eingegriffen haben soll. Bei der anschließenden Vertreibung der Ungarn sei er nach Eresing gekommen und die Quelle sei zu seiner Erfrischung neu entsprungen. Nach einer anderen Version hat der Bischof auf dem Rückweg von einer Romreise hier, nahe der alten Römerstraße von Augsburg nach Salzburg, an einer Quelle seinen Durst gestillt und jene damit geheiligt.
Die Anlage besteht aus Wallfahrtskapelle und Brunnenhaus. 1618/19 wurde die Kapelle mit baulich integrierter Einsiedlerklause unter dem Eresinger Hofmarksherrn Franz von Füll errichtet. Damals entstand auch das 20 m unterhalb gelegene Brunnenhaus, das 1666 barock erneuert wurde.
Das Gnadenbild, eine Ulrichsfigur des 15. Jh., spricht für eine spätmittelalterliche Entstehungszeit des Eresinger Quellkults. Zahlreiche Wunder, wie z. B. ein 1774 geschehenes Heilungswunder, werden berichtet: Einem sonst gesunden Säugling liefen beide Augen aus und keine ärztliche Kunst konnte helfen. In letzter Not badete der Vater das Kind im Wasser der Ulrichs-

Ulrichsgnadenbild im Renaissancealtar, anläßlich von Kapellenbau und Wasserwunder in Auftrag gegeben. Kupferstich, um 1618

quelle und innerhalb von wenigen Tagen bildeten sich wieder gesunde Augen. Selbst heute sieht man öfters Menschen, die sich Wasser zu Heilzwecken und als Trinkwasser abfüllen. Gegen Sehschwäche oder sogar Magenkrebs soll der regelmäßige Gebrauch des Quellwassers geholfen haben.

→ Habach → Höfen

ERLING-ANDECHS (Lkr. Starnberg)

Wallfahrts- und Benediktinerklosterkirche St. Nikolaus, Elisabeth und Maria

Andechs, eine der bedeutendsten Wallfahrtskirchen Oberbayerns, ist nicht nur Wahrzeichen des Ammerseegebietes und Ziel vieler Kunstliebhaber, sondern neben der Wallfahrt auch ein beliebtes Ausflugsziel. Die Klosterbrauerei besteht seit über 500 Jahren. Bräustüberl, Biergarten und Brauerei gewährleisten den Lebensunterhalt der Abteien St. Bonifaz und Andechs. (Nach der Säkularisation hatte König Ludwig I. die Klostergebäude der Benediktinerabtei St. Bonifaz in München übergeben.)

Die Grafen von Dießen, deren Stammsitz dort seit 1080 nachweisbar ist, gehörten neben den Welfen zu den mächtigsten Adelsgeschlechtern des Mittelalters. 1132 zogen sie auf die strategisch günstig gelegene Burg Andechs östlich des Ammerseeufers und nannten sich nach diesem Platz. Im 12. Jh. stiegen die Andechser als Markgrafen von Istrien und Herzöge von Meranien in den Reichsfürstenstand auf. 1248 starb das Geschlecht aus; kurz vorher wurde ihre Burg in Kämpfen mit den Wittelsbachern zerstört. Nur die Kapelle blieb erhalten, in der die Grafen von Andechs als eifrige Reliquiensammler die von Fahrten ins Heilige Land mitgebrachten Schätze aufbewahrten.

Kloster Andechs. Kupferstich von Matthäus Merian

Die Andechser Kirche, eine dreischiffige Halle mit Chorumgang, deren gotischer Kern noch heute sichtbar ist, wurde 1458 geweiht. Sie verdankt ihre Entstehung der wundersamen Wiederauffindung des Andechser Reliquienschatzes, den die Grafen vor Zerstörung ihrer Burg in einer mit Eisen beschlagenen Eichenholztruhe am Altar der damaligen Nikolauskapelle vergraben hatten.

Die Legende erzählt von einer Maus, die während der Meßfeier mit einem Pergamentzettel zwischen den Zähnen, der das Reliquienverzeichnis enhielt, am Altar erschien und so das Versteck des über 150 Jahre vergrabenen Heiltumschatzes verriet (Gemälde an der Emporenbrüstung XVII). Am 26. Mai 1388 konnten die Reliquien durch eine herzogliche Untersuchungskommission geborgen werden.

Dieses Ereignis brachte nicht nur das Andechser Grafengeschlecht in Erinnerung, sondern belebte auch wieder die Wallfahrt zum „Heiligen Berg“. (Schon 1128 soll es der Überlieferung nach eine Wallfahrt nach Andechs gegeben haben.)
Dießener Chorherren übernahmen 1416 die seelsorgerische Betreuung der Wallfahrer und begannen mit dem Bau der gotischen Klosterkirche. Herzog Albrecht III., dessen Grab sich unter der Mitte der Kirche befindet, wandelte das Stift 1455 in ein Benediktinerkloster um. 1669 wurden Kirche und Kloster durch Blitzschlag in Brand gesetzt, nur die Heilige Kapelle, der älteste Teil der gotischen Kirche, in der seit dem 15. Jh. der Reliquienschatz aufgehoben wird, blieb auf wunderbare Weise von den Flammen verschont. Der Brand führte zu den 1751–55 vorgenommenen Neubauarbeiten; die Rokokoverkleidung der Kirche führten Joh. Baptist Zimmermann und Joh. Georg Üblher aus.

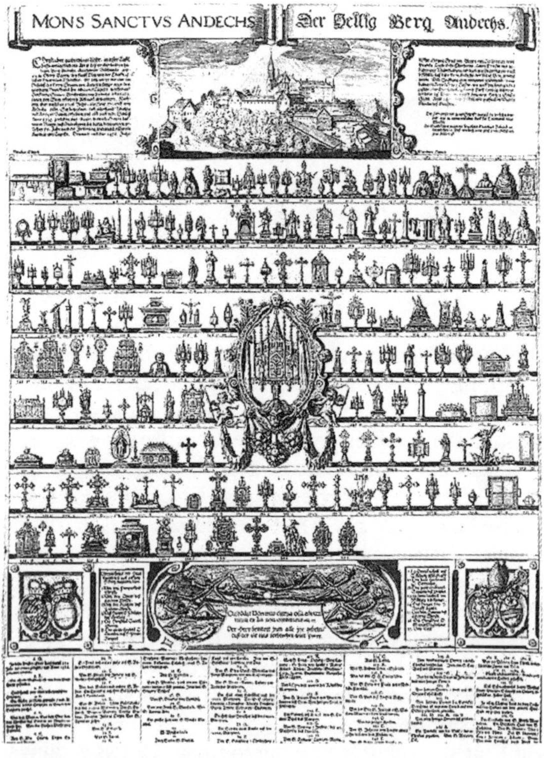

Großes Heiltumsblatt

Heilige Kapelle

Eine Treppe führt nach oben zu der mit einer schweren eisernen Tür verschlossenen Heiligen Kapelle, in der der legendenumwobene Reliquienschatz schon seit dem 15. Jh. aufbewahrt wird. Den Grundstock zu dieser Sammlung soll im 10. Jh. der Ahnherr der Andechser, der sel. Graf Rasso, gelegt haben. Unter den Heiltümern, die von der Dynastie zusammengetragen wurden, sind: ein Zweig aus der Dornenkrone Christi, ein Teil vom Kreuzstamm, vom Schweißtuch Christi, vom Gürtel Mariens und Arm und Stola des hl. Nikolaus, des Patrons der Andechser Burgkapelle. Zu den wertvollsten Reliquien gehört auch das sog. Siegeskreuz Karls des Großen, das ihm der Legende nach von einem Engel im Kampf gegen die Ungläubigen überbracht wurde. Ferner werden in der Heiligen Kapelle das Brautkleid der hl. Elisabeth aufbewahrt, in das der Heiltumschatz gewickelt war, als man ihn 1388 auffand, ein Brustkreuz aus dem Besitz der hl. Elisabeth, das der Papst ihr schenkte, und das Kernstück der Andechser Heiltümer, eine große silberne Monstranz mit den Drei Heiligen Hostien.

Emporenbrüstung

Ein mit Spruchbändern versehener Gemäldezyklus an der Emporenbrüstung, von Joh. Baptist Zimmermann gemalt, gibt Einblick in die Geschichte des Klosters und seines legendären Reliquienschatzes: wie nach dem Tod des sel. Rasso die Reliquien aus der von den Ungarn zerstörten Klosterkirche Wörth an der Amper, später Grafrath genannt, nach Andechs überführt werden; wie die Drei Heiligen Hostien auf die Burg kommen und ihre Geschichte. Die älteste Hostie soll diejenige sein, auf der ein blutiges Fingerglied erschien, als Papst Gregor der Große sie während der Messe einer ungläubigen Fürstin reichte. Ähnliches soll mit den beiden anderen Hostien geschehen sein. Es werden die vergeblichen Versuche geschildert, die Heiltümer von Andechs zu entfernen; wie die Mönche von Seeon schließlich vor Zerstörung der Burg den Schatz vergraben; seine wundersame Wiederauffindung durch die Maus und die Überführung der Reliquien nach München, wo aber göttliche Mahnungen die Herzöge veranlassen, die Heiltümer nach Andechs zurückzubringen.

Hochaltar

Der zweigeschossige Hochaltar der Kirche, von Joh. Baptist Zimmermann entworfen und von Joh. Baptist

Kleines Wallfahrtsbild, Andechs. J. A. Zimmermann

Straub ausgeführt, wurde 1755 geweiht. Die beiden Altarbilder stammen aus dem ebenfalls zweigeschossigen Vorgängeraltar. Ende des Mittelalters kam es in Andechs zu einem Wechsel des Kultobjektes. Waren es bisher nur die Heiltümer, zu denen die Wallfahrer pilgerten, so rückte nun die Verehrung des Marienbildes in den Vordergrund.

Das Gnadenbild des unteren Altars, eine 1468 geschaffene thronende Muttergottes, die dem Münchner Bildhauer Ulrich Neunhauser, gen. Kriechbaum, zugeschrieben wird, wurde der Legende nach 1632 vor den anrückenden Schweden in einer Höhle des Klostergartens verborgen. Die Schweden fanden das Versteck – aber plötzlich von großer Angst ergriffen, liefen sie eilends davon. Ein Versuch des Feindes, das obere Altarbild, eine 1608 von Hans Degler geschaffene Madonna, das inzwischen den Platz des unteren Marienbildes eingenommen hatte, mit Stricken loszureißen, scheiterte, weil das Bild sich rätselhafterweise nicht von der Stelle bewegen ließ.

Diese Begebenheiten, die ebenfalls an der Emporenbrüstung dagestellt sind und deren Wurzeln in der Zeit

der Glaubenskämpfe liegen, sollen zeigen, daß in allen Bedrängnissen und Gefahren der rechte Glaube nicht erschüttert werden kann.
→ Grafrath

Steinrelief an der Kirchenaußenwand
Das Ansehen und die Bedeutung des Andechser Grafengeschlechts ruht vorwiegend auf den Mitgliedern des Hauses, die als Selige und Heilige verehrt werden. Ein Relief an der Kirchenwand gegenüber dem Klostereingang, das 1943 von dem Künstler Theodor Georgii geschaffen wurde, zeigt die drei heiligen Frauen aus dem Haus Andechs: Mechthild, Elisabeth und die hl. Hedwig, die Patronin Schlesiens, die ein Kirchenmodell in der einen Hand hält und eine Muttergottes in der anderen.
Die hl. Hedwig gehört zu den bekanntesten Frauengestalten Polens. Um 1174 in Andechs geboren, wurde sie als vierjähriges Kind zur Erziehung in das Benediktinerinnenkloster in Kitzingen gegeben und als Zwölfjährige mit Herzog Heinrich I. dem Bärtigen von Schlesien vermählt. Gemeinsam mit ihrem Gatten germanisierte und kultivierte sie das damals nur von Polen bewohnte Land. Waldrodungen und Städtegründungen wurden in Angriff genommen, Handel und Gewerbe gefördert. 1202/03 stiftete sie gemeinsam mit ihrem Gemahl das Kloster Trebnitz bei Breslau, für dessen Ausstattung beide viel Geld opferten. Als Landesmutter kannte ihre Wohltätigkeit keine Grenzen, sie liebte Schlesien über alle Maßen und war bereit, alle Opfer für ihr Land zu bringen. 1238 starb ihr Gatte, 1241 fiel ihr Lieblingssohn Heinrich II. in der Schlacht von Liegnitz gegen die Mongolen. Nach dem Tod ihres Gatten zog sie sich in ihr Kloster nach Trebnitz zurück und starb dort nach langer Krankheit 1243. Die Heiligsprechung erfolgte 1267, wodurch sich ihre Verehrung rasch ausdehnte. 1925 erhielt das Kloster Andechs eine Knochenreliquie der Heiligen und rückte nach dem 2. Weltkrieg in den Mittelpunkt der Hedwigsverehrung, als erste Schritte der Annäherung zwischen Deutschland und Polen unternommen wurden. Sie ist die Schutzheilige Schlesiens und wird von den schlesischen Heimatvereinen in Andechs als Patronin verehrt.
Als ihre Gebeine anläßlich der Heiligsprechung erhoben wurden, sollen der Legende nach drei Finger unverwest geblieben sein, da sie zu Lebzeiten immer das Bild der Muttergottes hielten.

Elisabethbrünnlein

An der Westseite des Andechser Berges, auf halber Höhe des Weges ins *Kiental*, steht über einer Quelle ein in der Mitte des 19. Jh. errichtetes neugotisches Sandsteinmonument, das die hl. Elisabeth mit einem Korb in der Hand darstellt, wie sie einem Armen Brot reicht. Über der Quelle stand bis zu Beginn des 18. Jh. eine kleine Kapelle, die dann einem größeren Kirchenbau weichen mußte, der aber während der Säkularisation wieder abgerissen wurde.

Dem Wasser des Brunnens, der Überlieferung nach auf das Gebet der Heiligen hin entsprungen, wird nicht nur Heilkraft zugesprochen, sondern es soll auch bei größter Trockenheit nicht versiegen. Wallfahrer trinken aus dem Brunnen und beten vor dem Bild der Heiligen.

Elisabeth von Thüringen wurde 1207 als Tochter König Andreas II. von Ungarn und seiner Gemahlin Gertrud von Andechs geboren und kam schon als Vierjäh-

St. Elisabethen-Brünnlein

rige an den thüringischen Hof, wo sie gemeinsam mit den Kindern Landgraf Hermanns I. erzogen wurde; 1221 heiratete sie dessen Sohn Ludwig. Nach dem frühen Tod ihres Gatten (1227) wurde sie mit ihren drei Kindern von der Wartburg vertrieben, fand zunächst auf der fränkischen Burg Pottenstein Asyl und starb 1231 in dem ihr zugewiesenen Witwensitz Marburg. Elisabeths tiefe Frömmigkeit, besonders aber ihre tätige Nächstenliebe und ihre für die damalige Zeit beispiellose Fürsorge für Arme und Kranke bilden den Stoff eines überaus reichen Legendenkranzes, der vor allem ihre Wohltätigkeit im Schenken und ihre Standhaftigkeit gegenüber den Vorwürfen und Verleumdungen ihrer Umgebung hervorhebt. Ihr früher Tod dürfte auf härteste Bußübungen sowie die aufreibende Tätigkeit in dem 1229 von ihr gegründeten Spital, wo sie selbst Pflege und Wartung aller Art übernahm, zurückzuführen sein. 1235 wurde sie von Papst Gregor IX. heiliggesprochen. Nach dem Tod ihres Gemahls reiste Elisabeth der Überlieferung nach in die Heimat ihrer Mutter; es ist anzunehmen, daß sie bei den Andechser Verwandten Zuflucht und Hilfe gesucht hat.
Der „Andechser Heiltumsschatz" bewahrt als kostbare Erinnerungsstücke Elisabeths Brautkleid sowie ein Brustkreuz, das sie von Papst Gregor IX. zum Geschenk erhalten haben soll. (Tatsächlich stammt dieses sog. „Elisabethkreuz" ebenso wie das „Siegeskreuz" Karls d. Gr. erst aus späterer Zeit).
Die hl. Elisabeth wird neben dem hl. Nikolaus und Maria in Andechs als Kirchenpatronin verehrt und und gehört zu den herausragenden deutschen Heiligengestalten, die häufig zum Gegenstand künstlerischer Darstellungen wurden. Vor allem die Legende vom Rosenwunder ist häufig dargestellt worden: Als Elisabeth wieder einmal mit einem tuchüberdeckten Korb die Burg verließ, um den Armen Brot zu bringen, begegnete ihr der Landgraf, der sie häufig wegen ihrer allzugroßen Freigebigkeit tadelte. Neugierig entfernte er das Tuch von ihrem Korb, aber durch ein geheimnisvolles Wunder hatte sich die Armenspende in duftende Rosen verwandelt.

ESTING (Gem. Olching, Lkr. Fürstenfeldbruck)

Schloßkapelle

Der Ort wird schon im 9. Jh. erwähnt. Hier hatte der Widersacher Kaiser Ludwigs des Bayern, sein Vetter Herzog Leopold von Österreich, sein Lager, bevor es zur Schlacht von Mühldorf kam (1322).

An der Hauptstraße liegt die 1666 geweihte Schloßkapelle, nördlicher Teil des Vorwerks des ehemaligen Schlosses, in dem sich heute Wohnungen befinden. Nach Zerstörung wurde die Kapelle 1764 wiederhergestellt. Eine Zwiebelhaube krönt den runden, im Obergeschoß oktogonal angelegten Turm. In den Feldern der Blendarkaden sind Heilige, am südlichen Wohntrakt eine Prozession dargestellt.
Über die Entstehung der Kapelle erzählt die Legende: im Brucker Hart, westlich von Esting, hatte der Graf von Esting einst eine Jagd mit großem Gefolge veranstaltet. Wie so häufig, verirrte sich die Jagdgesellschaft in der Unwegsamkeit des Forstes. In seiner Verzweiflung betete der Graf zur Muttergottes und gelobte, bei geglückter Heimkehr eine Kapelle zu ihren Ehren zu erbauen, worauf die Jagdgesellschaft den Weg zum Schloß zurückfand.

ETTAL (Lkr. Garmisch-Partenkirchen)

Abtei, Pfarr- und Wallfahrtskirche St. Maria
Kloster Ettal, im 900 m hohen Gebirgstal an der alten Handelsstraße Augsburg – Verona gelegen, ist eine Gelöbnisstiftung Kaiser Ludwigs des Bayern (1282 bis 1347) und verdankt seine Entstehung der halblegendären Geschichte eines Marienbildes, zu dem sich später eine Wallfahrt entwickelte, die besonders zur Zeit der Gegenreformation einen großen Aufschwung erlebte.
Außergewöhnlich war die ursprüngliche Gründung eines Ritterstiftes in Verbindung mit dem Benediktinerkloster. Auch der Zentralbau der Kirche, ein Polygon, dessen gewaltige Mittelsäule das Gewölbe trug, war für die Zeit der Gotik ungewöhnlich. Der Kaiser hatte vermutlich die Idee, hier einen „Gralstempel" zu schaffen, in dem das Gnadenbild, eine Madonna mit Kind, als heiliger Gral verehrt wird. Das Ritterstift wurde bald nach dem Tod des Kaisers wieder aufgelöst; das Kloster hat unter den kriegerischen Ereignissen der darauffolgenden Jahrhunderte sehr gelitten. Zu Beginn des 18. Jh. gründete der weltaufgeschlossene Abt, Plazidus II. Seiz (1709–1736), der auch den Neubau von Kirche und Kloster veranlaßte, eine Ritterakademie (Zwischenform von Gymnasium und Universität). Die Säkularisation ging an Ettal nicht vorbei; aber um 1900 erwachten Kloster und Schule zu neuem Leben. Freiherr von Kramer-Klett schenkte die erhaltenen Klosterbauten den Benediktinern, die 1905 ein Gymnasium mit Internat gründeten.

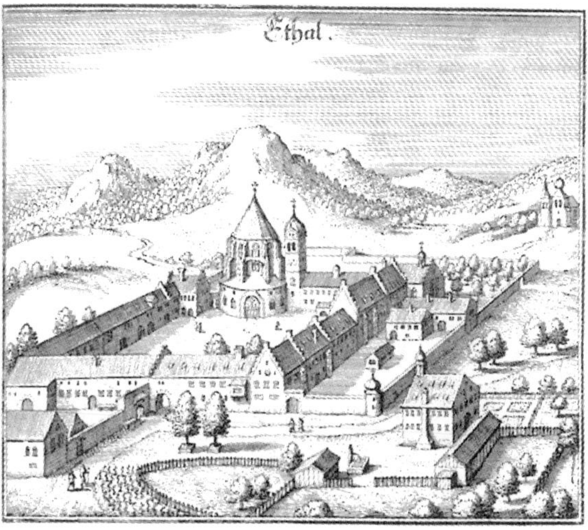

Kloster Ettal. Kupferstich von Matthäus Merian

Bis zum Kirchenbrand 1744, dem der 1370 geweihte gotische Zentralbau zum Opfer fiel, stand das Gnadenbild auf dem Altar an der Mittelsäule, die – einer riesigen Palme gleich – das Gewölbe nach allen Seiten trug. Unter Beibehaltung eines schon zu Beginn des 18. Jh. erstellten Neubauplans von Enrico Zucalli (um 1642–1724) lag der Wiederaufbau nach dem Brand von 1744 in den Händen von Joseph Schmuzer (1683 bis 1752) aus Wessobrunn. Die gotische Zwölfeckanlage des 14. Jh. wurde barock ummantelt; es entstand eine mächtige Rundkuppel über dem alten Grundriß; die Mittelsäule wurde entfernt.
Beim Betreten des Kirchenraumes wird der Blick auf das Deckenfresko des Kuppelraumes gelenkt, das der Tiroler Johann Jakob Zeiller (1708–1783) 1751/52 schuf: Engel reichen dem hl. Benedikt das Gnadenbild, Bischöfe, Päpste und Heilige lobpreisen die hl. Dreifaltigkeit.
Im 18. Jh. entstand an der Ostseite der querovale, überkuppelte Chorraum. Dorthin wurde am Maria Himmelfahrtstag 1790 die Marienstatuette übertragen und in der goldenen Tabernakelnische aufgestellt. Madonna und Kind tragen eine mit Perlen, roten und grünen Steinen besetzte Goldkrone und sind seit der Barockzeit bekleidet.
Die legendäre Geschichte der 33 cm großen und 12 kg schweren Plastik aus Carraramarmor – ein Werk des Bildhauers Giovanni Pisano, das der Kaiser aus Italien mitgebracht hatte – wurde von Johann Jakob Zeiller

Die Gründungslegende. Fresko über dem Chorbogen von J. J. Zeiller, 1752

auch über dem Chorbogen bildlich dargestellt: Ludwig der Bayer, der 1328 nach seiner Kaiserkrönung in Rom in Not geraten war, die seine Rückkehr über die Alpen in Frage stellte, betete der Überlieferung nach in einer Kapelle und rief die Gottesmutter um Hilfe an. Da erschien ihm ein Engel im Mönchsgewand, machte ihm das Marienbild zum Geschenk und erteilte ihm den Auftrag, das Kloster zu gründen. Als der Kaiser nach Wochen den heimatlichen Ammergau erreichte, fühlte er – so die Legende – wie das mitgeführte Marienbild immer schwerer wurde und sein Pferd schließlich vor einer Tanne an der Straße dreimal in die Knie sank. Der Kaiser sah das als Mahnung des Himmels, an dieser Stelle sein Versprechen der Klostergründung einzulösen. Er ließ den Wald rund um die Tanne roden und legte am 28. April 1330 den Grundstein zu Kirche und Kloster.

Ettaler Manndl (Mandl)
Nordöstlich von Ettal erhebt sich ein auffallender, 1633 m hoher Felsen, in dem man mit etwas Phantasie eine menschenähnliche Gestalt erkennen kann. Dieses sog. „Ettaler Manndl“ ist im ganzen Voralpenland weithin sichtbar, eine Art Wahrzeichen, mit dem sich eine Sage verbindet:
Es heißt, daß der Gipfel in Wirklichkeit ein uralter starker Riese ist, der von seinem bevorzugten Platz die Gegend ringsherum bewacht. Solange die Menschen im Land fleißig und gut sind, ist das Mandl zufrieden. Wenn das aber mal nicht mehr der Fall sein sollte – so heißt es – steigt der Riese ins Tal hinunter und vernichtet alles mit seinen starken Fäusten. Erst wenn wieder Ruhe und Ordnung hergestellt sind, kehrt er ins Gebirge zurück.

ETTENBERG (Markt Marktschellenberg, Lkr. Berchtesgadener Land)

Wallfahrtskirche Mariä Heimsuchung
Ein kleines Sträßchen führt von Marktschellenberg hinauf zu dem malerisch gelegenen, barocken Bergkirchlein (1723). Das heutige Gnadenbild in der spätbarocken Hochaltaranlage stellt eine stehende gekrönte Maria dar mit dem Kind auf ihrem Arm. Sie wird umgeben von Putten, welche die Symbole der Lauretanischen Litanei tragen, z. B. Goldenes Haus, Pforte des Himmels, Elfenbeinerner Turm.
Eine Wallfahrt auf die damals schwer zugängliche Höhe von 820 Metern ist seit 1695 nachweisbar. Zahlreiche Votivbilder im Altarraum veranschaulichen die Entwicklung der Wallfahrt. Das älteste Votivbild der Kirche stammt aus dem Jahre 1695. Es zeigt ein geschnitztes Marienbild in der Höhlung eines mächtigen Baumes. Ein Jahr später wurde um das Gnadenbild am Lindenbaum eine kleine offene Holzkapelle gebaut, die 1698 durch eine Holzkirche abgelöst wurde. Wie an zahlreichen anderen Orten von Baumkult und Marienverehrung steht am Anfang der Wallfahrtsgeschichte die Plazierung eines Marienbildes in einen Baum, hier in eine Linde. Die Legende berichtet von einem Muttergottesbild, welches ein Bauer in Unterettenberg an seinem Haus aufgehängt hatte. Eines Tages war das Bild verschwunden. Man fand es an einem Lindenbaum und brachte es wieder an seinen alten Platz zurück. Doch am nächsten Morgen hing es wieder an seiner selbstgewählten Stelle. Auch heute noch erfreut sich die stille Wallfahrtskirche großer Beliebtheit.

Etting (Lkr. Eichstätt)

Wallfahrtskirche St. Michael

Die bestehende Kirche geht auf einen kleinen romanischen Bau des 12. Jh. zurück, der gegen 1679 vergrößert und 1740 nochmals nach Westen verlängert wurde. Auf einem Deckengemälde sind die „drei Elenden (= Fremden) Heiligen“ Archus, Herenäus und Quartanus dargestellt. Sie sind Volksheilige, die kirchlich nicht anerkannt sind. Der Kaufmann Archus stammte aus einer adligen Familie und verließ seine Heimat England mit seinen beiden Söhnen zur Zeit einer Christenverfolgung. Sie ließen sich hier nieder und wählten drei Höhlen als ihre Wohnstätten: Die erste mündet beim Altar der Heiligen in die Kirche und beginnt im Haus gegenüber der Kirche. Die zweite verläuft unter dem Pfarrhaus und mündet beim zweiten Grab in die Kirche; um 1660 entstand in ihr eine Quelle, deren heilkräftiges Wasser von vielen Wallfahrern geholt wurde. Der dritte Gang, der beim dritten Grab gemündet sein soll, ist längst eingefallen. Früher konnte man durch ein Loch in die dritte Gruft kriechen, das mehrere Male zugemauert wurde, sich aber über Nacht immer wieder von selbst öffnete. Diese drei Volksheiligen wurden als Pest- und Viehpatrone verehrt. Noch um 1800 gab es hier als Devotionalie tütenförmig gefaltete Bittzettel, die mit Sand aus den drei Höhlen als Mittel gegen Gicht und Fieber gefüllt wurden.

In der Kirche befindet sich auch eine Bildtafel, die sich auf einen früheren Besitzer des Meierhofes bezieht. Jener Bauer hatte seinen Hof in der Nähe der Wallfahrt und wurde oft von den hungrigen und durstigen Pilgern angebettelt. Auch blieben die meisten Pilger über Nacht noch im Dorf und entwendeten dem Bauern viel Heu und Stroh. Der Bauer, der darüber sehr verärgert war, erhielt eines Tages den Besuch einer Hexe. Diese befahl ihm, in des Teufels Namen einen Rappen dreimal rückwärts um den Hochaltar zu führen und so wie das Pferd seine Farbe verlieren werde, genauso würden sich auch die Wallfahrer verlieren. Als der Bauer nach dem Teufelspakt die Kirche verließ, wurde das Roß mit einem furchtbaren Schlag zum Schimmel und der Mann ergraute. Als er nach einigen Tagen mit seinem Pferd beim Ackern war und dabei gotteslästerlich fluchte, erschlug ein Blitz das Pferd und der Teufel entführte den Bauern. Das Feld, auf dem sich der Vorfall ereignete, heißt seit jener Zeit *„Höllriegel“*.

Der Osterbrunnen
Auf dem alten Friedhof in Etting befindet sich ein Brunnen, dessen Wasser als Heilmittel gegen die Pest diente. Dieser wurde ab 1627 durch eine neue Heilquelle ersetzt, die man außerhalb des Dorfes fand. Er heißt Osterbrunnen, entweder weil er sich östlich des Dorfes befindet oder weil die Leute besonders zur Osterzeit dorthin kamen und prozessionsweise um den Brunnen gingen. Dieses Wasser wurde sogar bis nach Wien an den kaiserlichen Hof gesandt. Sebastian Haydecker, ein ehemaliger Lehrer aus Etting, verlobte sich 1627 mit seiner Frau und ihren vier Kindern wegen der Pest den drei Heiligen und sie tranken Wasser aus dem Osterbrunnen, worauf die krankhaften Veränderungen verschwanden und zweien der Kinder sogar lebendige Würmer aus dem Mund herausgekrochen sein sollen – ein Zeichen, daß der Krankheitsdämon wirklich vertrieben war.

FRAUENBRÜNDL (Gem. Baiern, Lkr. Ebersberg)

Wallfahrtskapelle Mariä Himmelfahrt
Die Wallfahrtskapelle steht völlig einsam in einem kleinen, von Wald umsäumten Tal, ca. 1 km südlich der Ortschaft *Weiterskirchen.*
Die Kapelle am Frauenbründl ist über dem Ursprungsort der Quelle um 1635 entstanden. Die Quelle sprudelt zu Füßen der Westwand hervor und wurde 1954 neu gefaßt. An der Kapellenwand oberhalb des Bekkens ist eine zinnerne Schöpfkelle zum Trinken des Quellwassers an einer Kette befestigt. Es soll Gesundheit und hohes Alter bewirken und nach alter Überlieferung vor allem heilsam gegen Augenleiden sein.
Über die Entstehung der Wallfahrt berichtet eine Tafel, die neben der Kirche in einer kleinen Tuffsteinsäule eingelassen ist: Noch während des Dreißigjährigen Krieges gelobten die Bergangerer Frauen jedes Jahr an „Peter und Paul" einen Bittgang nach Frauenbründl. Nachdem der heutige Bau später datiert ist, dürfte damals an dieser Stelle eine Pestkapelle gestanden haben, denn 1635 wütete die Pest in Bayern.
Eine alte Legende knüpft sich an die Wallfahrtskapelle. Damals war es unvorstellbar, während des Gottesdienstes auf die Jagd zu gehen. Der Aßbauer von Kulbing kümmerte sich aber nicht um dieses Gebot. Eines Sonntags wurde er plötzlich von einer Horde wildgewordener Eichhörnchen verfolgt. In seiner Angst flüchtete er in die Kapelle von Frauenbründl. Da ließen die Eichhörnchen von ihm ab.

Das Gnadenbild der Wallfahrtskapelle, eine auf Leinwand gemalte Maria mit dem Kind, wurde vor Jahren von Kirchendieben gestohlen. Alte Votivtafeln haben sich kaum erhalten; jedoch deuten einige moderne Drucke und gerahmte Handzeichnungen mit „Maria hat geholfen“ darauf hin, daß der Kult heute noch lebendig ist.

FRAUENWÖRTH (Gem. Chiemsee, Lkr. Rosenheim)

Klosterkirche

Der *Chiemsee* ist mit 80 qkm der größte See Bayerns und vor allem bei Sturm und Gewitter, die hier nicht selten von einer Minute zur andern aufziehen, sehr eindrucksvoll oder gar unheimlich.

Die Namen der beiden Inseln, *Herren-* und Frauenwörth bzw. *Herren-* und *Frauenchiemsee*, gehen auf zwei Benediktinerklöster zurück, die der Bayernherzog Tassilo III. um 770 gegründet hat. Bei den Ungarneinfällen im 10. Jh. wurden beide Klöster vollständig zerstört. In Herrenchiemsee folgten im 12. Jh. Augustinerchorherren, deren Bauten nach 1803 größtenteils der Säkularisation zum Opfer fielen, sofern sie nicht als „Altes Schloß“ überlebten. 1878 begann König Ludwig II. hier sein Neues Schloß, ein prachtvolles Gegenstück zu Versailles, zu errichten; 1885, ein Jahr vor seinem Tod, mußte der Bau aus Geldmangel eingestellt werden.

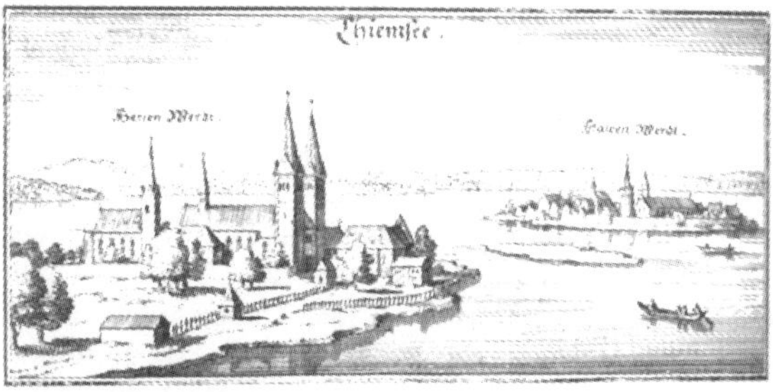

Chiemsee. Matthäus Merian

Wesentlich ruhiger verlief die Entwicklung des Klosters auf der nahegelegenen Fraueninsel, die noch heute von Benediktinerinnen bewohnt ist. Die berühmteste Äbtissin war im 9. Jh. Irmengard, eine Tochter König Ludwigs des Deutschen und Urenkelin Kaiser Karls des Großen. Sie wurde um 833 geboren und starb am 16. Juli 866. Seit 1004 ist sie als Selige anerkannt; seitdem anläßlich der offiziellen Seligsprechung durch Papst Pius XI. (1928) ihr Grab nochmals geöffnet wurde, befinden sich ihre Gebeine in der Irmengard-Kapelle der Klosterkirche unter der Altarmensa im Altartipes (hinter Glas), das Haupt seitlich in einem Rokokoreliquiar. Der leere Sarkophag, umschlossen von einem bemalten Holzgehäuse (1641), auf dessen Deckel Irmengard dargestellt ist, steht unter der Orgelempore. Die Tumba ist von einem gleichzeitig entstandenen kunstvoll geschmiedeten Eisengitter umgeben.

Die Legendenbildung um die selige Irmengard setzte offenbar schon bald nach ihrem Tode ein. Im benachbarten Kloster Seeon hatte der Abt Gerhard von den Wundern gehört, die sich seit dem Ableben der Äbtissin in Frauenchiemsee zugetragen haben sollen. Er ließ ihren Leib erheben und in einem Marmorsarg beisetzen. In das Grab legte er ein von ihm selbst ge-

Die selige Irmengard. Votivbild von 1775

schriebenes Bleitäfelchen, das heute im Bayerischen Nationalmuseum in München aufbewahrt wird.
Nach einer zweiten Grabesöffnung (1631) wurden die Gebeine in einen kleinen Zinnsarg übertragen. Um 1640 soll die selige Irmengard einigen Nonnen erschienen sein mit dem Wunsch, sie in ein „trockenes" Grab zu legen. Ein Jahr später wurde der Zinnsarg, weil er tatsächlich im Wasser stand, wieder in einen Steinsarkophag eingelassen und unter der Orgelempore ein Hochgrab errichtet.
Von der Hilfsbereitschaft Irmengards berichtet eine Legende: zwei Brüder fuhren an einem Sommerabend von Frauenwörth aus weit auf den Chiemsee hinaus, um zu fischen. Ein Gewitter braute sich zusammen und in kürzester Zeit wurde es so dunkel, daß die Männer weder Ufer noch Inseln sehen konnten. Der Wind ließ das Boot wie eine Nußschale auf den Wellen tanzen. Die Frau eines der beiden Brüder rannte mit ihren zwei Kindern zur Anlegestelle. Als sie das Boot nicht entdecken konnte, warf sie sich verzweifelt auf den Boden und flehte laut um Hilfe. Plötzlich stand Irmengard neben ihr und band eines der Boote los, mit dem die Frau in den wild schäumenden See hinausruderte. Zugleich erstrahlte weit über das Wasser ein helles Licht, so daß die Fischer die Umrisse der Fraueninsel erkennen und sicher ans Ufer gelangen konnten.
Mit den beiden Inseln im Chiemsee ist eine Sage verbunden, die an einen antiken Erzählstoff anknüpft und seit dem Mittelalter in ganz Europa in verschiedenen literarischen Gattungen verbreitet wurde. In Frauenwörth wird das tragische Schicksal des klassischen Liebespaares Hero und Leander – das durch ein tiefes Wasser, in welchem der Liebhaber bei einem seiner nächtlichen Besuche den Tod findet, voneinander getrennt ist – auf den klösterlichen Bereich übertragen, so daß hier die Liebenden Mönch und Nonne sind:
Berthold, ein junger Mönch des Klosters Herrenwörth im Chiemsee, fuhr öfter mit dem Boot zur kleinen Insel Frauenchiemsee, um priesterliche Aufgaben zu verrichten. Dort gewann er die Liebe einer schönen jungen Nonne namens Mathilde. Ihr Vater, ein Ritter, hatte 1322 in der Schlacht bei Ampfing den Tod gefunden, ihr Oheim dessen Erbe an sich gerissen und Mathilde gezwungen, den Schleier zu nehmen – in adligen Familien damals kein ungewöhnliches Schicksal. Berthold besuchte seine Geliebte regelmäßig im Schutze der Dunkelheit, wobei ihm ein Licht aus ihrer Zelle den Weg über den See wies. Auch als eines Abends schwere dunkle Wolken und leuchtende Blit-

ze das Aufkommen von Sturm ankündigten, wagte er die Fahrt. Das Boot kenterte jedoch, Berthold ertrank. Mathilde, von einer dunklen Ahnung aus den Klostermauern getrieben, fand seine Leiche am Strand und starb vor Kummer, den Toten in den Armen. Ein alter Klausner soll – trotz Verbots des Abtes – die Liebenden heimlich in der Erde des Klosterfriedhofs begraben haben.

Freising

Freising, eine der ältesten Städte Oberbayerns, war möglicherweise schon in vorgeschichtlicher Zeit besiedelt. Eine kontinuierliche Besiedelung ist allerdings erst seit der Agilolfinger Zeit belegt. „Wer Freising nicht gesehen hat, kennt Altbayern nicht!" äußerte noch vor über hundert Jahren W. H. Riehl (Kulturhistoriker und Novellist). Dieser Satz kennzeichnet die überragende Bedeutung dieser Stadt für die Entwicklung des Landes. Über tausend Jahre stand Freising im Mittelpunkt altbayerischer Kirchengeschichte, war tonangebend auch in Kunst und Wissenschaft. Um 720 kam der fränkische Wanderbischof Korbinian nach Freising und fand dort auf dem Berg schon die herzogliche Burg der Agilolfinger und eine Marienkirche vor. Mit seiner Mönchsgemeinschaft verrichtete er in der Marienkirche und im Stephanusheiligtum auf dem gegenüberliegenden Berg, dem späteren Weihenstephan, das Chorgebet. Hier gründete er auch ein kleines Kloster. 739 erfolgte die kanonische Errichtung des Bistums Freising durch Bonifatius. Im Laufe der folgenden Jahrhunderte entfalteten die Fürstbischöfe ihre geistliche und seit dem 13. Jh. auch ihre weltliche Macht mit reichsunmittelbaren Territorien. Der Domberg mit der Marienkirche bildete bis zur Säkularisation 1803 einen Mittelpunkt Altbayerns. 1821 ging die Diözese Freising im neuen Erzbistum München-Freising auf.

Dom St. Maria und St. Korbinian

Der Freisinger Dom auf beherrschendem Standort gehört zu jenen glücklichen Bauschöpfungen, an denen fast alle Jahrhunderte mit einem Beitrag beteiligt waren, ohne daß der harmonische Gesamteindruck verloren ging.

Während der Agilolfinger- und Karolinger-Zeit wurde der Baugrund abgesteckt, in der Hochromanik erfolgte der Bau der stattlichen Basilika, im Verlauf der Gotik kam die Durchwölbung des Langhauses zustande.

Unter Fürstbischof Veit Adam von Gepeckh 1618–51 erfolgte die erste frühbarocke Umgestaltung. Unter Bischof Franz Joh. Eckher schließlich fand die Neuausstattung des Doms 1723–24 durch die Brüder Cosmas Damian und Egid Quirin Asam statt, eine der ersten und großartigsten Umgestaltungen mittelalterlicher Kirchen im 18. Jh.

Von Cosmas Damian Asam stammen die fünf Deckenfresken und 20 Querbilder an den Brüstungen der Emporen, die sich mit dem legendenumrankten Leben des heiligen Korbinian beschäftigen. Dazu gehört vor allem die Geschichte vom Bären, der einst das Reisegepäck des Heiligen zu tragen hatte. Sie prägte sich so tief in das Bewußtsein der Gläubigen ein, daß diese Begebenheit auch in das Freisinger Stadtwappen aufgenommen wurde. Die Legende erzählt: Während einer Romreise, die Korbinian im Auftrag des Papstes unternahm, tötete ein Bär bei nächtlicher Rast das Lasttier Korbinians. Dieser befahl seinem Diener, dem Bären zur Strafe das Gepäck des toten Tieres aufzuladen und der Bär trug willig diese Last.

Ein anderes Fresko berichtet über das Fischwunder: Ebenfalls auf dieser Reise bei einer Ruhepause an der

Hl. Korbinian und Sigismund

toskanischen Küste kam der Heilige in die Verlegenheit, daß am Freitag keine Fastenspeise bereitet war. Ein Adler versorgte die Reisegruppe darauf mit einer Fischmahlzeit.

Die Legende über den gärenden Wein berichtet, wie Korbinian als junger Mann in seiner Heimat Arpajon bei Paris auf einem Landsitz lebte. Eines Nachts war er in heiligem Schweigen und Gebet versunken, als er hörte, wie mit einem lauten Knall der gärende Wein den Pfropfen aus einem Faß getrieben hatte. Um das Schweigen der Nacht nicht zu brechen, wies er seine Diener erst am nächsten Morgen an nachzusehen. Sie fanden das offene Faß noch voll, und der Wein hatte keinerlei Schaden erlitten.

Seit 1359 wird neben der Gottesmutter und Korbinian auch der heilige Sigismund, König von Burgund (gest. 523), als Nebenpatron des Domes genannt. Die südlichen Lettern (Seitenemporen) im Dom beschließt der St. Sigismund-Altar. Die drei Fresken mit Darstellungen aus der Sigismund-Legende sind von Anton Ranzinger (um 1920). Auch auf dem frühbarocken Hochaltar befindet sich eine Figur des heiligen Sigismund als Gegenstück zum heiligen Korbinian, geschaffen vom Weilheimer Bildhauer Philipp Dirr Anfang 17. Jh. Reliquienteile des heiligen Sigismund kamen im 14. Jh. durch Tausch nach Freising. Sigismund trat vom arianischen zum katholischen Bekenntnis über und ließ 522 seinen Sohn aus erster Ehe, den er als Empörer verdächtigte, erdrosseln. Den Irrtum erkennend, legte er sich im Kloster strenge Buße auf. 523 besiegten ihn die Franken, nahmen ihn gefangen und stürzten ihn mit Frau und zwei Söhnen in einen Brunnen. Drei Jahre später wurde sein Leib – so die Legende – unversehrt geborgen. Die Wallfahrt zum heiligen Sigismund überflügelte zeitweise die des Korbinian. Unter den vielen Votivgaben befindet sich als Sonderfall in einem Glaskästchen ein Menschenfuß. Um ihn bildete sich folgende Legende: Er soll einem Bauern aus Mamming abgefallen sein, als er die Teilnahme an der Wallfahrt verweigerte, worauf sein eigener Hund den abgefallenen Fuß nach Freising getragen haben soll.

Das Dankzeichen – die Votivgabe – wurde so zum Strafzeichen für die Mißachtung der Wallfahrt umgedeutet. In Wahrheit ist der Fuß wahrscheinlich für eine Genesung geopfert worden.

Der Freisinger Dom besitzt eine große Anzahl bemerkenswerter Grabmonumente, so zum Beispiel im südlichen Seitenschiff den Grabstein des Otto Semoser

vom Anfang des 13. Jh. Das Kalksteinrelief, das Reste einer zarten Bemalung aufweist, zeigt eine männliche Gestalt mit langem spitzem Bart, gekleidet in eine Art Tunika mit Gürtel. Die umlaufende Inschrift nennt den Namen des Verstorbenen. Eine zusätzliche kleine Steinplatte des 18. Jh., in der Nähe des Grabsteins, gibt weiteren Aufschluß: Otto Semoser, Türhüter unter Bischof Gerold. Daß dem einfachen Türhüter mit diesem aufwendigen Grab solche Ehre erwiesen wurde, läßt sich wohl nur durch sein besonders tugendhaftes Leben erklären. Dafür hält die Legende das Beispiel der wundersamen Brotumwandlung bereit.
Bischof Gerold, herzlos und geizig den Bedürftigen gegenüber, überraschte Otto Semoser eines Tages, als dieser, verborgen unter seinem Gewand, Brote zu den Armen bringen wollte. Auf die Frage Gerolds, was er verberge, entgegnete er erschrocken, es seien Steine. Das erwies sich beim Überprüfen auch als richtig. Als der Bischof den Türsteher daraufhin gehen ließ, hatten sich die Steine wieder in Brote zurückverwandelt.

Kaiserin-Beatrix-Skulptur am Portal
Ein volkskundliche Besonderheit begegnet uns in der Vorhalle des Doms, wo auf der rechten Seite eine Skulptur von Kaiserin Beatrix, Gemahlin Kaiser Barbarossas, zu sehen ist. Zu ihren Füßen sitzt eine Kröte, die als Fruchtbarkeitssymbol gedeutet wird. Sie ist wohl als Anspielung auf den Wunsch nach einem Thronfolger zu verstehen, da die Kaiserin bereits seit Jahren ohne Kindersegen war.

Steinsarkophage und Reliquiare in der Krypta
Ältester Bauteil des Doms ist die vierschiffige Krypta mit der romanischen „Bestiensäule“ in der Mittelzeile. Kämpfende Drachen, Dämonen und Ritter sind in ihren Schaft gehauen. Der mächtige um 768 entstandene Steinsarg des heiligen Korbinian befindet sich auf der linken Seite. Auf ihm steht heute ein Reliquienschrein. Aus dem 12. Jh. stammt der überlieferte Wunderbericht, nach dem ein mit Tollwut infizierter Adeliger, Heinrich von Fahrenzhausen, durch die Berührung des Sarkophags geheilt worden sein soll.
Auf der rechten Seite der Krypta befindet sich auch das Reliquiar des 957 gestorbenen Freisinger Bischofs Lantbert. Die Legende berichtet von ihm, daß er schon als Säugling die Fastentage beachtet und an solchen die Muttermilch zurückgewiesen habe. Nach einer anderen Überlieferung soll Lantbert durch sein Gebet den Dom und den Domberg während eines Ungarn-

Einfalls gerettet haben: ein dichter Nebel sei heraufgezogen und habe die Kirche vor den Ungarn verborgen. Ebenfalls auf der rechten Seite der Krypta steht der Steinsarg des heiligen Nonnosus von 1161, der zum größten Teil in die Wand eingelassen ist, während der herausragende Teil zum Durchschlüpfen eingerichtet ist. Bis zum Anfang unseres Jahrhunderts war diese Form der Reliquienberührung als Wallfahrtsbrauch lebendig. Wer an Kreuzweh litt, kam hierher und schlüpfte dreimal durch die Lücke. Kranke Kinder wurden ebenfalls dreimal durchgezogen, um Heilung zu erwirken. Die Sitte des „Durchkriechens“ bedeutet das Abstreifen der Krankheit und die symbolische Wiedergeburt als gesunder Mensch und ist als kultische Erscheinung über die ganze Erde verbreitet. Der heiligmäßige Abt lebte als Mönch des Silvesterklosters auf dem nördlich Rom gelegenen Berg Soracte, wo er um 570 starb. Seine Reliquien gelangten im 11. Jh. durch Bischof Nitker von Freising anläßlich einer Romreise in seine Domkirche.

Kruzifixus in St. Peter und Paul Neustift

In der ersten Hälfte des 12. Jh. gründete Bischof Otto von Freising außerhalb der damaligen Stadt Kloster Neustift. Er ließ es durch Prämonstratenser besiedeln und erhoffte sich durch deren strenge Lebensform ein Vorbild für die Freisinger Geistlichkeit. Von zahlreichen Bränden heimgesucht, wurden Kloster und Kirche Anfang des 18. Jh. völlig neu erbaut. Seit 1986 hat im Klosterkomplex das Freisinger Landratsamt seinen Sitz. Die Kirche zählt heute zu den schönsten Barockkirchen Oberbayerns mit Fresken von Johann Baptist Zimmermann, prächtig stuckiert von Franz Xaver Feichtmayr und eindrucksvollen Altären von Ignaz Günther und Christian Jorhan, alles um die Mitte des 18. Jh. entstanden.

In der östlichen Kapelle befindet sich der Kreuzaltar mit skulptiertem Kruzifixus vom Anfang des 16. Jh. und Seitenfiguren der heiligen Helena und des guten Schächers von I. Günther. Wahrscheinlich im 16. Jh. entstanden ist auch eine Kreuzwallfahrt. Der gekreuzigte Heiland in der Mitte des Altars stand beim Volk hoch in Ehren. Es war eine Figur mit echten Haupt- und Barthaaren, von denen die fromme Legende erzählt, sie wüchsen nach. Seit ältester Zeit spielen Haupt- und Barthaare in der Vorstellung des Volkes eine große Rolle als Sitz der Kraft und des Lebens. Speziell die Haare heiliger Personen wurden in Ehren gehalten. Die Sitte, Kruzifixe mit echten Haaren zu

schmücken, war bereits im Spätmittelalter bekannt, als Ausdruck der Volksfrömmigkeit und Mystik. Sie erreichte ihren Höhepunkt in der Barockzeit.
Es ist sehr zu bedauern, daß von vielen sog. „Echthaarkruzifixen" aus Unkenntnis der kulturgeschichtlichen Hintergründe die Haare entfernt und durch geschnitzte Locken ersetzt wurden, so auch beim Neustifter Kreuz, bei dem 1962 nach gotischem Vorbild Kopf, Hände und Lendentuch neu geschnitzt wurden.

Ehemaliges Benediktinerkloster Weihenstephan
Neben dem „mons doctus" – dem „gelehrten Berg" – wird Freising durch den dahinterliegenden „Nährberg" bestimmt. Schon 768 sind Berichte über Hopfenanbau in der Gegend nachweisbar, weshalb sich Weihenstephan als älteste noch bestehende Braustätte der Welt bezeichnet.
Um 720 bestand hier schon ein „Oratorium sancti Stephani", als der heilige Korbinian eine Zelle errichtete, weil er nicht in Abhängigkeit vom Hof auf dem Burgberg wirken wollte. Anfang des 11. Jh. wurde ein Benediktinerkloster gegründet und die bisher ansässigen

Ansicht des Klosters Weihenstephan mit Kirche über dem Brünnl. Kupferstich, 17. Jh.

Kanoniker vermutlich zum Klosterstift St. Veit, auf dem Weihenstephaner Plateau, transferiert. 1810 wurde die Kirche und ein Teil des Klosters abgebrochen. Der Westflügel, ein Teil des Südflügels, Wirtschaftsgebäude und Brauerei blieben erhalten. Seit 1920 gibt es auf dem Gelände eine Hochschule für Landwirtschaft und Brauereiwesen.
Die Legende erzählt, daß Korbinian durch ein Lichtwunder in der schon bestehenden kleinen Stephanskapelle veranlaßt wurde, sich hier mit seinen Mönchen niederzulassen. Während einer Krankheit konnte er nicht, wie üblich, mit seinen Brüdern zum Morgenlob in die Stephanskirche gehen. Aus der leeren Kirche strahlte jedoch ein wunderbares Licht und Chorgesang erklang (siehe Asam-Fresko im Dom).

Korbiniansbrünnl
Die Korbiniansquelle am Südhang des *Weihenstephaner Berges* zählt zu den ältesten bayerischen Quellheiligtümern. Die Quelle tritt am Ende eines zehn Meter langen in den Berg getriebenen Stollens aus. Im 9. Jh. wurde sie mit einer ersten kleinen Kapelle überbaut. Im Laufe der Jahrhunderte gab es mehrere Erneuerungen, 1720 eine durch die Brüder Asam. 1803 wurde die Kapelle größtenteils abgebrochen. Vom Zentralbau mit vorgestellten Säulen sind Teile der Nordwand als Ruine erhalten. Unterhalb befindet sich die Quellfassung des 18. Jh.
Durch Klagen seiner Diener über das mühsame Heraufschleppen des Wassers veranlaßt, soll Korbinian an dieser Stelle nach langem Gebet seinen Stab in die Erde gestoßen und so die wundersame Erweckung der Quelle bewirkt haben.
Jahrhundertelang schätzte man das Korbiniansbrünnl als heilsam bei Fieber, Augenleiden und Aussatz. Die spektakulärste überlieferte Heilung vollzog sich an Kaiserin Beatrix (1140–1184), Gemahlin Friedrich I. Barbarossa, welche durch Anwendung des Quellwassers vom Aussatz geheilt wurde. Heute wird keine Heilung mehr vom spärlich tröpfelnden Wasser erwartet.

FÜRSTENFELDBRUCK

Pfarrkiche St. Bernhard, ehem. Klosterkirche St. Maria Himmelfahrt
Der Ort *Bruck* wurde vermutlich von Herzog Heinrich dem Löwen im 12. Jh. gegründet. 1306 wird der Ort – der inzwischen als Reichslehen an das Geschlecht der

Gegenpoint gefallen war – als Markt erwähnt. Nach deren Aussterben um 1400 kam Bruck durch Kauf an das Kloster Fürstenfeld.

Die Klostergründung war eine Sühnestiftung Herzog Ludwigs II., des Strengen (1253–1294), der auf bloßen Verdacht hin seine Gemahlin, Maria von Brabant, auf der Burg Mangoldstein bei Donauwörth enthaupten ließ. Kloster und Kirche wurden 1263 „in campo principum" – auf dem Fürstenfeld – erbaut.

Von der frühgotischen Klosterkirche ist nichts erhalten; sie wurde 1717 abgebrochen, um Platz für einen Neubau zu schaffen. 1701 legte der Baumeister Giovanni Viscardi (1645–1713) den Grundstein zu einer barocken Wandpfeilerkirche, die 1741 geweiht wurde. Die Deckengemälde im Chor und Langhaus zeigen Begebenheiten aus dem Leben des Heiligen Bernhard, des Patrons der Zisterzienserordens. Es sind Spätwerke von Cosmas Damian Asam (1686–1739). Eine frühgotische Sandsteinmadonna ist der Überlieferung nach ein Geschenk Kaiser Ludwigs des Bayern (1294 bis 1347) und steht auf diesem Altar in der Eingangshalle rechts.

Zu beiden Seiten des Triumphbogens stehen die von Roman Anton Boos (1733–1810) geschaffenen Stifterfiguren, Kaiser Ludwig der Bayer (1294–1347) rechts und links dessen Vater, Herzog Ludwig II. der Strenge. Der Herzog, in spätmittelalterlicher Rüstung und in stolzer Herrscherpose dargestellt, trägt als Sühnezeichen ein großes goldenes, von einem Pfeil durchbohrtes Herz auf der Brust. Nach der Legende hatte ihm der Papst auferlegt, dieses Sühnezeichen zeitlebens zu tragen.

Nicht die Auffindung einer Reliquie oder ein wundertätiges Gnadenbild waren Anlaß dieser Klosterstiftung, sondern die Gewalttat eines eifersüchtigen und jähzornigen Herzogs. Es heißt, die Herzogin habe sich eine Vertraulichkeit gegenüber einem ihrer Höflinge, Graf Heinrich von Kyrburg, erlaubt und ihm das „Du" angeboten. Als sie ihn daran schriftlich erinnerte, kam es durch den Boten zur Verwechslung dieses Schreibens mit einem gleichzeitig an ihren Gatten gerichteten Brief. Der wütende Herzog, der bei seinen Truppen am Rhein weilte, ritt nach Donauwörth, wobei er mehrere Pferde zu Tode hetzte, und ließ seine Gemahlin auf der Stelle enthaupten, ohne sie überhaupt anzuhören. Als er später einsehen mußte, daß er übereilt gehandelt hatte, gründete er zur Sühne das Zisterzienserkloster *Fürstenfeld.*

Lucienhäuschenschwimmen
Als vor mehr als 200 Jahren die Amper über ihre Ufer trat und den Ort überschwemmte, flehten die Einwohner in ihrer Not die hl. Lucia an. Das Hochwasser soll daraufhin zurückgegangen sein; da der Tag der Rettung auf den Namenstag der Heiligen (13. 12.) fiel, deren Name Lichtbringerin bedeutet, legten die Bürger ein Gelübde ab: alljährlich am Lucientag basteln sie aus Dankbarkeit für die Errettung Nachbildungen ihrer Häuser aus Holz und Karton, stellen ein Licht hinein und setzen dann die Häuschen nach feierlicher Segnung auf die Amper, wo sie flußabwärts treiben. Nach einer Unterbrechung von fast 100 Jahren wurde der Brauch 1949 neu belebt. Das Fest ist heute ein ausgesprochenes Kinderfest der Grund- und Hauptschüler.
Die hl. Lucia erlitt um 310 n. Chr. unter Kaiser Diokletian das Martyrium. Nach der Legende wollte sie sich einem Verehrer entziehen, indem sie sich die Augen herausriß. Die Muttergottes, so will es eine andere Legende, soll ihr aber noch schönere Augen wiedergegeben haben. Als man sie gefesselt in ein Dirnenhaus bringen wollte, waren tausend Männer und ein Ochsengespann nicht in der Lage, sie von der Stelle zu bewegen.
Bis zur Einführung des Gregorianischen Kalenders 1582 galt der 13. 12. als kürzester und dunkelster Tag im Jahr. Nach diesem Tag, dem Lucientag, sollten die Tage wieder länger werden. Der Lucientag ist in den skandinavischen Ländern, besonders in Schweden, bis heute ein beliebter Festtag. Bei weihnachtlichen Feiern erscheint Lucia dort mit einer brennenden Lichterkrone.

GAUTING (Lkr. Starnberg)

Am Schnittpunkt zweier Römerstraßen gab es hier schon zwischen 14–27 n. Chr. eine Siedlung. Durch Gräberfunde ist ein bajuwarisches Dorf aus dem 7. Jh. bezeugt. Die Karolinger hatten in diesem Gebiet große Besitzungen, was durch Schenkungen der fränkischen Prinzessin Kysila an das Kloster Benediktbeuern um 800 belegt ist. Im 12. Jh. wird Gauting als Pfarrdorf erstmals erwähnt.

Reismühle und Stadtwappen
2 km südlich von Gauting liegt am Eingang zum *Mühltal* die Reismühle, die noch heute einen Mühlen-

Gautinger Stadtwappen

betrieb und ein Sägewerk umfaßt und ihren Namen schon in einer Urkunde von 1314 trägt. Nach den Sagenbüchern ist sie ein Platz, der neben vielen anderen Orten Anspruch darauf erhebt, der Geburtsort Kaiser Karls des Großen zu sein. Allerdings hielt die Sage bisher keiner historischen Überprüfung stand.
Der bedeutendste karolingische Herrscher wurde vermutlich im Jahr 742 geboren; er übernahm nach dem Tod seines Vaters, des Frankenkönigs Pippin d. Kl. zunächst zusammen mit seinem Bruder Karlmann und nach dessen Tod (771) alleine die Herrschaft. Am 25. 12. 800 wurde er in Rom zum Kaiser gekrönt; 814 starb er nach einem ereignisreichen Leben in Aachen. Um die Gestalt dieses geschichtlich bedeutsamen, 1165 auf Betreiben Kaiser Friedrich Barbarossas hei-

Die Reismühle. Lithografie, um 1812/15

liggesprochenen Karolingers ranken sich viele Legenden und Sagen. Vor allem der – quellenmäßig nicht lokalisierte – Ort seiner Geburt hat die Phantasie der Menschen beschäftigt; der Sage nach soll Karl in der nahe Gauting gelegenen Reismühle zur Welt gekommen sein:
Als der Frankenkönig Pippin eine Weile auf der Burg Weihenstephan lebte, beauftragte er seinen Hofmarschall, die schöne Grafentochter Bertha – die ihm als Braut versprochen worden war – nach Freising zu geleiten. Aber der untreue und hinterlistige Hofmeister ließ das Mädchen im Wald aussetzen und führte dem König seine eigene Tochter zu. Die unglückliche Braut irrte durch die Wälder, wurde schließlich von einem Köhler gefunden und fand Zuflucht in der Reismühle. Es vergingen Monate und Jahre. Eines Tages verirrte sich Pippin im Würmtal auf der Jagd und fand Aufnahme im Haus des Müllers. In dem ihm sofort sympathischen Mädchen – sie trug noch immer seinen Ring – erkannte der König seine entführte Braut. In der Nacht ihrer Begegnung soll Karl der Große gezeugt worden sein, wie es der Hofastrologe dem König vorausgesagt hatte. Die angebliche Wiege Karls des Großen ist noch heute in der Reismühle zu sehen.
Das Gautinger Wappen zeigt auf blauem Grund ein silbernes Mühlrad mit zwölf Schaufeln, darüber eine goldene Kaiserkrone – ebenfalls zur Erinnerung an diesen populärsten Sohn der Stadt.
→ Leutstetten

GEORGENRIED (Gem. Waakirchen, Lkr. Miesbach)

Kirche St. Georg
Nahe der Verbindungsstraße von *Gmund* nach Waakirchen und *Bad Tölz*, ca. 4 km von Gmund entfernt, liegt dieses spätgotische Kirchlein (1528) mit Stern- und Netzgewölben, wieder freigelegten Blattornamenten und drei Spätrenaissance-Altären mit wertvollen Kunstschätzen, darunter einem Kümmernisbild.
Zur Entstehung der Kapelle gibt es folgende Legende: Graf Georg von Waldeck (1407–1456) fiel 1444 in türkische Kriegsgefangenschaft und gelobte, drei Kirchen zu erbauen, wenn er zu seiner Frau und den drei Kindern wieder heimkehren dürfe. Als der tapfere Ritter Georg nach abenteuerlichen Irrfahrten zurückkam, hielt er sein Gelöbnis und veranlaßte die Gründung und Errichtung der drei „Ried"-Kirchen: Georgenried nach seinem eigenen ritterlichen Namenspatron, *Agatharied* nach dem seiner Gemahlin und *Frauen-*

ried nach der Patronin seiner Schwester Maria benannt. Von alten Bauern wird das Kirchlein Georgenried noch heute Schimmelkapelle genannt, was darauf hinweist, daß es ehemals eine Umrittkirche war: an bestimmten Tagen fuhr man mit geschmückten Roßgespannen um die Kirche und ließ die wertvollen Tiere vom Priester segnen (Pferdebenediktion), damit sie vor Krankheit und anderem Unheil geschützt seien.
→ Neufahrn, → Schliersee

GLONN (Lkr. Ebersberg)

Sühnekreuz

Am Fußweg zwischen Glonn und dem naheliegenden *Balkham* steht ein verwittertes Steinkreuz, auf dem die Jahreszahl 1618 mit den davor gestellten Buchstaben CH kaum noch erkennbar ist. Der Überlieferung nach soll an dieser Stelle ein wandernder Händler, ein sog. „*Federntrager*", überfallen und beraubt worden sein. In Verbindung mit diesem Stein wurde folgende Sage erzählt:

Eine weise Frau, die sich leidender Menschen annahm, kam um Mitternacht an dem Sühnekreuz vorbei. Es war mondhell, und die alte Frau sah vor dem steinernen Kreuz einen großen, schwarzen Hund sitzen. Er glotzte sie mit feurigen Augen an und fletschte die Zähne. Sie bekam furchtbare Angst. Anstatt zu fliehen, bekreuzigte sie sich und ging entschlossen an dem Hund vorbei. Kurz darauf schaute sie sich um, und der Hund war verschwunden.

Steinkreuzsagen beinhalten das Motiv des Unheimlichen. Nach dem Volkglauben finden die armen Seelen von Ermordeten und Verunglückten keine Ruhe, weil sie vorzeitig aus dem Leben geschieden sind. Sie irren als Menschen ohne Kopf, in Tiergestalt oder als Irrlichter umher. Sühnekreuze sind letzte anschauliche Zeugnisse mittelalterlicher Rechtspraxis bei Totschlag. Zahlreiche erhaltene Sühneverträge des 13.–16. Jh. sprechen ausdrücklich die Verpflichtung des Schuldigen zur Sühnekreuzsetzung aus. Eine andere wichtige Festsetzung solcher Verträge war die Verrichtung frommer Werke, der sog. „Seelengeräthe" Sie verfolgten den Zweck, die Seele des Getöteten, aus den Qualen des Fegfeuers zu erlösen. Diese Leistungen waren kostspielig und bestanden in Schenkungen an Kirchen und Klöster, Stiftungen für Bruderschaften und Seelenmessen, zur Unterhaltung eines ewigen Lichts, sowie in Wachsspenden und der Teilnahme an Pilgerfahrten. Die Einmeißelung eines Kreuzes an einem bereits verwitterten Sühnestein erklärt den deutlich kirchlichen Charakter.

GRAFING (Lkr. Ebersberg)

Leonhardikirche
An der alten Straße von Rosenheim nach München steht die älteste noch bestehende Kirche von Grafing, „Sankt Leonhard auf dem Feld“, ein kleiner Saalbau des 14. Jh. Die Zwiebelhaube und der Altar, auf dem die Muttergottes als Patrona Bavariae dargestellt ist (mit Kind, Krone und Zepter), stammen aus dem 17. Jh. Als Begleitfiguren stehen auf der rechten Seite der hl. Ägidius, Patron der Stadtpfarrkirche mit Stab und Buch, links der hl. Leonhard, der Kirchenpatron als schwarzgekleideter Mönch mit Abtstab und Kette. Als einer der meistverehrten Heiligen in Süddeutschland gilt der hl. Leonhard, Patron der Pferde und Rinder, Zuflucht der Gefangenen, der Gebärenden und Helfer bei Geisteskrankheiten. Er lebte im 6. Jh. Seine Lebensgeschichte wurde aber erst im 11. Jh. aufgezeichnet.

Der Legende nach stammt Leonhard aus einem adeligen Geschlecht am Hof des Frankenkönigs Chlodwig. Durch sein hohes Ansehen erhielt er später die Aufgabe, über die Rechtmäßigkeit von Verurteilungen zu befinden. Durch diese Tätigkeit konnte Leonhard zahlreichen Gefangenen die Freiheit erwirken. Nach seinem Tod 559 wurde er in dem von ihm gegründeten Kloster Noblac bei Limoges beigesetzt. Bald ereigneten sich Wunder an seinem Grab. Doch erst im 11. Jh., als sein Grab erhoben und die Reliquien öffentlich zur Schau gestellt wurden, erreichte der Leonhardskult sehr schnell den süddeutschen Raum. Besonders in der Barockzeit wurde Leonhard der Volksheilige schlechthin.

Es wird angenommen, daß ein heute noch bestehender alter Brauch in Grafing, die Leonhardi-Fahrt, bis zur Erbauungszeit der St. Leonhards-Kirche um 1400 zurückgeht und seit 1708 urkundlich nachweisbar durchgeführt wird. Bei der Leonhardi-Fahrt umreiten bzw. umfahren jeweils am letzten Sonntag im Oktober die Teilnehmer dreimal die Kirche. Die Vorhalle der Grafinger Leonhardikirche diente ursprünglich dazu, die Pferde hindurchzuführen und dabei den Segen des Heiligen zu empfangen.

Über das Attribut der Gefangenenkette, die später auch als Viehkette gedeutet wurde, ist der hl. Leonhard als Kettenheiliger allmählich auch zum Eisenhei-

Leonhardi-Fahrt

ligen, zum „Eisenherrn“, geworden. Im 17. Jh. entwickelte sich der Brauch, dem hl. Leonhard Abbilder der erkrankten Tiere aus geschmiedetem Eisen als Votive darzubringen, mit der Bitte um Schutz des gesamten Viehbestandes für ein weiteres Jahr.
An Votivgaben für den hl. Leonhard sind nur wenige erhalten. Eisenvotive, stilisierte Kühe oder Pferde und ein in Silber getriebenes Augenvotiv werden in einer mit einem Gitter verschlossenen Nische aufbewahrt. Auf einer Votivtafel ist die Leonhardikirche dargestellt, in die (1683) gerade der Blitz einschlägt. Lediglich der Turm wurde dabei schwer beschädigt. Der Sohn des Mesners war gerade beim Glockenläuten und wurde dabei zu Boden geschleudert. Als er wieder zu sich kam, war das Seil abgebrannt, er selbst aber blieb unversehrt.

GRAFRATH (Lkr. Fürstenfeldbruck)

Wallfahrtskirche zum hl. Rasso und Ortswappen
1359 wird der Name Grafrath (Siedlung des Grafen Rath oder Rasso) erstmals urkundlich erwähnt.
Die heutige Kirche, eine Wandpfeilerkirche mit drei Jochen und eingezogenem Chor, hatte mehrere Vorgängerbauten und wurde in den Jahren 1688–1694 von dem Vorarlberger Baumeister Michael Thumb erbaut, 1752/53 ausgemalt und stukkiert.
Der Überlieferung nach steht die Kirche an der Stelle, an der Graf Rasso aus dem Geschlecht der Grafen von Andechs-Dießen um 950 ein Benediktinerkloster gegründet hat. Die Legende weiß zu berichten, daß er von seiner nahegelegenen Burg Wildenroth eine Lan-

ze warf, um den Platz zu bestimmen, wo nach Gottes Willen das Kloster entstehen sollte. Eine Lanze ist auch noch heute im Wappen von Grafrath zu sehen.
Die Deckenfresken von Johann Georg Bergmüller (1688–1762) schildern Begebenheiten aus dem Leben des hl. Rasso. In glänzender Rüstung und hoch zu Roß zeigt ihn das Gemälde über der Orgel. In der Kirchenmitte wird Rasso im Kampf gegen die Ungarn gezeigt, sein Eintritt ins Kloster und die Übergabe des Reliquienschatzes.
Graf Rasso soll die Ungarn zweimal siegreich bekämpft haben. Seine außergewöhnliche Körpergröße von 2,50 m – so wird überliefert – soll dem Feind Angst und Schrecken eingeflößt haben. Von einer Wallfahrt nach Rom und ins Heilige Land brachte er Reliquien mit und legte damit den Grundstein zum späteren Andechser Reliquienschatz. Als Laienbruder verbrachte er seine letzten Lebensjahre in dem von ihm gegründeten Kloster. Der Heilige starb 954, ein Jahr vor der Schlacht auf dem Lechfeld. Sein Grab, das vor der Zerstörung durch die Ungarn bewahrt blieb, wurde 1486 bei Erhebung der Gebeine in die Mitte der Kirche gesetzt (Vorgängerkirche). Die Rotmarmorplatte des gotischen Hochgrabes, gefertigt von dem Münchner Künstler Matthäus Haldner, ist erhalten und in den Fußboden eingelassen. Über dem Tabernakel des Hochaltars, der 1765–68 in der Werkstatt von Johann Baptist Straub entstand, ruhen die Gebeine des hl. Rasso in einem Glasschrein. Das Fresko im Presbyterium zeigt den Heiligen, der als Kirchenpatron noch heute hoch verehrt wird, als Fürbitter für Kranke und Notleidende. Votivtafeln in der Kirche und auch die erhaltenen Mirakelbücher berichten von Heilungen und Gebetserhörungen.
→ Erling-Andechs

Teufelsstein
Etwa 600 m südlich von Grafrath, an der Straße nach *Inning*, biegt ein Fußweg links ab, auf dem man in knapp 20 Minuten die Stelle erreicht, an der ein mächtiger Steinblock, ein Findling aus der Eiszeit, auf der linken Seite des Weges am Waldrand liegt.
Sein Vorhandensein erklärt die Sage so: in alter Zeit wollte der Teufel den Christen wieder einmal einen bösen Streich spielen. Er plante, die beiden Kirchen *Andechs* und Grafrath zu vernichten und holte sich zu diesem Zweck aus den Alpen einen mehrere hundert Zentner schweren Felsblock, den er bis in die Nähe von Grafrath trug – dann gingen ihm die Kräfte aus.

Ein altes Weib, das gerade des Weges kam, erschrak, als der Teufel sie fragte, ob es noch weit zur Rassokirche in Grafrath sei. Sie überwand alle Ängste und antwortete dem Teufel schlagfertig, daß sie alle Schuhe, die sie in der Schürze trage, auf dem Weg von der Rassokirche hierher durchgelaufen habe, der Weg sei also sehr weit und schlecht. Den Teufel ergriff die Wut; verärgert nahm er den Steinblock noch einmal hoch und ließ ihn dann mit einer solchen Wucht fallen, daß er zum Teil in der Erde versank. Mit schlotternden Knien lief die alte Frau heimwärts und vergaß, ihre abgelaufenen Schuhe zum Schuster zu bringen.

GROSSMEHRING (Lkr. Eichstätt)

In Großmehring – vermutlich eine römische Gründung – befindet man sich auf dem Boden der Sage. Die Stätte entspricht dem *„Möhringen“* des Nibelungenliedes, wo Hagen den Fährmann erschlug, weil er sich geweigert hatte, die Nibelungen über die Donau zu setzen. Kriemhild hatte dreizehn Jahre, nachdem Hagen ihren Mann Siegfried erschlagen hatte, die Werbung des Hunnenkönigs Etzel angenommen, mit dessen Macht sie hoffte, ihre Rachegelüste gegenüber dem Mörder zu befriedigen. Begleitet von ihren Brüdern Giselher und Gernot und einem etwa tausend Mann zählenden riesigen Gefolge kam sie an die Donau. Zu *Pförring* verabschiedeten sie sich und kehrten an den Hof in Worms zurück. Kriemhild hingegen zog mit ihrem Gesinde ins Hunnenland weiter. Nach wiederum dreizehn Jahren lud Etzel auf Kriemhilds Drängen ihre Brüder und auch Hagen zu einem großen Fest in seine Residenz ein. Hier an der Donau weissagten

dem Hagen badende Wassernixen, als einziger werde der Kaplan die Heimat wiedersehen. Der Fährmann beim alten römischen Donauübergang, auf der Höhe von Feldkirchen-Manching, weigerte sich, die Nibelungen überzusetzen. Hagen erschlug ihn deswegen und fuhr mit seinem Schiff flußabwärts bis Großmehring und setzte sein Gefolge dort selbst über. Damit die Prophezeiung der Nixen sich nicht erfülle, stieß er den Kaplan ins Wasser, der sich jedoch ans Ufer retten konnte. Die Weissagung erfüllte sich, denn am Hof des Etzel wurden alle Burgunder getötet.

Katharinenberg
Etwa 4 km nördlich des Ortes liegt zwischen Großmehring und *Demling* der steil emporragende Katharinenberg. Das kleine Dorf gleichen Namens war früher vielleicht einmal Hörigensiedlung einer nicht mehr vorhandenen Burg. Die Pfarrkirche St. Katharina wurde ab 1447 im spätgotischen Stil erbaut. Die Sage erzählt, der gerettete Kaplan habe hier aus Dankbarkeit eine Kapelle errichtet. Im Berg selbst soll ein Schatz liegen, den die Burgunden (auch Nibelungen genannt) auf dem Weg ins Hunnenland in einer seiner Höhlen vergraben haben. Dieser Schatz – offenbar identisch mit dem sagenhaften Nibelungenhort, den Siegfried einst einem Zwerg namens Alberich abgewonnen hatte – war nach seinem Tod an die Burgunderkönige gefallen. Es heißt aber, man soll sich vor dem Schatz hüten, da sein Gold jedem, der es findet, zum Fluch wird.

GRÜNSINK (Gem. Weßling, Lkr. Starnberg)

Marienkapelle
Nordwestlich von Weßling, an der Straße nach *Etterschlag*, liegt in einer Talmulde eine Kapelle, die der hl. Maria geweiht ist. Der älteste Teil des Gotteshauses, ein quadratischer Bau, entstand 1762/63, der Erweiterungsbau nach Westen um 1774. Das Gnadenbild am Hauptaltar ist eine Kopie des Innsbrucker Mariahilf-Bildes von Lukas Cranach d. Ä. (1472–1553), während die kleine Terrakottafigur – heute in einer Wandnische neben dem Altar – lange Zeit als ursprüngliches Gnadenbild angesehen wurde.
Eine Legende bringt die Entstehung von Kirche und Wallfahrt mit einem Jäger in Verbindung, der sich vor langer Zeit, als die Wälder noch undurchdringlich waren und es dort viele Wölfe gab, auf der Jagd verirrte. In seiner Not gelobte er die Aufstellung eines Marien-

bildes in einem hohlen Baum. Sehr bald schon wurde das Bild auch von anderen Menschen verehrt, was zum Bau des Gotteshauses führte.
In der Kirche sind zahlreiche Votivbilder zu sehen. Das älteste Bild – es wurde leider 1962 gestohlen – stammt aus dem Jahr 1744. Es zeigte noch keine Kapelle, sondern nur das am Baum befestigte Marienbild.
Grünsink ist noch heute Ziel der Wallfahrt, an den Grünsinker Festen im Juli/August wird unter den Bäumen hinter der Kapelle Messe gehalten.

GUNGOLDING (Gem. Walting, Lkr. Eichstätt)

Gungoldinger Wacholderheide
Das ca. 70 ha. große Naturschutzgebiet am nördlichen Hang des Altmühltals entstand im Mittelalter durch Rodung des Waldes und Viehbeweidung. Der Wacholder wurde ehemals zu vielen Zwecken verwandt: Räucherwerk aus seinen Zweigen diente zum Räuchern von Schinken und Wurst und der Abwehr von Krankheiten, Pestilenz und bösen Mächten. Aus Wacholderholz gefertigte Peitschenstiele sollten nach dem Volksglauben Pferde vor Verhexung schützen, Butterstöcke schädliche Einflüsse von Nachbarn auf das Gelingen der Butter verhindern. Heute sind alle Pflanzenteile vollkommen geschützt, außer der blauschwarzen Wacholderbeere, die in zwei Jahren an den weiblichen Sträuchern heranreift und als Gewürz für Sauerkraut, Wild- und Fischgerichte, für die Herstellung des Wacholderschnapses und als Heilmittel gegen Leber-, Nieren- und Blasenleiden, bei Rheuma und Gicht verwendet wird.

GÜNZLHOFEN (Gem. Oberschweinbach, Lkr. Fürstenfeldbruck)

Ortswappen
Als „Cudinchova“ erscheint der Ort erstmals 793 in einer Urkunde. Vom 12.–15. Jh. lebte hier ein Rittergeschlecht, das um 1240 im Gefolge von Herzog Otto von Andechs-Meranien genannt wird.
Das Wappen von Oberschweinbach zeigt unter vier senkrechten Rauten einen silbernen Lindwurm, der als Attribut der hl. Margarethe vermutlich in Zusammenhang mit ihrem Patrozinium in der Kirche von Günzlhofen steht.

Katholische Pfarrkirche St. Margarethe
Die spätgotische Saalkirche wurde im 18. Jh. barockisiert und 1921 nach Westen verlängert. Der Hochaltar soll aus der abgebrochenen Klosterkirche von Wessobrunn stammen. In der Mitte des Altars steht eine Skulptur der hl. Margarethe, zu ihren Füßen der Drache, in den sie mit der Rechten den Kreuzstab stößt; in der linken Hand hält sie die Märtyrerpalme.
Von der Heiligen berichtet die Legende, sie sei die Tochter eines heidnischen Priesters gewesen, wo sie im Jahr 307 für ihren christlichen Glauben den Märtyrertod erlitt. Der Stadtpräfekt Olybrius wollte sie heiraten; als sie sich weigerte, wurde sie grausam gefoltert und ins Gefängnis geworfen. Mehrmals erschien ihr dort der Teufel in Gestalt eines greulichen Drachen und drohte sie zu verschlingen – er zerbarst jedoch, als sie das Kreuzzeichen über ihn machte.
Margaretha gehört zu den Vierzehn Nothelfern; sie ist Patronin der Gebärenden und Schutzheilige des Nährstandes, weil ihr Fest, der 20. Juli, ein wichtiger Merktag für die Bauern war.

HAAG (Lkr. Mühldorf/Inn)

Burgruine, Wappen und Grenzsteine
Inmitten des Ortes ragt der weithin sichtbare Schloßturm hervor, das Symbol einer viele Jahrhunderte währenden Grafschaft. Die ausgedehnte Burganlage war ab 1245 im Besitz der Gurren und der Fraunberger. Im 16. Jh. wurde sie zur Residenz ausgebaut und 1804 bis auf die heutigen Reste abgebrochen. Die Gründungssage der Grafschaft Haag, welche auf das Jahr 1058 zurückgeht, ist ein bezeichnendes Beispiel für eine legendäre Grenzziehung in Altbayern. Damals stand auf der steilen Bergkuppe der Landzunge, über der Mündung des Nasenbachs in den Inn, die Burg Königswart. Darin hauste ein Zollgraf des Kaisers, der die Bauern auf dem Feld beraubte und die Innschiffe mit einer Sperrkette aufhielt und ausplünderte. Agnes, die Witwe Kaiser Heinrichs III. (1039 bis 1056), versprach, dem Bezwinger des Raubritters soviel Land als freies Eigentum zu geben, wie er von Sonnenaufgang bis Sonnenuntergang mit dem besten Roß des kaiserlichen Marstalles umreiten könne. Kuno Maier, „ein kühner Mann von gemeiner Geburt“, ließ getarnte Kähne den Inn hinabtreiben und überwältigte den Raubritter mit seinen Spießgesellen. Aus dem kaiserlichen Marstall wählte er eine prächtige

Schimmelstute, welche er durch dichte Wälder, über Berge und Täler jagte. Die kaiserlichen Knechte folgten ihm, um den Hufschlag des Schimmels mit Stangen und Spießen zu markieren. Auf einem Hügel, den man fortan „Schimmelberg“ nannte, blieb das abgehetzte Roß stehen. Mit den Worten „was, hältst du schon, Gurre?“ (ahd.: „Gurre“ = weibliches Pferd) brachte es Kuno wieder auf die Beine. Kaiserin Agnes hielt ihr Versprechen. Kuno Maier baute sich einen festen Wohnsitz, setzte einen Schimmel in sein Wappen und nannte sich fortan „Gurre“. Noch heute zeigt das Wappen von Haag einen springenden Schimmel auf rotem Grund. Leider sind nur noch drei Grenzsteine von 1686 erhalten, mit dem Haager Schimmel und dem bayerischen Rautenwappen geschmückt. Sie stehen südlich der Bundesstraße 12 auf halbem Weg nach Schützen, in Schützen selbst und beim Sprinzenödhof bei *St. Christoph*, Gemeinde *Steinhöring* (Lkr. Ebersberg). Die Konturen des Schimmels sind noch deutlich zu erkennen. Aus den Farbresten beim eingemeißelten Wappen geht hervor, daß die Wappeneinfassung vergoldet war.

HABACH (Lkr. Weilheim-Schongau)

Pfarrkirche St. Ulrich, ehem. Kollegiatskirche und Ulrichsbrünnchen

Wenige Kilometer südwestlich des *Ostersees* liegt der Ort Habach. 1663 wurde die Pfarrkirche St. Georg mit der danebenstehenden Kollegiatskirche St. Ulrich, die 1073 von Bischof Embrico geweiht worden war, durch einen Neubau, eine Wandpfeilerkirche mit reicher Stuckdekoration, vereinigt.

In der Weiheurkunde wird auch das Ulrichsbrünnchen als *„fons sancti Oudalrici“* erwähnt. Es liegt unterhalb der Kirche am St. Ulrichsweg (südlicher Ortsausgang). Bischof Ulrich von Augsburg soll hier ein Eigenkloster besessen haben.

Treppenstufen führen herab zur Quelle, die von einer schweren Steinmauer mit einem schmiedeeisernen Gitter umschlossen ist. Über dem Quellaustritt an der Mauer ist eine Inschrifttafel angebracht:

> „An dieser Stätte weilte jährlich
> in seinem Klosterstift der Hl. Ulrich,
> Bischof von Augsburg“ 923–973

Eine Terrakottabüste des Heiligen steht in einer Mauernische; auf dem Sockel sind seine Attribute dargestellt. Der Überlieferung nach soll der Ulrichsbrunnen

durch das Wassertrinken des Heiligen geweiht worden sein.
Im Ortswappen von Habach ist in der Mitte oben das Ulrichskreuz zu sehen.
→ Höfen → Paterzell

HAUSEN (Gem. Geltendorf, Lkr. Landsberg)

Kirche Unserer Lieben Frau
Die Pfarrkirche aus dem 17. Jh. ist innen frühklassizistisch. Bemerkenswert sind die Deckengemälde von J. B. Anwander 1795, die Rokokomadonna des Hochaltares sowie zwei spätgotische Heiligenfiguren aus dem Ende des 15. Jh. im Altarraum. Eine davon zeigt den hl. Nikolaus. Für das Nikolausfest, das an seinem Todes- und Begräbnistag am 6. Dezember in vielen Ländern der Erde gefeiert wird, und zahlreiche Nikolausbräuche und -spiele ist die Jungfrauenlegende wichtig, nach der ein verarmter Vater seine drei Töchter zur Prostitution freigeben will, um ihren und seinen Lebensunterhalt zu bestreiten. Nikolaus ist Erbe eines großen Vermögens und hört von diesen Plänen. Er erscheint nachts vor dem Fenster der Mädchen und wirft drei Beutel mit Gold in das Haus des Verarmten, wodurch er den Jungfrauen ein ehrsames Leben ermöglicht.
Weniger bekannt ist die Legende der drei eingepökelten Knaben, die im 11. oder 12. Jh. in Frankreich entstand und vermutlich folgenden geschichtlichen Hintergrund hat: In der zweiten Hälfte des 11. Jh. herrschte in Frankreich eine grausame Hungersnot. Aus übergroßem Hunger wurden damals gelegentlich Kinder mit Speisen angelockt, geschlachtet und verzehrt. Die Rettung der drei Buben dürfte daher als Gebetserhörung vor Menschenfresserei einzuordnen sein.
St. Nikolaus wird nicht nur als Patron der Kinder und Schüler, sondern auch der Advokaten, Apotheker, Bäcker, Bierbrauer, Fischer, Flößer, Fuhrleute, Gefangenen, Kaufleute, Knopfmacher, Küfer, heiratslustigen Mädchen, Metzger, Müller, Reisenden, Schiffer, Tuchmacher, Wachszieher und Weber verehrt.

HINTERSEE (OT Ramsau, Markt Berchtesgaden, Lkr. Berchtesgadener Land)

Antoniuskapelle
Nahe bei der Kapelle St. Anton, einem kleinen, nach Westen offenen Bau aus dem 17. Jh., soll ein kostbarer Schatz vergraben sein. Niemand kennt den genauen

Schatzgräber bei der Arbeit. Holzschnitt, 1532

Ort, es wird behauptet, daß zu bestimmten Zeiten, an der Stelle, wo der Schatz zu finden ist, ein helles Licht zu sehen sei. Wer dieses zufällig sieht, muß sofort einen Rosenkranz darumlegen, um zu verhindern, daß das Licht ausgeht, bevor er Werkzeug zum Graben geholt hat.

In Kriegszeiten vergrabene Schätze, antike Münzfunde oder auch in prähistorischen Gräbern gefundene, oft kostbare Grabbeigaben bilden die reale Grundlage von Schatzsagen. Viele volkstümliche Erzählungen berichten von Schatzsuche und – meist erfolgloser – Schatzgräberei, da bestimmte Regeln nicht eingehalten werden. Heidnische und christliche Vorstellungen vermischen sich: hier ist das magische Mittel der Rosenkranz, während die Vorstellung vom Schatzfeuer, das die genaue Lage der vergrabenen Reichtümer anzeigt, auf uraltes Totenbrauchtum (Feuer am Grabhügel des Verstorbenen) hinweist.

Guglberg

Nahe bei dem schönen Hintersee liegt ein kegelförmiger Hügel, „Guglberg". In seinem Innern haust der Sage nach das „Guglbergmanndl", ein kleiner Kobold, der den Menschen mancherlei Schabernack spielt. Gesehen wurde das Manndl noch von niemandem, gehört aber sehr oft. Denn wenn man aus dem Tal zum Guglberg ruft: „Guglbergmanndl, wo bist?", so erhält man deutlich die Antwort: „Da bin i! Da bin i!"

HÖFEN (Grafrath, Lkr. Fürstenfeldbruck)

Pfarrkirche und Ulrichsbrünnlein

Das auf einem Hügel um 1400 erbaute Gotteshaus – die Pfarrkirche St. Mariä Himmelfahrt – hat den höch-

sten gotischen Spitzturm der Umgebung. Der Sage nach soll die Kirche an der Stelle erbaut worden sein, an der einst die Burg des hl. Rasso stand.
Am Fuße des Hügels, direkt am Amperufer, steht ein Ulrichsbrünnlein. Das Wasser quillt aus einer eisernen Röhre, über die ein Holzhäuschen gesetzt wurde. Die Vorderseite ist mit dem Bildnis St. Ulrichs bemalt und trägt die Inschrift:

„Zu frischer Labung für Groß und Klein
ladet die Quelle St. Ulrich ein".

Bischof Ulrich (890–973), der erste kanonisierte deutsche Heilige (993), weihte der Überlieferung nach die Kirche in Grafrath. Er wurde in Augsburg geboren und erhielt seine Erziehung in der Klosterschule St. Gallen. 923 übertrug ihm Kaiser Heinrich I. die Augsburger Bischofswürde. Der Sohn eines schwäbischen Gaugrafen stand den ersten sächsischen Kaisern mit Rat und Tat zur Seite. Hoch zu Roß ritt er an der Spitze des Heeres und verteidigte Augsburg gegen die anstürmenden Ungarn, die auf dem Lechfeld 955 vernichtend geschlagen wurden.
Der Legende nach erschien dem hl. Ulrich viele Jahre vor der Schlacht im Traum die hl. Afra, zeigte ihm das Lechfeld und sagte den Sieg voraus. Nach der Ungarn-

schlacht soll er die Hunnen bis zur Rassoburg, die sie zerstört hatten, verfolgt haben. Weil die Hunnen außerdem den Brunnen vergiftet hatten, bat der Heilige Gott um Wasser für die Verwundeten. Daraufhin entsprang zu seinen Füßen eine Quelle, die später als Taufbrunnen diente.

→ Habach → Paterzell

HOHENBURG (Markt Lenggries, Lkr. Bad Tölz-Wolfratshausen)

Schloß

Das im Süden von Lenggries liegende Schloß Hohenburg wurde 1712–18 anstelle einer 300 m weiter östlich liegenden, 1707 abgebrannten Burg errichtet. Die dreiflügelige Anlage war einstmals Stammsitz der Grafen Hörwarth-Hohenburg, dann im Besitz der Großherzöge von Nassau-Luxemburg, und ist seit Anfang der fünfziger Jahre dieses Jh. Heimschule der Ursulinen.

Wie in vielen alten Schlössern sollen auch im Schloß zu Hohenburg drei Frauen umgehen. Sie lebten einst auf der alten Burg und waren überaus schön, freigebig und sehr fromm. Eines Tages drangen Raubritter in die Burg ein, um die drei Fräulein zu entführen. In ihrer Not stürzten sie sich die Felsen hinab. Auf diese Weise vor Ablauf der natürlichen Lebenszeit gewaltsam zu Tode gekommen, finden sie der Sage nach keine Ruhe: bei Nacht klettern sie in langen, weißen Gewändern im Gestein herum, und in der Allerseelennacht wandeln sie ins Dorf hinunter und besuchen ihre Ahnen in der Gruft der Kirche.

Kalvarienberg

Bemerkenswert ist ein Kalvarienberg in der Nähe des Schlosses, ein umfangreicher Komplex mit Zugang an der steilen Westseite. Ein Kalvarienberg ist ein plastisch dargestellter Kreuzweg Christi, dessen Leidensstationen sich an einem Berg hinziehen und der mit der Kreuzigung auf dem Gipfel endet. Hier umfaßt er eine symmetrische Treppenanlage mit fünf kleinen Kapellen (1694), die fast lebensgroße Darstellungen des Leidens Christi zeigen, eine große Kreuzigungsgruppe (1703), eine Heilig-Grab-Kapelle (1698) und eine Kreuzkapelle mit Heiliger Stiege (1726). Die Heilige Stiege ist eine Nachbildung der Scala Santa im Lateran in Rom. Die „Heilige Treppe" in Rom soll der Legende nach aus dem Palast des Pilatus zu Jerusalem stammen. Jesus soll sie vor seinem Tod betreten und

die Hl. Helena sie nach Rom gebracht haben. Diese „Scala Santa" im Lateran hat viele Nachbildungen erfahren, besonders gern bei Kalvarienbergen. Die Herkunft der Kreuzwegandacht geht auf die Zeiten der mittelalterlichen Kreuzzüge zurück, und selbst als der Kreuzzugseifer Ende des 13. Jh. erlahmte, blieb für viele Menschen die Pilgerfahrt ins Heilige Land das größte Anliegen ihres Lebens. Aber nur wenigen war es vergönnt, die Reise anzutreten. Als Ersatz entwikkelte sich die sog. geistliche Pilgerfahrt, die spirituelle Vorstufe der späteren Kreuzwegandachten.
Die Entstehung dieser fast unverändert erhaltenen barocken Kalvarienberganlage, eine der ältesten in Bayern, ist eng mit der gräflichen Familie Hörwarth verbunden. Der Ort der Entstehung ist der Überlieferung nach einem Taschentuch zu verdanken: Ein Graf Hörwarth, der bei Hohenburg einen Kalvarienberg stiften wollte, konnte sich über den Platz nicht schlüssig werden. Da warf er bei einem Sturm sein Taschentuch in den Wind und gelobte, an der Stelle, wo es zu Boden fiele, den Kalvarienberg zu errichten.

HOHENPEISSENBERG (Lkr. Weilheim-Schongau)

Wallfahrtskirche
Auf dem Gipfel des Hohenpeißenberg (988 m) erhebt sich weithin sichtbar die Pfarr- und Wallfahrtskirche Mariä Himmelfahrt. Anfangs stand hier für die umwohnenden Bauern eine Holzkapelle, die 1514 durch eine steinerne ersetzt wurde. Der herzogliche Pfleger von Schongau, Georg von Pienzenau, schenkte aus der dortigen Schloßkapelle eine geschnitzte Muttergottesfigur aus der Zeit der Spätgotik (1460/80), das heutige Gnadenbild. Es stellt Maria auf einer Bank sitzend dar; ihre Rechte hält einen Apfel, nach dem das Kind auf ihrem linken Arm die Händchen ausstreckt. Dieses Bild befindet sich auf dem Altar der Gnadenkapelle, die später mit der neuen Wallfahrtskirche zu einem Bau vereinigt wurde; d. h. an den Chor der Kapelle wurde nach Osten hin – durch einen Durchgang verbunden – eine weitere Kirche angebaut; das Langhaus schuf der Baumeister und Stukkateur Josepf Schmuzer (1683–1752) und die Deckenfresken der Maler Matthäus Günther (1705–1788), der in der Einöde Tritschenkreit am Nordosthang des Berges geboren ist. Sein Gemälde schildert – eingebettet in das Panorama der heimischen Landschaft – die wichtigsten Ereignisse der Hohenpeißenberger Wallfahrtsgeschichte.

Die Geschichte der Wallfahrt Hohenpeißenberg ist eng verbunden mit dem Augustinerkloster Rottenbuch, das mehr als 200 Jahre lang das Heiligtum seelsorgerisch betreut hat. Während und nach dem Dreißigjährigen Krieg erlebte die Wallfahrt einen großen Aufschwung (damals entstand auch ein Gästehaus für Pilger); von den vielen Gebetserhörungen zeugen noch heute Votivbilder im Altarraum der Gnadenkapelle. Die Glanzzeit der Wallfahrt begann im 18. Jh. Als jedoch 1803 das Stift Rottenbuch enteignet wurde, war auch der Wallfahrt auf dem Hohenpeißenberg die Existenz weitgehend abgeschnitten. Dennoch blieb die Kirche auf dem Hohenpeißenberg erhalten; in unmittelbarer Nähe befindet sich heute eine Wetterstation.

In der südlichen Längswand der Gnadenkapelle hängt in einem gläsernen Rahmen ein langes, schmales, als Votivgabe gestiftetes Messer. Es war 1892 dem fünfjährigen Krämersohn Hugo Schuster bei einem Unglücksfall zwischen Nase und linkem Auge sieben Zentimeter tief ins Gehirn eingedrungen und konnte erst nach längerer Zeit entfernt werden. Der Knabe wurde wieder gesund; zum Dank ließen die Eltern das Messer fassen und in der Kapelle auf dem Hohenpeißenberg anbringen. Die wundersame Begebenheit ist ausführlich auf einer Schrifttafel beschrieben, die man mittels eines Holzschiebers aus dem Rahmen ziehen kann.

Kapelle St. Georg am Hohenpeißenberg

Am bewaldeten Südhang des Hohenpeißenberges liegt das St. Georg-Kapellchen, ein Kleinod unter den Kapellen des Pfaffenwinkels, dessen romanisches Kirchenschiff zu einer im 12. Jh. erbauten Burg gehörte, die aber 1388 bei Streitigkeiten der Seefelder Grafen mit den bayerischen Herzögen zerstört wurde. An das romanische Kirchenschiff, das die Erstürmung der Burg überstand, wurde 1497 im Osten ein gotischer Chor angebaut.

Neben einer Vielzahl sehenswerter mittelalterlicher Kunstschätze (z. Zt. in Restaurierung) findet man an der Nordwand der Kapelle Reste eines um 1400 von einem süddeutschen Meister geschaffenen Freskenzyklus mit Szenen aus dem Leben des hl. Georg. Sie sind nach Legenden des 5. und 9. Jh. gestaltet und als solche viel älter als die erst im 11. Jh. entstandene bekanntere Legende vom Drachentöter

Der Überlieferung zufolge wurde Georg um 280 in Kappadokien in der östlichen Türkei geboren und erwählte schon in jungen Jahren das Waffenhandwerk. Er war hoher Offizier im römischen Heer, bekehrte sich zum Christentum und erlitt 305 unter Kaiser Diokletian den Märtyrertod. Dabei wurde er zahllosen Folterqualen unterworfen; da die üblichen Martern nicht ausreichten – seine Wunden heilten durch Gottes Hilfe stets auf wunderbare Weise – mußte man immer neue erfinden. Georg erhielt den Beinamen *„Megalomartyr“* (Der große Märtyrer). Die noch erhaltenen Fresken in der Kapelle am Hohenpeißenberg schildern die Martern, die Georg – hier Georgius genannt – unter einem Perserkönig namens Dacius übersteht – darunter die recht seltene Darstellung einer Räderung. Schließlich wird ihm flüssiges Blei in den Mund gegossen und er wird in einen eisernen Ochsen geschoben wird, in dessen Inneren ihn Stacheln zu Pulver zermahlen.

HOHENSCHÄFTLARN (Gem. Schäftlarn, Lkr. München)

Birg

Östlich von Schäftlarn liegen auf einem Bergsporn hoch über dem Isartal die Überreste einer Fliehburg. Von ihrem Bestand zeugen ein Burgstall mit Erdwällen und dreifachem Halsgraben. Das Erdwerk stammt – basierend auf noch älteren Fundamenten aus keltischer und karolingischer Zeit – aus der ersten Hälfte des 10. Jh., wo es während der Ungarneinfälle als Refugium diente.

Diese Anlage, „Birg“ oder auch *„Bürg“* genannt, hat die Phantasie der Menschen beschäftigt und angeregt. Der Sage nach wurde sie vom Ritter Sachsenhauser bewohnt, dem Sohn eines Tyrannen. Er erschoß alle Leute, die auf den Flößen die Isar herabfuhren, bis das „Birgweibl“, eine alte Frau, durch ihren klugen Rat die Menschen von diesem grausamen Ritter befreite: Als die Burg wieder einmal von Feinden belagert wurde, aber nicht eingenommen werden konnte, ging das Birgweibl zu den Belagerern und schlug ihnen vor, das Wasser der Burg abzugraben. Ein Roß, welches drei Tage lang kein Wasser bekomme, würde die Wasserquelle der Burg schnell finden. So geschah es: die Quelle wurde umgeleitet, und die durstigen Burgleute mußten sich ergeben. Der Ritter Sachsenhauser wurde in das Kloster Schäftlarn gebracht, in welchem alljährlich an „Pauli Bekehr“ die Mönche das Erinnerungsfest feierten. Das Birgweibl soll noch öfter den Leuten im Gebiet zwischen Schäftlarn und Baierbrunn erschienen sein. Mit Strohhut, Stock und einem Korb auf dem Rücken fragte es nach dem Weg, kam aber nie ganz nach Schäftlarn oder *Baierbrunn*, denn es ist für immer in die Grenzen der Birg gebannt.

HOHENWACHT (Lkr. Pfaffenhofen a.d.Ilm)

Richildiskapelle mit Richildis- und Wolfoldusschrein

Fährt man von Pfaffenhofen etwa 10 km in nordwestlicher Richtung, kommt man nach Hohenwacht, wo auf dem *Klosterberg* die Richildiskapelle liegt. Allerdings ist sie nur über die Pforte der Regens-Wagner-Stiftung, einer Behinderteneinrichtung, zugänglich. Schon im 11. Jh. gab es hier eine Benediktinerinnen-Niederlassung, in deren Umfeld Wolfoldus als Wochner gelebt haben soll und Richildis als fromme Klausnerin in einer an die Kirche angebauten Zelle. 1895 wurde die Kapelle nach einem Brand neu gebaut. Heute wird die Stiftung von den Dillinger Franziskanerinnen betreut. Über die Wallfahrt zu den beiden seligge-

Die selige Richildis

sprochenen Volksheiligen geben alte Urkunden vom Ende des 15. Jh. Zeugnis. Schreine, die in Höhlungen der rechten und linken Kapellenwand eingelassen sind, bergen die Reliquien der beiden Lokalheiligen.
Viele Legenden und Berichte über Wunderheilungen ranken sich um Richildis und Wolfoldus. So wird berichtet, daß Wolfoldus jede Mitternacht zur Kirche ging, wenn die Nonnen die Mette sangen. Dabei soll sich das Kirchentor wunderbarerweise jedesmal vor ihm geöffnet und nach seinem Weggang – ohne von Menschenhand bewegt zu werden – geschlossen haben. Im Winter habe er einmal, um nicht auf dem schlüpfrigen Berg auszurutschen, einen Pfahl aus einem Zaun gezogen. Als er dann vor der Kirchentür ankam, sei sie verschlossen gewesen – er habe das als Strafe erkannt, seinen kleinen Diebstahl bereut und den Zaunpfahl wieder zurückgetragen. Daraufhin sei ihm die alte Gunst wieder gewährt worden.
Eine weitere Legende, die sogar in einer alten Pergamenturkunde von 1534 verzeichnet ist, berichtet über einen Schneider mit einem Steinleiden, den die Ärzte seines vorgerückten Alters wegen nicht mehr operieren wollten. Ihm seien im Traum ein Priester und zwei Jungfrauen erschienen, eine im Habit einer Klosterfrau. Der Priester habe dann mit Hilfe der Jungfrauen – eine davon war Richildis – den Stein aus seinem Leib entfernt und als er wach wurde – so die Überlieferung – hatte er den Stein in seiner Hand und war gesund.
Vom 17. Jh. an tritt Richildis allein immer mehr in den Vordergrund bei den Wallfahrten. Der Richildis-Kult verknüpfte sich mit verschiedenen merkwürdigen Bräuchen: so läuteten die Wallfahrer zum Beispiel mit den Zähnen ein Glöckchen an ihrem Grab, um von Zahnschmerzen geheilt zu werden. Ferner gab es sog. „Richildislängen", aus Seidenschnüren bestehend, die am Richildisgrab berührt wurden und gerne von schwangeren Frauen in ihrer schweren Stunde getragen wurden. Heute ist die Wallfahrt gänzlich erloschen und nur selten kommen noch Besucher zur Richildiskapelle.

HOLZHAUSEN (Lkr. Bad Tölz-Wolfratshausen)

Kath. Filialkirche St. Johann Baptist und Georg
Die Kirche in schöner Höhenlage, östlich des Starnberger Sees inmitten eines ummauerten Friedhofs gelegen, hat einen alten Turm von 1420 und ist durch die Jahrhunderte immer wieder verändert worden. Die letzte Renovierung stammt aus dem Jahr 1968. An der

Chornordwand befindet sich ein Ölgemälde von 1743 mit der Darstellung der Gründungslegende:
Zu der Zeit, als eifrige Missionare den christlichen Glauben in Bayern verbreiteten, wollten sie auch in der Gegend von Holzhausen eine Kirche bauen. Bewußt vermieden sie bei der Auswahl des Standortes den Platz, der den Menschen früher als Kultstätte für ihre germanischen Götter gedient hatte. Aber immer wieder kamen – wie schon in vielen anderen Gründungslegenden erzählt – Vögel, trugen das Bauholz fort und brachten es zu dem früheren Opferberg. Zudem trugen ein Paar Ochsen, ohne von Menschen geleitet zu sein, einen großen Stein zu der Stelle, wo die Vögel das Bauholz hingebracht hatten. Daraufhin entschloß man sich, die Kirche am Ort des früheren heidnischen Heiligtums zu bauen.

HOLZKIRCHEN (Lkr. Miesbach)

Teufelsgrube
Unterhalb von Holzkirchen führt die Münchner Straße durch einen breiten und tiefen Graben, der sich in nordwestlicher Richtung gegen die Isar hin erstreckt. Zu dessen Ursprung wird folgende Sage überliefert: Ein Müller, der zu wenig Wasser für seine Mühle hatte, verschrieb dem Teufel seine Seele, wenn er ihm aus der Isar Wasser in Fülle verschaffe und ihm vor dem Hahnenschrei einen großen Wassergraben aus der Isar in die Mangfall vollenden würde. Der Müller sah mit Schrecken, wie bei Einbruch der Nacht das Tal von unsichtbaren Händen in Bewegung gesetzt wurde und der ungeheure Graben fast vollendet war. Da ergriff ihn große Reue, er weckte seinen Hahn, damit dieser vorzeitig krähe und wurde gerettet. Der Graben aber blieb unvollendet und wasserleer.
Die einsame Lage von Mühlen, das geringe Ansehen des Müllerberufs als „unehrlichem“, nicht zunftfähigem Gewerbe, der ständige Verdacht, daß der Müller sich an dem ihm anvertrauten Mahlgut auf Kosten seiner Kunden bereichere – all dies waren wichtige Faktoren für die frühere Einstufung der Mühle als einem klassischen Spukort mit entsprechender Sagenbildung. Nicht selten hat der Müller sogar den Ruf, mit dem Teufel im Bunde zu stehen, den er allerdings durch einen Trick überlisten kann. Diese Geschichte ist eine ätiologische Erzählung, die eine besonders auffallende Landschaftsformation, den tiefen Graben, mit dem Wirken übernatürlicher Mächte erklären will.
→ Dachau

IGLING (Lkr. Landsberg)

Schloß

Die einst wehrhafte Burg mit festen Türmen, tiefen Gräben und hohen Mauern nördlich vom Stoffersberg wurde über 350 Jahre vom Geschlecht der Donnersperg bewohnt, die in Stiftungen und Spenden gütig der Armen gedachten. Die Sage erzählt von einer geizigen Verwalterin, die alljährlich von ihrer Herrschaft einen namhaften Geldbetrag erhielt, um jedem Handwerksburschen und Bettler, der am Tor eine Gabe erbat, einen Zehrpfennig zu reichen. In ihrer Habsucht hatte sie dieses Geld für sich behalten, was Ende 1828 mit ihrem Tode offenbar wurde, als man in ihren Habseligkeiten viele hundert Gulden fand. zur Strafe fand sie im Grab keine Ruhe, sondern mußte ruhelos umgehen, spukte sogar am hellen Tage und warf in den Stuben alles durcheinander. Erst als man sie wieder ausgrub und in der sog. „Teufelskuchl" bei *Pitzling* verscharrte, wurde es ruhig im Schloß.

→ Pitzling

ILMMÜNSTER (Lkr. Pfaffenhofen a. d. Ilm)

Kath. Pfarr-, ehem. Kollegiatsstiftskirche St. Arsatius

Ilmmünster, dessen Ortsnennung schon um 765 als *„ad ilmina"* beurkundet wurde, ist eine der benediktinischen Urzellen, von denen aus das gesamte Gebiet an der Ilm und in der Hallertau missioniert wurde. Mitte des 8. Jh. hatte der Mönch Eio (oder Uto), ein Mitglied der Huosi-Familie, die Gebeine des hl. Arsatius aus Mailand an die Ilm gebracht. Schon zu Beginn des 9. Jh. bestand in Ilmmünster ein blühendes Kloster mit einer bedeutenden Wallfahrt.

Die heutige dreischiffige Pfeilerbasilika hat einen Drei-Apsiden-Chor aus romanischer Zeit. Im Hochaltar von 1880 sind Flügel eines Vorgängeraltars (um 1490) mit acht Passionsszenen und vier Szenen aus dem Leben des hl. Arsatius aus der Schule des Jan Pollack sowie vier Reliefs von Erasmus Grasser ebenfalls mit Darstellungen aus der Legende. In der geräumigen dreischiffigen Krypta ruhen die Gebeine des Heiligen. Ein großes Rotmarmor-Grabmal aus alten Grabsteinen von Chorherren, 1746 errichtet, birgt nur wenige Reliquien. Der größere Teil befindet sich im Osten der Krypta in einem Heiligenschrein eines weißen Altars, 1870 von J. Marggraff gefertigt.

In einer Vita des 15. Jh. erhielt das Leben des Hl. Arsatius seine legendäre Ausschmückung. Danach lebte er im 4. Jh., war Schüler des Hl. Ambrosius und sein Nachfolger auf dem Mailänder Bischofsstuhl. Mit seinem Bruder brachte er die Reliquien der Hl. Drei Könige und die Eherne Schlange des Moses von Konstantinopel nach Mailand (Nach der Darstellung im Alten Testament errichtete Moses die Eherne Schlange auf Gottes Geheiß, um das Volk Israels vor dem Tod durch das Gift feuriger Schlangen zu retten). Auch das Motiv des wilden Tieres, welches gezähmt dem Heiligen dient, fehlt in der Legende nicht: Der Wolf, der eine Kuh gerissen hat, zieht den Wagen mit den Gebeinen der Hl. Drei Könige.

Kath. Wallfahrtskirche Herrnrast
Etwas außerhalb von Ilmmünster an der Straße nach *Paunzhausen* steht der kleine Saalbau, der vermutlich um 1600 entstanden ist. Während des Schwedenkriegs wurde er stark beschädigt und erst 1689 erneuert, worauf die Jahreszahl am Chorbogen verweist. 1973/74 wurde das Gotteshaus noch einmal umfassend renoviert. Der frühbarocke Hochaltar beherbergt die Gnadenfigur des „Christus in der Rast". Die plastische Darstellung zeigt Jesus nur mit einem Lendenschurz bekleidet, auf einem Stein sitzend, das Haupt in seine rechte Hand gestützt. Die Errichtung von Herrnrast fußt auf einer Legende. Danach sah ein Hirtenmädchen, während es die Tiere hütete, Christus den Hügel heraufkommen und sich auf einem Baumstamm zur Rast niederlassen. Diese Geschichte war Anlaß zum Bau einer Kapelle. Einer anderen Legende zufolge fand ein Schafhirte im Geäst eines Baumes, bei dem er ausruhte, ein Bild des rastenden Jesu. Er nahm es mit nach Haus und verwahrte es in einem Schrank. Am nächsten Morgen war es verschwunden. Er fand es wieder im Geäst desselben Baumes an dem Ort, wo heute die Kapelle steht.

Ingolstadt

Das Gebiet um Ingolstadt war schon seit dem 5. Jh. v. Chr. besiedelt. Auch die Stadt selbst ist alt: ein fränkisches Hofgut des 8. Jh. war ihr Ursprung; 806 wird die *„villa Ingoldestat"* erstmals erwähnt, 817 und 841 als Königsgut (curtis dominicata) gekennzeichnet. Unter den Wittelsbachern begann für die Siedlung ein neuer Abschnitt der Entwicklung. 1392 wurde sie nach einer Landesteilung Hauptstadt des Herzogtums Bayern-Ingolstadt und für 55 Jahre Residenz. 1472 wurde die Universität gegründet, die bis 1800 bestand.

Ingolstadt mit Liebfrauenmünster, unterer Pfarrkirche St. Moritz und Neuem Schloß. Kupferstich von Matthäus Merian

Liebfrauenmünster und Straße „Am Stein“

Ihre künstlerische Blüte erlebte die Stadt im 15. Jh., als Herzog Ludwig der Gebartete († 1447) hier eine großzügige Hofhaltung nach französischem Muster einrichtete: es entstanden das Neue Schloß und die Obere Pfarrkirche, das sog. Münster, dessen Grundstein am 21. 5. 1425 gelegt wurde. Die Bauzeit zog sich sehr in die Länge: längst war Ludwig der Gebartete nach einer kriegerischen Auseinandersetzung mit seinem Sohn Ludwig dem Buckligen und seinem Landshuter Vetter Heinrich dem Reichen im Kerker der Festung Burghausen gestorben – die von ihm geplante Grabstätte im Liebfrauenmünster ist nie realisiert worden – als die Ingolstädter noch immer um Geld für den Kirchenbau verlegen waren. Erst 1520 konnte das Münster fertiggestellt werden; die Türme, die 86 m hoch werden sollten, wurden nie vollendet. Dieser Sachverhalt hat offenbar die Sagenbildung angeregt:

Als das Liebfrauenmünster erbaut wurde, wollte der Teufel den gewaltigen Bau vernichten; und schleppte nachts einen riesigen Steinblock herbei, hob sich damit in die Luft und warf ihn auf die Kirche hinab. Er fiel jedoch in den Friedhof und blieb dort liegen, weil sich keiner traute, ihn anzurühren oder in seine Nähe zu kommen. 1814 kaufte ein mutiger Bürger diesen Stein, um ihn vor seinem Haus als Eckstein aufzustellen. Niemand wollte den Teufelsstein auf seinen Wagen laden, bis sich schließlich furchtlose Soldaten fanden. Nun wurde er am Bertholdschen Hause am Eck des Weinmarktes, des heutigen Schliffelmarktes, aufgestellt, wo er noch zu sehen ist. Die Straße, die an dem Block vorbeiläuft, führt den Namen „Am Stein“.

Der ungewöhnliche Name der Stadtpfarrkirche „Zur Schönen Unserer Lieben Frau“ geht auf ein von Herzog Ludwig dem Gebarteten geschenktes Marienbildnis zurück, eine leider 1801 zerschlagene Gold-

schmiedearbeit. Das Bild Mariä auf dem Thron erscheint auch im Wappen der später gegründeten Universität und ziert noch heute das Siegel der Ludwig-Maximilians-Universität in München.
Der mächtige gotische Ziegelbau mit seinen über Eck gestellten Fronttürmen, welche als Geschützstände in die Verteidigung der Stadt einbezogen waren, beeindruckt im Innenraum durch seine monumentale Größe (Länge: 96 m) und ist eine riesige Staffelhalle. Das Liebfrauenmünster hat Bedeutung als Universitätskirche, was in den Grabmälern und Gedenktafeln bedeutender Professoren, im Chorgestühl und besonders im Hochaltar, der anläßlich des hundertjährigen Bestehens der Universität 1572 gestiftet und von Hans Mielich gestaltet wurde, zu sehen ist.
Vom Westgiebel des Münsters blickt die *Patrona Bavariä* – eine Statue der Muttergottes als Patronin Bayerns. Ein Student, der kurz vor dem Examen stand und bisher sein Studium nicht ernst genommen hatte, suchte der Sage nach in seiner Not die Fürbitte dieses Bildnisses und stieg nächtlicherweise achtmal über den Frauenfriedhof, um sie anzuflehen und Besserung zu versprechen. Da flatterte ein Zettel mit allen Fragen, die dann tatsächlich in der Prüfung gestellt wurden, herab. Nach gründlicher Vorbereitung bestand er sein Examen mit Auszeichnung, führte von nun an ein tadelloses Leben und wurde sogar Schreiber des Herzogs.
In der dritten nördlichen Kapelle befindet sich das Gnadenbild der „Dreimal Wunderbaren Mutter", eine Kopie des Maria-Schnee-Bildes in Maria Maggiore in Rom, zu dessen Verehrung 1595 der Jesuit P. Jacob Rem († 1618) das Kolloquium Marianum, eine Elitegruppe der Marianischen Bewegung, gründete. Die davor knieende Skulptur zeigt den Pater; ein Votivbild gibt das Geschehen vom 6. April 1604 wieder: eine Marienvision des über dem Boden schwebenden Paters, der gerade die lauretanische Litanei betete. Die Muttergottes soll ihm dabei mitgeteilt haben, ihr sei der Titel „Mater admirabilis" besonders lieb, worauf der Pater die Anrufung Mariä noch zweimal wiederholen ließ, so daß der Name „Dreimal Wunderbare Mutter" entstand. Als er am nächsten Tag mit den Klosterbrüdern die Litanei betete und sie den Vers „Wunderbare" einflochten, wurde der knieende Pater dreimal nacheinander in die Höhe gehoben, was als deutliches Gnadenzeichen galt.
Gegenüber sieht man einen geschnitzten Kruzifixus (12. Jh.), den der Jesuitenpater der Legende nach ein-

mal auf den Wellen der Donau treiben sah. Er stellte das Kreuz in dieser Kapelle des Liebfrauenmünsters auf. Früher war es durch eine Glashülle geschützt, die an der Stelle des rechten Arms des Heilands ein Loch aufwies. Das wird so erklärt: Ein Student, der bei dem Pater beichtete, befreite sich nur von seinen kleinen Vergehen, aber verschwieg das Wesentliche. Da langte Christus mit seiner Rechten aus dem Glashaus heraus und gab ihm eine schallende Ohrfeige, so daß er sofort alles gestand.

Franziskanerkirche

Ursprünglich lag das Minoritenkloster vor dem nördlichen Auslaß der alten Stadtmauer. Die Kirche in der Harderstraße 4 wurde 1275 in den strengen Formen der Frühgotik begonnen und rasch zu Ende geführt. Sie wurde als dreischiffige, flachgedeckte Basilika errichtet, wobei die nüchterne Beschränkung auf die kubische Raumstruktur eine typische Eigenart der Bettelordensarchitektur ist.
Im südlichen Seitenschiff befindet sich die Kapelle der *„Schuttermutter"* mit dem Gnadenbild (um 1380) und vielen Votivkerzen. Die schlanke Statue der Muttergottes – sie und das nackte Kind mit prächtigen Kronen geschmückt – weist am Hals Spuren wie von einem Hieb auf. Eine antisemitische Erzählung berichtet, daß an der Stelle, wo bis 1945 die Untere Franziskanerkirche stand, in alter Zeit das Bethaus der Juden war. Die vertriebenen Juden sollen das Marienbild gestohlen, ihm den Kopf abgeschlagen, es die Donau hinaufgeschleppt und unter einem Gebüsch versteckt haben. Die Marienstatue und der Kopf schwammen nun wie von selber die Donau wieder herunter. Als sie in ihre Heimatstadt kamen, trieben sie die Schutter herauf, bis sie beim Kloster an Land geschwemmt und von den Bürgern geborgen wurden. Der Kopf hielt wie durch ein Wunder so fest wie zuvor, was viele Wallfahrer anlockte. Erst nach der Zerstörung der Unteren Franziskanerkirche gelangte die „Schuttermutter" an ihren jetzigen Standort. Auf dem Deckengemälde, einem Werk Johann Baptist Zimmermanns (1680 bis 1758), ist die Geschichte in vier Einzelbildern dargestellt.

St. Johann im Gnadental

Das heute noch bestehende Frauenkloster der Franziskanerinnen gegenüber der Franziskanerkirche in der Johannesstraße 5 wurde schon im 13. Jh. begründet. Der Kirchenbau hatte viel Geld verschlungen, sodaß im Jahre 1488 die Schwestern wegen der hohen Schul-

den hungern mußten. Trotz der Entbehrungen blieben die Nonnen gottesfürchtig und fromm. Die Legende erzählt, es sei, als sie überhaupt nichts mehr zu essen hatten, eines Tages eine verschleierte Frau in langem blauen Mantel gekommen, die freundlich mit der Türhüterin sprach und ihr eine Pfanne voll Mus verabreichte. Dann verschwand sie plötzlich und die alte Schwester war der Meinung, es sei die Jungfrau Maria selbst gewesen. Das Mus ging nicht eher zu Ende, bis alle satt waren.
Als bald danach erneut Hunger herrschte, kam nach innigem Beten ein etwa zwölfjähriger schöner Jüngling an die Pforte, gab der Pförtnerin zehn Goldgulden und sagte, er sei ein Diener des Allerhöchsten. Von hellem Glanz umflossen soll er, ohne dabei die Tür zu öffnen, wieder hinausgegangen sein.

Pfarrkirche St. Mauritius (Moritz)
St. Moritz beherrscht den Schnittpunkt der beiden Hauptachsen der Stadt und besetzt somit eine zentrale Stelle des Stadtgefüges. Die Moritzkirche geht im wesentlichen auf das 13. Jh. zurück und präsentiert sich als dreischiffige Basilika mit spitzbogigen Arkaden, die auf stämmigen Rundpfeilern ruhen.
Merkwürdig ist die Verteilung der beiden Türme, von denen einer an der Nordseite an der Naht von Langhaus und Chor steht – mit seiner schweren Architektur, durchbrochen von romanischen Klangarkaden, gehört er noch dem 13. Jh. an.
Schlanker und leichter wirkt der Turm an der Südseite *(Pfeifturm)*. Er ist gotisch, wurde in seinem Aufbau mehrfach verändert und diente der Stadt als Wachturm. An der Ecke auf einer Wappenkonsole sieht man einen überlebensgroßen leidenden Christus, der die Hände über die Stadt breitet. Er wurde 1601 gestiftet und ist vermutlich ein Werk des Ingolstädter Bildhauers Hiernoymus Sarder. Die offenbar als ungewöhnlich empfundene Gestik der Figur hat die Sagenbildung angeregt: Sie erzählt von einem adeligen Polen, Adalbert von Benjowski, der 1621 die Ingolstädter Universität bezog. Er führte ein wüstes Leben, bummelte einmal nach Mitternacht die heutige Dollstraße herunter und lästerte mit furchtbaren Flüchen zu dem „Erbärmdechristus“ am Pfeifturm hinauf. Da bewegte sich die Figur, breitete die Arme aus, als wolle sie ihr Entsetzen zum Ausdruck bringen und kreuzte sie wieder über der Brust. Der Frevler starb auf der Stelle und wurde am folgenden Tag unter dem Galgen vor dem Donautor eingescharrt.

Vor den Stufen des Hochchors befindet sich die Grabplatte des Geistlichen Konrad Ulmer (1442–1460), der wegen seiner Wohltätigkeit besonders beliebt war. Auch nach seinem Tode ist er im Bewußtsein der Ingolstädter lebendig geblieben und gilt als Schutzpatron der Stadt, vor allem bei Feuersgefahr. Ein Klopfen an seiner Grabplatte zeigt an, wenn in der Stadt ein Brand ausbrechen wird – auf seine Fürbitte hin wird jedoch nie mehr als ein Haus den Flammen zum Opfer fallen. Zuletzt soll Konrad Ulmer die Einwohner Ingolstadts während der Bombenangriffe des Zweiten Weltkriegs (1945) gewarnt haben.

Hohe Schule

Der rosa Bau in der Hohe-Schul-Gasse mit dem breiten Giebel, den ein Türmchen ziert, geht auf Ludwig den Gebarteten zurück, der ihn als Pfründnerhaus erstellte und mit seiner Stiftung dafür Sorge tragen wollte, daß an seinem Grab im Münster, das nie errichtet wurde, täglich gebetet werden sollte. 1465 erwirkte Ludwig der Reiche vom Humanisten-Papst Pius II. die Erlaubnis, die Einkünfte dieser Stiftung zur Gründung einer Landesuniversität verwenden zu dürfen, die 1472 eröffnet wurde. Somit wurde dieses Gebäude Sitz der ersten bayerischen Universität.

In der ehemaligen Hohen Schule befand sich auch ein dunkler Karzer. Das Einsitzen im Karzer – einem kleinen Gefängnisgewölbe – war Teil des akademischen Strafvollzugs. Dort klopfte es der Sage nach manchmal an die Tür, und ein kleines Männlein ohne Kopf trat herein. Die Karzerinsassen gerieten daraufhin so in Furcht, daß sie Besserung gelobten.

Ein Hausmeister, der in der Ingolstädter Universität wohnte, begegnete wiederholt einem Geist, mit dem er so vertraut wurde, daß er ihn den „Petzen" (Name eines Schafes) nannte und der sich wie eine Magd anstellig erwies, Holz schleppte, einheizte und Wasser herbeiholte. Nach dem Empfang der heiligen Kommunion sprach ihn der Pedell einmal an, ob ihm zu helfen sei. Daraufhin führte der Geist den Pedell in die Schule der Theologie, stieg, als ob er einen Professor nachahmen wollte, auf die Kanzel, brummelte von dort allerlei Unverständliches und war seit jener Zeit verschwunden.

Deutsches Medizinhistorisches Museum

Jahrhundertelang hatte sich die medizinische Fakultät in Ingolstadt mit den ihr 1472 zugestandenen Räumlichkeiten in der Hohen Schule begnügt: 1722 wurde die Planung eines eigenen Gebäudes in Anatomiestr. 18/20 für die öffentlichen Demonstrationen der Anatomie und die Chirurgie sowie Botanik in Auftrag gegeben, wobei als Baumeister Gabriel de Gabrieli, der Baumeister des Eichstätter Bischofs, der gemäß der Stiftung Kanzler der Universität war, vermutet wird. Der dem Gebäude zugeordnete Garten ist ein Beispiel für die enge Verbindung zwischen Medizin und Botanik. Er zeigt heute eine Heilkräuteranpflanzung mit 132 verschiedenen Pflanzenarten.

Die ehemalige Anatomie, Straßenseite, von G. Schröpler, 1871

Das 1973 eröffnete Museum ist im ehemaligen anatomischen Theater der vom Gründungsjahr 1472–1800 in Ingolstadt ansässigen ältesten bayerischen Landesuniversität untergebracht. Es zeigt in seiner Schausammlung ca. 1200 Gegenstände aus der Geschichte der Medizin verschiedener Zeitalter und Kulturkreise. Im ehemaligen Hörsaal der Fakultät im Obergeschoß des Museums – das „anatomische Theater" ist als solches leider nicht mehr erhalten – befinden sich seltene Totalpräparate für den medizinischen Unterricht.
Hier fühlt man sich an den 1818 erschienenen Roman *„Frankenstein oder der moderne Prometheus"* erinnert, den die Autorin Mary Wollstonecraft Shelley (1797–1851, Tochter der Mary Wollstonecraft, einer der ersten englischen Frauenrechtlerinnen und Ehefrau des Dichters Percy Bysshe Shelley) nach Ingolstadt verlegt hat.
Der junge Schweizer Student Victor Frankenstein hat in der Fiktion Mary Shelleys in einem vollgestopften Laboratorium auf einem Ingolstädter Dachboden dieses Monstrum, eine Art Zombie, geschaffen. Hier in Ingolstadt studierte er die modernen Naturwissen-

schaften und grub auf dem Friedhof heimlich die Leichen aus, die er für sein Experiment brauchte. In der „Alten Anatomie“ lernte er das Sezierhandwerk. Sein Frevel rächte sich auf schreckliche Weise, denn das häßliche Geschöpf sehnte sich nach Liebe, erweckt aber überall nur Abscheu, wodurch es zum Dämon entartete und Frankensteins kleinen Bruder und Vater tötete. Nachdem sich Frankenstein geweigert hatte, dem Monstrum eine Partnerin zu schaffen, tötete jenes auch den besten Freund und die junge Frau Frankensteins und trieb ihn, der es in seinem verzweifelten Haß vernichten will, durch viele Länder. Frankenstein stirbt schließlich in der Antarktis in den Armen des Nordpolforschers Walton, der in seinen Briefen und Tagebuchaufzeichnungen die Geschichte berichtet; der künstliche Mensch treibt verlassen auf einer Eisscholle.

Nicht umsonst machte Mary Shelley Ingolstadt zum Schauplatz der Handlung. Sie selbst interessierte sich sehr für Fragen der Naturwissenschaft und ihr Mann war Mitglied des 1783 von Professor Johannes Weishaupt gegründeten aufklärerischen Illuminatenordens. Dieser Roman hat im Zeitalter der Gendiskussion Aktualität mit der Frage: Wo endet die Freiheit des Forschers?

Mehrfach schon wurde die Geschichte dieses gänsehauterregenden künstlichen Geschöpfes verfilmt, einmal 1930 mit Boris Karloff als Monster oder in jüngster Zeit in der Inszenierung von Kenneth Branagh, der auch den Baron Frankenstein spielt. Der Darsteller des Monsters in diesem Film ist Robert de Niro. Der nicht nur künstlerisch, sonder auch kommerziell erfolgreiche Film hat dazu geführt, daß Ingolstadt Frankenstein erneut für sich entdeckt hat: unter dem Motto „It's cool – Frankenstein-Trip in Ingolstadt!“ werden Stadtführungen angeboten, die dem Besucher das historische Ingolstadt auf den Spuren Frankensteins näherbringen.

ISING AM CHIEMSEE (Gem. Chieming, Lkr. Traunstein)

Wallfahrtskirche Mariä Himmelfahrt

Ising liegt weithin sichtbar auf einem Hügel am nordöstlichen Ufer des Chiemsees, nur wenige km östlich von Seebruck entfernt. Die früheste urkundliche Erwähnung der Kirche stammt von 1389. Mitte des 18. Jh. wurde sie vom späteren Stadtbaumeister von Traunstein Plazidus Nizinger barockisiert. Der Hoch-

altar wurde 1779 von Joh. Michael Mattheo errichtet. Im Mittelpunkt steht die spätgotische Statue der Isinger Gnadenmutter mit dem Kind auf dem Arm, auf der Mondsichel stehend. Zeitweilig trägt sie einen barocken Prunkmantel in Weiß oder Blau, ein Zepter und wertvolle Rosenkränze mit einer Medaille, auf der beispielsweise die Befreiung Budapests von den Türken 1686 dargestellt ist. Ein Strahlenkranz mit Puttenköpfchen und Wolken, 1761 von Joh. Dietrich geschaffen, umgibt das Gnadenbild.
Vom Bau der Kirche erzählt eine Legende, daß das Gotteshaus zunächst im nahen Dorf *Fehling* errichtet werden sollte. Als sich aber ein Arbeiter bei den Bauarbeiten schwer verletzte, trug ein Vogel einen vom Blut dieses Mannes geröteten Holzspan nach Ising. Da entschloß man sich, die Kirche auf der Isinger Höhe zu bauen. Die Wallfahrt besteht seit dem 15. Jh., erlebte ihre Blütezeit jedoch erst im 18. Jh. In den Votivbildern unter der Orgelempore werden vor allem Unglücksfälle auf dem Chiemsee dargestellt, unter anderem ein Schiffsunglück (1762) und eine „wunderbare Errettung aus einem Eiseinbruch" (1771).

JESENWANG (Lkr. Fürstenfeldbruck)

Das einige Kilometer westlich von Fürstenfeldbruck gelegene Jesenwang hat eine traditionsreiche Vergangenheit. Der Ort erscheint 773 in einer Freisinger Urkunde, die Pfarrei kommt 1314 an das Kloster Fürstenfeldbruck. Im Dreißigjährigen Krieg soll das Dorf durch die Schweden niedergebrannt worden sein.

Wallfahrtskirche St. Willibald
Die Kirche liegt östlich von Jesenwang – an der alten Römerstraße von Salzburg nach Augsburg – auf freiem Feld. Laut gotischer Inschrift wurde 1414 der Grundstein zu einer Kapelle gelegt, doch schon 1474 baute man eine größere Kirche, die in ihrer baulichen Form bis heute erhalten ist. Die mit Blumen und Sternen bemalte Holzdecke, auf der 594 verschiedene Blumenornamente zu sehen sind, ist die größte gotische Flachdecke Bayerns.
Eine Sitzfigur des Kirchenpatrons – eine bemalte Holzplastik um 1500 – bildet den Mittelpunkt des Hochaltars der Spätrenaissance. Eine Reliquie des hl. Willibald, ein Stück seiner Originalalbe, wird in einer Glasvitrine an der nördlichen Kirchenwand aufgehoben.

Der heilige Willibald

Willibald (um 700–787) stammt aus einer angelsächsischen Königsfamilie und ist ein Bruder der besonders in Eichstätt verehrten heiligen Geschwister Wunibald und Walburga. Nach einer mehrjährigen Pilgerreise nach Rom und Palästina lebte er von 729–734 als Mönch in Montecassino. Auf Bitten des hl. Bonifatius schickte ihn der Papst zur Missionsarbeit nach Deutschland. In Eichstätt gründete er ein Kloster und baute den ersten Dom. 741 wurde er zum Bischof geweiht; seine Heiligsprechung erfolgte 1256.
Der Überlieferung nach soll der hl. Willibald an der Stelle, wo heute die Jensenwanger Kirche steht, eine längere Rast eingelegt haben, bevor er ins Tal der Altmühl weiterreiste. Daran erinnerte lange Zeit ein Bildstock, der 1414 dem spätgotischen Kapellenbau weichen mußte.
Ein großes Leinwandgemälde mit einer Darstellung des Heiligen als Schutzpatron des Ortes schmückt die

Nordwand der Kirche; es wurde 1712 von der Gemeinde Jesenwang anläßlich einer schweren Viehseuche gespendet. Weil die Seuche daraufhin abklang, verehrten die Bauern der Umgebung den Heiligen als Pferdepatron und führten alljährlich zu seinen Ehren den sog. Willibaldsritt durch. Das Langhaus verfügt an der Nord- und Südseite über je ein großes Spitzbogenportal für den Durchritt. Innerhalb der Kirche mußten die Pferde einen Blick auf den Altar werfen, es sollte sie vor Krankheit und Unheil schützen. Das auf dem Kirchenboden verteilte Stroh wurde später wieder eingesammelt und unter das Futter der Tiere gemischt. Man versprach sich davon eine heilsame Wirkung. Nach jahrhundertealter Tradition findet der Umritt mit Segnung der Rösser noch heute statt, wobei der Durchritt durch die Kirche in Jesenwang eine Besonderheit im kirchlichen Brauchtum und mit großer Wahrscheinlichkeit auch einmalig in Mitteleuropa ist. (Termin: an einem Sonntag um den Patroziniumstag des hl. Willibald, 7. Juli).

Pestkapelle Mariae Trost
Die 1651 anläßlich einer Pestepidemie am südlichen Ortsausgang errichtete Votivkapelle ist 1751 erneuert und mit einem runden, kuppelgedeckten Dach versehen worden. Aus dieser Zeit ist eine Begebenheit überliefert, die zwar sagenhafte Züge trägt, aber durchaus reale Grundlagen haben könnte, denn tatsächlich ist es in Pestzeiten nicht selten zu voreiligen Begräbnissen Scheintoter gekommen:
Als in einem Haus, das lange von der Seuche verschont blieb, der Mann erkrankte, sperrten ihn die hartherzigen Angehörigen in eine kleine Kammer. Eines Tages, so berichtet die Sage, war er so matt, daß er sich nicht mehr regen konnte. Da vermummten sich Mutter und Sohn, legten den wehrlosen Kranken in einen selbstgezimmerten Sarg und begruben den noch Lebenden außerhalb des Dorfes. Später strafte Gott sie für ihre schreckliche Tat: Nach dem Tod fanden ihre Seelen keinen Frieden mehr, sie mußten am Ort ihrer Tat umgehen. Nachts irrten sie als Irrlichter umher und klagten jämmerlich, so daß die Bevölkerung nach Einbruch der Dunkelheit sich nicht mehr an den Platz, wo heute die Pestkapelle steht, wagte.

K

KAUFERING (Lkr. Landsberg)

Leonhardskapelle

Am südlichen Ende von Kaufering liegt nahe des Lech das Leonhardskirchlein, das wegen seiner Umgürtung mit Eisenketten interessant ist. Der hl. Leonhard (um 500–570) wurde als Patron der Gefangenen verehrt; die Kette wurde später als Viehkette umgedeutet. Zu seiner Verehrung kennt man Eisenvotive vorrangig in Viehgestalt oder als Ketten, die entweder innen in den Kirchen aufgehängt oder mit denen die Kirchen außen regelrecht umgürtet wurden. Zu der Entstehung des Kirchleins wird erzählt, daß in der zweiten Hälfte des 17. Jh. ein hölzernes Bild des heiligen Leonhard auf dem reißenden Lechstrom schwamm und einige Schritte oberhalb des Dorfes ans Land getrieben wurde. Ein Mann fand das Bild und stellte es in eine ausgehöhlte alte Eiche neben einer Quelle. Als er es nach einiger Zeit wieder aufsuchen wollte, war es von dort verschwunden und lag auf einer Wiese etwas oberhalb der Quelle. Auch als man das Bild des heiligen Leonhard abermals in die hohle Eiche zurückbrachte, lag es am andern Tage wieder auf der Wiese, was sich öfters wiederholt haben soll und das Volk glauben ließ, daß der heilige Leonhard hier verehrt werden sollte, weshalb die Gemeinde ihm auf der Wiese eine Kirche errichtete. Das Kirchlein entwickelte sich zu einer Wallfahrt, wo die Bauern Hilfe bei Viehseuchen suchten. Die Legende berichtet, daß bisweilen die Kirche nachts innen ganz erleuchtet gewesen sei.

→ Bad Tölz → Grafing

KIRCHWALD (Gem. Nußdorf am Inn, Lkr. Rosenheim)

Einsiedelei und Wallfahrtskirche Mariä Himmelfahrt

Kirchwald liegt etwa 700 m hoch über dem Inntal auf dem Weg zum Heuberg, eine halbe Gehstunde von Nußdorf entfernt, inmitten einer Lichtung des Bergwaldes. Zur Wallfahrtskirche (1719) gehören die Klause (1717) sowie die kleine Wasserkapelle mit einer Heilquelle. Sie ist heute die letzte bewohnte Einsiedelei Oberbayerns.

Mittelpunkt des heutigen Hochaltars ist das Gnadenbild „Maria-Hilf" (Ende 18. Jh.), eine freie Gestaltung des byzantinischen Ikonentypus der „Eleonsa" (= die Zärtliche). Sie trägt das (meist blaue) Mantelkopftuch mit goldener Borte, einen goldenen Davidstern über

der Stirn und zwei auf der Brust. Das Kind ist bekleidet.
Beachtenswert ist die Bemalung des hölzernen Türrahmens (1758) in der Vorhalle der Kirche mit der Darstellung der von der Gegenreformation geprägten Gründungslegende: ein lutherischer Tuchmachergeselle, Michael Schöpfl aus Iglau in Mähren, wanderte 1643 nach Rom, wo er zum katholischen Glauben übertrat. Ein römischer Kardinal schenkte ihm zum Abschied ein Madonnenbildnis mit den Worten: „Gott wird Dir ein Zeichen geben, wo du bleiben und deinem Bild eine Hütte bauen sollst." Auf dem Heimweg löste sich der Bundschuh des Jesuskindes (heute noch auf dem Bild zu sehen). Dies war das Zeichen. Im Kirchwald fand M. Schöpfl eine verlassene Felsenwohnung und errichtete eine Klause, dazu ein Hüttchen für sein Marienbild. Ein Problem des frommen Einsiedlers, von nun an „Bruder Michael", blieb die im Morast austretende verunreinigte Quelle seiner Klause. Deshalb verlobte er sich zu einer Wallfahrt nach Weihenlinden, brachte von dort geweihtes Wasser mit, goß es in die zuvor gemauerte Quellfassung und bat Maria, durch ihre Fürbitte das Wasser genießbar zu machen. Bald ereigneten sich Wunder am Bild und am Brunnen, und Kirchwald wurde zu einer beliebten Wallfahrtsstätte. Votivgaben in der Wasserkapelle nahe der Klause erzählen auch heute noch von der wunderwirkenden Heilkraft der Quelle.

KLEINHELFENDORF (Gem. Aying, Lkr. München)

Marterkapelle St. Emmeram
Gleich hinter *Aying* liegt der kleine Weiler *Helfendorf.* Etwa 500 m hinter dem Ortsende führt eine Abzweigung nach Kleinhelfendorf. Der Ort bezeichnet die Stelle, an der der fränkische Wanderbischof Emmeram im Jahre 652 einen schrecklichen Martertod erlitten haben soll.
Um einen Granitblock, den Marterstein, wurde eine Kapelle errichtet, welche als einfacher rechteckiger Bau mit kleinem Türmchen noch auf zwei Votivtafeln zu sehen ist. In der Mitte der 1752 neu erbauten Kapelle, abgeschlossen durch ein Eisengitter, liegt der große Findlingsblock, auf dem, auf einer Leiter ausgestreckt, der entkleidete Emmeram gefoltert wird. Er ist umgeben von vier lebensgroßen Schergen mit grimmigen Gesichtern, Messer und Beile in ihren Händen. Die drastisch derbe Holzgruppe (1789) ist farbig gefaßt und macht einen furchterregenden Eindruck.

Ungewöhnlich ist die Verbindung von Gespannwunder, Stromsage und magischem Schiffstransport, wie sie in der Legende des Heiligen berichtet wird. Nach der von Bischofs Arbeo von Freising 770 verfaßten Lebensbeschreibung stammt der hl. Emmeram aus Poitiers. Als Wanderbischof soll er drei Jahre in Regensburg geblieben und ein Kloster gegründet haben. Als die Herzogstochter Uta vom Sohn eines hohen Beamten verführt worden war, nahm Emmeram freiwillig die Verantwortung auf sich, um den eigentlichen Vater des Kindes zu schützen. Auf seiner Pilgerreise nach Rom 652 wurde er von Lantpert, dem Bruder Utas, überfallen und grausam gemartert, weil er ihn als Urheber der Schwangerschaft der Flucht verdächtigte. Der historische Hintergrund dieses Berichtes ist ungewiß.
Ein Bildstock bei der Marterkapelle bezeichnet die Stelle, wo die Einwohner des Ortes die abgetrennten Glieder des Heiligen gefunden und sie unter einem Weißdorn verborgen haben. Sie glaubten, daß ein verstümmelter Leib wieder gesund werden könne, wenn die abgeschnittenen Gliedmaßen mit Erde bedeckt würden. Auf dem Marterstein getrocknete Kräuter brachten angeblich bei Viehseuchen Hilfe.
Emmeram starb aber noch nicht in Helfendorf. Der Gemarterte wurde vielmehr auf einen von Ochsen gezogenen Karren gelegt; ohne Führer überließ man sie sich selbst, und sie brachten den Heiligen zunächst nach Aschheim, wo er starb. Den Leichnam beförderten die Ochsen weiter bis Öberföhring an der Isar; hier blieben sie stehen. Die Leiche wurde auf ein bereitstehendes Schiff verladen, welches der Legende nach selbstständig die Isar hinab und stromaufwärts auf der Donau nach Regensburg gefahren war, wo der Heilige in seiner Bischofskirche begraben wurde. Die auf dem Schiff befestigten Kerzen sollen während der Fahrt nicht verloschen sein.
Einer anderen Version zufolge soll der Leichnam des hl. Emmeram in der St. Peterskirche im nahen *Aschheim* beigesetzt worden sein. Von da an regnete es dort ununterbrochen vierzig Tage und Nächte, woraus man den Schluß zog, der Heilige wolle hier nicht begraben sein. Als sich bald herausstellte, daß der fromme Emmeram gar kein Verhältnis mit der Herzogstochter Uta gehabt hatte, soll der Vater die übereilte Bluttat seines Sohnes Lantpert bitter bereut und den Heiligen in einem feierlichen Zug nach Regensburg haben überführen lassen.
Auf der anderen Straßenseite, nur wenige Meter von der Marterkapelle entfernt, befindet sich an einem

Hang zwischen dem Wirtshaus und der Pfarrkirche St. Emmeram immer noch jene Quelle, aus der der hl. Emmeram getrunken und der Stein, auf dem er gerastet haben soll. Die Quelle gilt als heilkräftig bei Fieber und Augenleiden. Seit 1631 wird sie von einem kleinen Kapellenbau geschützt. Eine Tafel mit acht Versen am Giebel nennt als besondere Eigenschaft der Quelle, ... „daß sein Wasser sich zu keiner Zeit verliert, auch in der schärfsten Kälte niemals gefriert. Denn dieses Wunder kommt von niemand anderen her, als von St. Emmeram, dem großen Märtyrer".

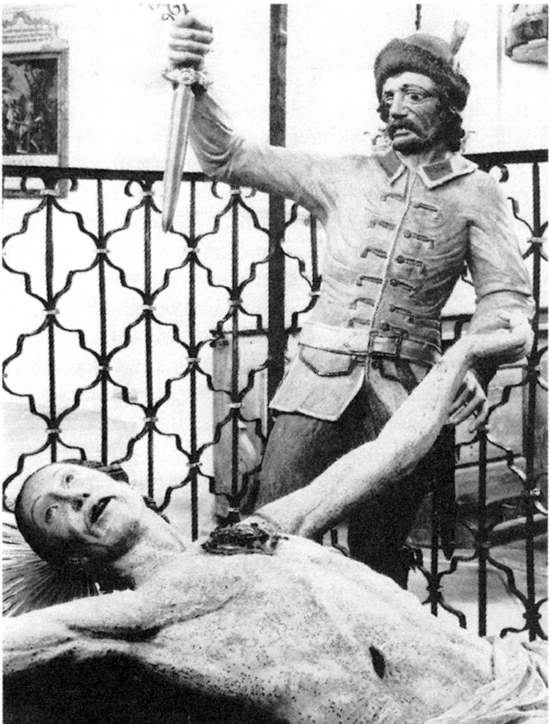

Das Martyrium des hl. Emmeram, 1752

KOCHEL AM SEE (Lkr. Bad Tölz-Wolfratshausen)

Denkmal „Schmied von Kochel"

Die legendäre Gestalt des „Schmied von Kochel", Symbol für Freiheitsliebe und Vaterlandstreue, wurde 1900 mit einem Denkmal geehrt. Auf einem Platz in der Mitte des Ortes steht der Held in bayerischer Tracht auf einem Felssockel, in der einen Hand die

Fahne, in der anderen den Morgenstern (Stock mit Stachelkugel).
Als 1705 während des spanischen Erbfolgekrieges die kaiserlich-österreichischen Truppen München besetzt hielten, machten sich in der Christnacht mehrere tausend Oberländer nach München auf, um sich gegen die Willkür und die drückenden Kontributionen der Besatzungsmacht zu wehren. Die Bauern waren größtenteils nur mit Sensen und Dreschflegeln bewaffnet und wurden vor den Toren Münchens, am alten Sendlinger Friedhof, in der berüchtigten „Mord-Weihnacht“ von den Husaren regelrecht niedergemetzelt.
Auch der starke Schmied Balthes vom Kochelsee soll – so die Überlieferung – hinter den Mauern des Sendlinger Friedhofs gefallen sein, dort, wo sich der Rest der Bauern versammelt hatte, um ihr Leben im Kampf für die Freiheit zu geben. Als einer der letzten tat er, schon dem Tode nahe, mit den geflügelten Worten „Lieber bayerisch sterb'n als kaiserlich verderb'n“ den letzten Atemzug.
Aufgrund historischer Forschung ist die Existenz des Schmied Balthes nicht aufrechtzuerhalten. Der Historiker Max Fastlinger hat als Möglichkeit auf Balthasar Riesenberger hingewiesen, einen Schmied aus der Gegend von Holzolling. Aber auch diese Interpretation ist inzwischen zweifelhaft. Heute glaubt man, die Hochstilisierung des Volksaufstandes 1705 mit dem Schmied von Kochel als Anführer sei genau ein Jahrhundert später in Malerei und Literatur aktiviert worden, als das mit Napoleon verbündete Bayern wieder einmal auf eine antiösterreichische Politik eingeschwenkt war. Im Bewußtsein des Volkes aber ist der Schmied von Kochel unlösbar mit dem Volksaufstand von 1705 verbunden.

KÖNIGSWIESEN (Gem. Gauting, Lkr. Starnberg)

St. Ulrichskirche
Südlich von Gauting liegt Königswiesen, das 934 erstmals erwähnt wird, vermutlich aus karolingischem Besitz hervorgegangen ist und 1280 an die Wittelsbacher fiel. Im 16. Jh. haben die bayerischen Herzöge hier ein Jagdschloß gebaut.Bis auf das um 1500 erbaute St. Ulrichskirchlein wurden aber alle Gebäude im 19. Jh. wieder abgerissen.
Die Fresken am Chorbogen des einschiffigen Baus zeigen Wappen der wittelsbachischen Lehensherren, darunter auch das des bayerischen Herzogs Sigmund (1439–1501). Eine volkstümliche Überlieferung be-

Königswiesen im 17. Jh.

richtet von einem Jagdabenteuer des Herzogs, der – wie sein Bruder Christoph – besonders stark gewesen sein soll:
Am Abend eines Jagdtages hatte man im Königswieser Forst die Zelte aufgeschlagen und sich nach einem ereignisreichen Tag zur Ruhe begeben. Plötzlich wurde es laut; der Herzog erhob sich von seinem Lager und erblickte am Zelteingang einen riesigen Braunbär. Sigmund, so wird überliefert, soll mit bloßen Händen mit dem Bären gerungen haben, wobei diesem einige Knochen gebrochen wurden. Schließlich gelang es ihm, den Eindringling zu verjagen.

KONSTEIN (Lkr. Eichstätt)

Dohlenfelsen
Ca. 70 m hoch aufragende Felsen stehen am östlichen Ortsrand von Konstein links der Straße nach Aicha. Das heute vielbesuchte Kletterparadies ist vor etwa 150 Millionen Jahren, im Erdzeitalter des weißen Jura, entstanden als der Raum der Frankenalb von einem Meer bedeckt wurde. Damals herrschte ein warmes, tropisches Klima, es begünstigte das Wachstum von Schwämmen, die zusammen mit Kalkalgen gewaltige Riffe aufbauten. Als sich vor ca. 140 Millionen Jahren der Meeresboden hob, starben die Riffe ab. Die Spitze eines dieser Felsen ist menschenähnlich geformt, was man von Aicha her deutlich sieht. Die Sage erklärt diese auffallende Formation so: der Herrscher auf der Burg bei Aicha pflegte Verurteilte vor versammelter Bevölkerung vom Felsen stürzen zu lassen. Wieder sollte ein Urteil vollstreckt werden, und der Bischof

von Eichstätt bat den Burgherrn, von dieser schrecklichen Hinrichtungsart abzusehen. Jener erklärte, er werde dies nur auf ein Zeichen Gottes hin tun. Nun stieg der Bischof auf den Dohlenfelsen und betete. Als er wieder herunterkam, hatte sich seine betende Gestalt auf der Felsspitze in Stein verewigt. Auf dieses Wunder hin soll der Herrscher gelobt haben, niemand mehr in den Abgrund zu stürzen.

Kraiburg am Inn (Lkr. Mühldorf/Inn)

Schloßbergkapelle St. Georg
Am rechten Ufer des Inns, südwestlich von *Mühldorf*, liegt der Markt Kraiburg, genannt nach den 1248 ausgestorbenen Kraiburger Grafen. Ihre Burg erhob sich bis ins späte 18. Jh. auf dem Schloßbcrg, cincm steilen Bergkegel, unmittelbar südlich über dem Marktplatz. Heute bekrönt ihn eine kleine neugotische Kapelle, welche der Schiffsmeister Georg Riedl 1832 für die Errettung seines an der Innbrücke in Braunau gekenterten und mit 1000 Scheffeln Getreide beladenen Schiffszuges in größter Not gelobt hatte. Das gerissene Zugseil befindet sich heute noch im Presbyterium der Schloßbergkapelle.
Die Verehrung des hl. Georg geht zurück auf einen jungen römischen Soldaten, der um das Jahr 303 unter der Regierung des römischen Kaisers Diokletian in Kleinasien wegen der Verteidigung seines christlichen Glaubens den Märtyrertod erlitten haben soll. Im Deutschen Reich war St. Georg durch die Initiative Kaiser Heinrichs II. (1002–1024) zum Schutzpatron des Adels geworden. Gegenstand und Anlaß der Georgsverehrung waren damals ausschließlich seine Glaubensstärke im Martyrium. Der Heilige wird aber auch als Drachentöter und Viehpatron verehrt.
Durch das völlige Fehlen von Urkunden und authentischen Berichten rankten sich bald Mythen und Legenden um Leben und Tod des hl. Georg, die sagenhafte Ausdeutungen erhielten und durch Einflechten anderer Erzählungen die verschiedensten Versionen annahmen. Deshalb ließ Papst Paul VI. 1964 St. Georg aus dem offiziellen Heilgenkalender streichen, ohne jedoch die private Verehrung des Heiligen zu verbieten. Alljährlich am Georgitag (23. April) versammeln sich die Nachkommen der Stifterfamilie zum großen Dankgottesdienst mit anschließender historischer Brotspende auf dem Schloßberg.
→ Traunstein

KREUZBERG (Gem. Wessobrunn, Lkr. Weilheim-Schongau)

Kreuzbergkapelle
Nordwestlich von Wessobrunn steht an der Straße nach Landsberg eine dreijochige Saalkirche mit eingezogenem Chor, die 1771 neu ausgestattet wurde. Ursprünglich stand hier eine Holzkapelle, die man 1595 zum Gedächtnis an sechs Wessobrunner Mönche, die 955 zusammen mit ihrem Abt Thiento von den Ungarn enthauptet wurden, errichtet hatte. Im Innern der heutigen Kirche befindet sich der Stein, auf dem der Überlieferung nach die Hinrichtugn stattfand; er zeigt deutliche Einkerbungen von einem Schwert.
Das Deckengemälde wurde von Matthäus Günther (1705–1788) gemalt. Es zeigt Szenen aus dem Martyrium der Mönche sowie von der Auffindung des Heiligen Kreuzes in Jerusalem durch die Kaiserin Helena. Die Mutter Kaiser Konstantin des Großen unterstützte die Ausbreitung des christlichen Glaubens, ließ viele Kirchen bauen und unternahm noch im hohen Alter eine Pilgerfahrt nach Palästina. Die Legende, die Helena die Auffindung des Kreuzes in Jerusalem zuschreibt, ist erst in späterer Zeit entstanden.

L

LANDSBERG AM LECH

Burg
1160 errichtete Heinrich der Löwe auf dem Schloßberg eine Burg *„castrum landespurch"* (im 19. Jh. abgebrochen), die dem Schutz der neu angelegten Lechbrücke dienen sollte. Die vom Herzog in neue Bahnen gelegte Salzstraße von Reichenhall über München nach Oberschwaben querte hier den Fluß und schnitt die schon seit römischer Zeit in Nord-Süd-Richtung verlaufende Via Claudia Augusta. Am Schnittpunkt dieser zwei wichtigen Handelswege gelegen, brachten die Geschäfte, besonders mit Salz, der aufstrebenden Marktsiedlung reiche Einkünfte.
In Landsberg werden romantische Stadtführungen bei Nacht durch die mittelalterliche Kulisse der Lechstadt angeboten. Die zwei Fremdenführer tragen die alten Gewänder der Magistrate und das mittelalterliche Kostüm der Nachtwächter, sind mit Fackeln ausgerüstet und zeigen den Teilnehmern alle wichtigen Sehenswürdigkeiten der Stadt.

„Haus der streitenden Brüder"
Dieses auffällige spätgotische Gebäude aus zwei Halbgiebelhäusern befindet sich in der Hubert-von-

Herkommer-Straße in unmittelbarer Nähe des Hauptplatzes. Die Sage erzählt dazu folgendes: Zwei Brüder errichteten im Mittelalter ein gemeinsames Haus, doch sie gerieten während der Bauzeit so in Streit, daß sie statt eines gemeinsamen Dachgiebels als sichtbares Zeichen ihrer gegenseitigen Abneigung zwei getrennte Pultdachgiebel bauten. Zeichen ihrer Uneinigkeit ist auch, daß das Haus noch heute zwei Hausnummern – 115 und 116 – hat.

Ehemaliges Jesuitenkolleg

Das Landsberger Jesuitenkollegium auf dem steilen Hügel über der Altstadt entstand ab 1576 als Stiftung des Pflegers Graf Schwichardt von Helfenstein, um damit der sich ausbreitenden Reformation entgegenzutreten und den katholischen Glauben wieder zu stärken. Mit den heute noch fast gänzlich erhaltenen Kollegiatsgebäuden schuf man eine der frühesten deutschen Jesuitenanlagen. Nördlich an die Kirche anschließend, liegen sie rings um einen idyllischen Arkadenhof. Nach der Aufhebung des Jesuitenordens 1773 wurde die Kirche den Maltesern übergeben und nach der Säkularisation der Stadtpfarrkirche angegliedert. Die Kollegiatsgebäude dienen heute zum größten Teil als Altersheim sowie als Landwirtschaftsschule des Regierungsbezirks Oberbayern.
Während des Dreißigjährigen Krieges soll der Sage nach im Haus des sog. Lechbaders ein großer Schatz angehäuft worden sein, auf dem jedoch der Teufel saß, so daß niemand mehr Zugriff dazu hatte. Mit Hilfe des Bannspruchs eines Jesuiten konnte der Schatz ins Kolleg transportiert werden, jedoch blieb der Teufel in Gestalt eines schwarzen Pudels mit feurigen Augen auf dem Fuhrwerk sitzen. Erst nach langen Exorzismen der Jesuiten verließ er die geweihte Stelle mitten durch die Wand. Das Loch war noch lange am Eingang in die Bräustätte der Malteser als Nachfolger der Jesuiten zu sehen und konnte erst nach 1800 zugemauert werden.

Lechstrudel

Südlich von *Pitzling*, in der Nähe von *Seiferstetten*, braust der Lech über einer Untiefe in einem wilden Strudel einher. Hierher wurden aus der ganzen Umgebung die Selbstmörder gebracht, die man auf einem christlichen Friedhof nicht begraben wollte. Man glaubte, daß tief unterhalb des Strudels ein Wesen sitzt, das das Wasser zum Brodeln bringt.
Im vorigen Jahrhundert erhängte sich in *Thaining* ein Nichtsnutz, der vom Gerichtsarzt so stark zerschnitten

wurde, daß er in einen Sack gebunden werden mußte. Die Thaininger mußten es zulassen, daß er als ortsbekannter Sünder auf ihrem Friedhof an einem abgesonderten Platz bestattet wurde, obwohl sie dem Gericht drohten, ihn wieder auszugraben, was dann auch geschah. Die Thaininger begruben ihn in einem Wald, wo der Tote auf Gerichtsbefehl ausgescharrt und wieder auf dem Friedhof begraben wurde. So ging es dreimal hin und her. Acht Buben aus der Umgebung wollten den Thainingern allen Gerichten zum Trotz helfen und den Sack wieder aus dem Grab nehmen, worauf sich der Sage nach der Leichnam heftig wehrte und von allen Seiten seltsame Ungetüme herbeiliefen. Ein Furchtloser zog den Sack hervor und hat ihn wohl in den Lechstrudel geworfen.

LENGGRIES (Lkr. Bad Tölz-Wolfratshausen)

Geigerstein

Östlich der Isar liegt bei Lenggries der 1491 m hohe Geigerstein. Wie er zu seinem Namen kam, erzählt folgende Sage:
Vor Zeiten lebte auf dem Berg ein frommer Einsiedler. Er ernährte sich von Beeren und Pilzen aus dem Wald, und was er sonst noch brauchte, trugen ihm die Bauern aus dem Tal herauf. Zum Dank hatte er immer Trost und Rat für ihre Sorgen. Sooft er Zeit hatte, spielte er am Abend auf seiner Geige. Das klang so schön, daß die Tiere des Waldes kamen und aufmerksam zuhörten. Einmal aber kam aus dem Gebirge ein mächtiger Adler, packte den Einsiedler und kratzte ihm die Augen aus. Das überlebte der alte Mann nicht. Seitdem heißt der Berg Geier- oder Geigerstein.
Eine andere Version berichtet über eine arme Witwe aus Lenggries, deren einziger Sohn unbedingt Geiger werden wollte. Er wanderte nach Italien und wurde dort ein berühmter Geigenspieler. Eines Tages, als er in seine Heimat zurückgekehrt war, stieg er auf die Felswand hinter dem Dorf, um für seine Mutter ein Danklied zu spielen, das die ganze Gegend hören sollte. Da packte ihn ein Windstoß, stürzte ihn über die Wand hinab, und er wurde tot – mit seiner Geige – unten aufgefunden.

LEONHARDSPFUNZEN (Gem. Stephanskirchen, Lkr. Rosenheim)

Leonhards-Kapelle und -Brunnen

Von *Rosenheim* führt auf der gegenüberliegenden Seite des Inns eine Nebenstraße parallel des Flusses nach

Norden Richtung Ortsteil *Hofau*. Nach 2,5 km liegt an der sehr engen Straße (Hinweisschild „Brunnen-Café") die Brunnenkapelle St. Leonhard. Das Patrozinium der Quellkapelle dürfte von der 500 m südöstlich gelegenen Dorfkirche herrühren. Der Name Leonhardspfunzen leitet sich vom lateinischen Wort für Brücke *(pons)* her. In der Umgebung der Kapelle wurden römische Begräbnisstätten und Reste eines Mithras-Heiligtums aus dem 1.–4. Jh. gefunden. Aus diesem Zusammenhang erklärt sich die Herkunft des steinernen Brunnentroges, in dem man erst 1950 einen römischen Altarsockel erkannte. Aus einer Holzsäule, welche von einer Figur des hl. Leonhard bekrönt wird, fließt das Wasser der Quelle, das als „natürliches Mineralwasser" abgefüllt und verkauft wird. Die Innenflächen des Troges sind vom Eisengehalt des Wassers braun gefärbt. Wie eine Votivtafel von 1735 zeigt, war der Brunnentrog kurz nach der Entdeckung der Quelle schon vorhanden.

Die Entstehung bzw. Wiederentdeckung des Quellkultes in 18. Jh. geht angeblich auf eine Traumerscheinung zurück, die auf einer großen Votivtafel vorgestellt ist: Christoph Riele bei der Innbrücke war schwer krank. Er vertraute sich dem hl. Leonhard an, welcher ihm im Schlaf erschien und riet, bei der Leonhardskirche ein Bründl zu graben und das Wasser zu trinken. „... da ging Sand und Gris von ihm und er wurde gesund, 1734". Das Altargemälde (um 1760) mit dem Motiv des Ausgrabens der Quelle trägt die Aufschrift: „Kein Wasser war an selben Orth: Gott gab gleih Wasser auf sein Worth, da sich erzeigt als balt und schnell ein frisch und reicher Pronnen Quell".

Weitere Votivtafeln (1735–36) berichten, daß ein „Leibschaden", ein „Fleischwurm" an der Brust und eine fünf Jahre währende Blindheit durch Bestreichen mit den auf dem Wasser schwimmenden „Zinden" (= rötliche, schaumartige Ausfällungen) geheilt wurden. Die jüngste Votivtafel ist 1951 datiert: „Gegen mein Magengeschwür trank ich aus diesem Brunnen, hier nun bin ich nicht mehr krank, dem hl. Leonhard sei dank".

An die Wallfahrt Leonhardspfunzen knüpft sich eine schwankhafte Teufelserzählung, die interessante kulturhistorische Einblicke vermittelt. Schon von alters her gilt die Schmiedekunst wegen ihrer großen Bedeutung und der hohen Kunstfertigkeit, die sie erfordert, als Zauber und wird daher in Mythos, Volksglauben, Märchen und Sage vor allem von übernatürlichen Wesen ausgeübt. Auch der irdische Schmied ist zauber-

kundig, seine Arbeitsstätte Gegenstand abergläubischer Anschauung: er gilt sowohl als Teufelsbündner wie auch als Teufelsbanner – etwa indem er diesen auf seinem Amboß kleinhämmert. An der Stelle des heutigen Leonhardspfunzen soll früher eine Schmiede gestanden haben, in der eines Tages der Teufel auftauchte und den Schmied aufforderte, mitzukommen, weil seine Zeit verstrichen sei. Der Schmied antwortete: „Gleich komme ich, muß nur noch ein Hufeisen fertig machen, setze dich derweil auf den Amboß“. Dann aber soll der Schmied mit seinem schweren Hammer auf den Teufel eingeschlagen haben, bis dieser die Flucht ergriff. Einige Tage später war der Schmied im Wald, um Holzkohle für seine Esse zu holen – da sah er den Teufel zwischen den Stämmen daherkommen. Kurzerhand packte er ein altes buckliges Weiblein, welches gerade beim Holzsammeln war, und lud es auf seinen breiten Rücken. Der Teufel hielt diese Last für einen Amboß und fuhr für immer zur Hölle hinab.

LEUTSTETTEN (Lkr. Starnberg)

In einer Urkunde des Klosters *Benediktbeuern* wird Leutstetten, das etwa 3 km nördlich von Starnberg liegt, erstmals erwähnt. Die frühe Geschichte des romantischen Mühltals und der Leutstetten ehemals umgebenden weitflächigen Moorlandschaft, die heute ziemlich dicht besiedelt ist, hat in früheren Zeiten Phantasie und Sagenbildung angeregt.

Katholische Filialkirche St. Alto
Am Ortseingang von Leutstetten liegt die dem hl. Alto geweihte Kirche, ein Bau der Spätgotik, der im 17. Jh. umgestaltet wurde. Der hl. Alto war Einsiedler aus schottischem Adel, er lebte im 8. Jh.
In einer Nische der Südwand ist ein 1643 entstandenes Votivbild zu sehen. Es stammt aus der nahegelegenen, im 19. Jh. abgebrochenen sog. *„Einbettl-Kapelle"* und war von einer Frau Sybilla Reisner von Starzhausen zum Dank für Gebetserhörung gestiftet worden. Drei heilige Jungfrauen mit Kronen, Ainpet, Gberpet und Firpet, der Legende nach Schwestern, sind darauf zu sehen. Wegen der gemeinsamen Endsilbe ihrer Namen, auch die „drei Bethen" genannt, wurden diese Frauen in Leutstetten sehr verehrt. Obwohl über ihre Heiligkeit Zweifel bestehen, setzte sich die Volksfrömmigkeit über alle Bedenken der Wissenschaft hinweg. Bis ins 18. Jh. wallfahrten Wöchnerinnen und unfruchtbare Freuen zu dem Altarbild in Leutstetten und erbaten Hilfe. Die Legende weiß darüber noch mehr: Die drei heiligen Schwestern sollen Einsiedlerinnen gewesen sein, die gegenüber dem Petersbrunnen drei Zellen erbauten, bei der Heilquelle Kranke pflegten und heilten und andere gute Werke taten.
Über den religionshistorischen Ursprung der drei Bethen (dreifaltige Große Mutter-Göttin, Gestalten aus dem keltisch-römischen Matronenkult, germanische Schicksalsfrauen) gehen die Meinungen der Experten auseinander. Tatsache ist, daß gerade heilige Quellen schon früh mit einer weiblichen Trias in Verbindung gebracht wurden, die auch nach der Christianisierung nicht ganz aus dem Bewußtsein der Menschen verschwunden ist.
→ Petersbrunn

Karlsberg
Auf einem Moränenzug oberhalb von St. Alto lag ehemals die Karlsburg, eine mit Mauern, Gräben und Türmen befestigte Anlage, deren Steinreste heute im Dickicht vergraben liegen, aber noch leicht erkennbar sind. Auf einem Fußweg gegenüber der Würmbrücke, die zur S-Bahn Station Mühltal führt, erreicht man links in wenigen Minuten den Karlsberg.

Die Karlsburg soll die älteste Burg am Starnberger See gewesen sein. Vermutlich schon in karolingischer Zeit oder auch früher entstanden, ist sie mit Sicherheit erst im 12. Jh. nachweisbar. Sie diente zur Sicherung des Mühltals, den Wittelsbachern auch als Vorposten an der Grenze zum Machtbereich der Andechser Grafen. Nach deren Aussterben im 13. Jh. hatte die Burg an Bedeutung verloren. Während des Bruderkrieges im Hause Wittelsbach 1311–1316 wurde die Anlage zerstört. Rund zweihundertfünfzig Jahre später hat man den Steinhaufen, der von der Burg übriggeblieben war, abgetragen und einen Kilometer südlich zum Bau von Schloß Leutstetten verwendet, das seit 1875 in Besitz der Wittelsbacher ist.
Der Name Karlsburg erinnert an den bedeutenden Karolinger Karl den Großen (742–814), der 1165 heiliggesprochen wurde und um dessen Persönlichkeit sich zahlreiche Sagen und Legenden ranken. Da der Geburtsort des fränkischen Königs und späteren Kaisers im Dunkeln liegt, rivalisieren mehrere Orte um diese Ehre; mit der Karlsburg war ein standesgemäßer Geburtsort gefunden.

Karl der Große. Holzschnitt, 1493

Eine andere Sage bringt die Mauerreste mit drei Schloßfräulein in Verbindung, die im Kellergewölbe der verfallenen Burg angeblich drei Schatztruhen bewachen. Es heißt, daß auf dem Karlsberg nachts Gespenster auf dem Burgplatz wandeln. Die Geister werden als drei Jungfrauen beschrieben, von denen zwei Menschengröße haben und weiß gekleidet sind, wäh-

rend die dritte ganz klein und halb weiß, halb schwarz gekleidet ist. Eines Tages erschienen sie dem Mühlknecht einer nahegelegenen Mühle und baten ihn, sie zu befreien. Er müsse durch neun eiserne Türen gehen, hinter denen böse Geister lauerten, die ihm aber nichts anhaben könnten. Wenn er alle Tore durchschritten und den Deckel der Truhen geöffnet hätte, sei der Zauber gebannt und sie seien erlöst. Der von ihnen bewachte Schatz sollte dann dem Mühlknecht gehören. Mutig legte dieser Hand an die erste Tür, aber dahinter ertönte plötzlich ein so grauenvolles Stöhnen, wie er es bisher von keinem Menschen vernommen hatte, sodaß er in panischer Angst die Flucht ergriff.
→ Gauting

LINDERHOF (Gem. Ettal, Lkr. Garmisch-Partenkirchen)

Schloß und Grotte
Über eine kleine Straße, die zwischen Ettal und *Oberammergau* nach Westen abbiegt, erreicht man das *Graswangtal* und Schloß Linderhof, eine Schöpfung des bayerischen Königs Ludwig II. (1845–1886), der sich nach den ersten für ihn enttäuschenden Regierungsjahren gern fern der Münchner Residenz im Gebirge aufhielt. Schon sein Vater Max II. besaß hier ein Jagdhaus, das Ludwig kannte und liebte, seit er es auf Jagdausflügen in die Ammergauer Berge bewohnt hatte. Er plante zunächst einen Palast im byzantinischen Stil, dann eine Nachbildung von Versailles, der Residenz Ludwig XIV., die später auf Herrenchiemsee verwirklicht werden sollte, und entschied sich dann, ein Rokokoschlößchen nach dem Vorbild des Petit Trianon im Park von Versailles zu bauen. 1874 begannen unter Leitung des Architekten Georg Dollmann die Bauarbeiten, die 1878 im wesentlichen beendet waren.
Linderhof gehört zu den feinsten Schloßschöpfungen des „Märchenkönigs", das er in Anlehnung an den Wahlspruch des Sonnenkönigs „L'état c'est moi" (Der Staat bin ich) durch Umstellung der Buchstaben „Maicost Ettal" nannte und wo er sich wirklich heimisch fühlte.
Schloß Linderhof verdankt seinen Reiz der schönen Landschaft und dem 50 ha großen Ziergarten, den der Hofgärtner Karl von Effner nach französischem Vorbild gestaltet und mit romantischen Bauten (Pavillons, Tempel) bereichert hat. Die Hauptattraktion ist eine künstliche Grotte, die ursprünglich für Schloß Neu-

Der König fährt im goldenen Muschelkahn in der „Blauen Grotte" umher

schwanstein geplant war und 1876–77 oberhalb von Linderhof angelegt wurde: die „Blaue Grotte" oder „Venusgrotte". Dank der Technik, die gerade zu dieser Zeit gewaltige Fortschritte machte, konnte der König hier seinen romantischen Schwärmereien nachgehen und seine Vorstellungen verwirklichen. Die Gestaltung der Grotte lag in den Händen des Landschaftsplastikers August Dirigl.

Man betritt sie durch eine felsige Öffnung und erreicht durch einen langen Gang den Hauptraum, wo ein von einer Wasserleitung gespeister Wasserfall in einen See plätscherte, aus dem gipserne Stalaktitensäulen aufragen und den Eindruck einer natürlichen Tropfsteinhöhle vermitteln. Elektrische Beleuchtungsanlagen zaubern abwechselnd rotes, blaues und grünes Licht in die Höhle. (Für die Stromversorgung benötigte man damals 24 Dynamomaschinen, die in einem Maschinenhaus oberhalb der Grotte untergebracht waren.) Eine Wellenmaschine sorgt für Bewegung des Wassers, auf dem künstliche Schwäne schwimmen. Die magisch erleuchtete Höhle mit einer 10 m hohen Haupt- und zwei Nebengrotten bildete die Kulisse eines Illusionstheaters aus Gips, Leinwand und Farbe, das den König je nach Wunsch in die Blaue Grotte von Capri oder in die Venusgrotte des Hörselbergs, Schauplatz des 1. Aktes der Wagner-Oper „Tannhäuser" (1845) versetzen sollte.

Ludwig besuchte diese Zauberwelt nur nachts. In einem muschelförmigen, mit Kupfer beschlagenen und vergoldeten Kahn aus Eichen – und Lindenholz ließ er sich von einem Lakaien durch die Grotte und ihre Ausbuchtungen rudern. Vom Muschelthron, der auf der hinteren Plattform des Hauptraumes stand, konnte der Monarch einen Blick auf das monumentale Leinwandgemälde am Ende der Zaubergrotte werfen: „Tannhäuser im Venusberg", von August Heckel gemalt.

LINDUM (Stadt Dorfen, Lkr. Erding)

Filialkirche Hl. Kreuz

Etwa 2 km südwestlich von Dorfen liegt in den Wiesengrund eingebettet die Kirche Hl. Kreuz, die in der Mitte des 15. Jh. erbaut wurde und deren Ausstattung aus dem 17. Jh. stammt. In die Chorfenster sind Glasbilder mit Wappen ortsansässiger Geschlechter eingesetzt, die zum Teil ebenfalls im 15. Jh. enstanden sind; darunter auch eine Wappenscheibe mit einem Schweinskopf (wahrscheinlich ein Teufelskopf aus einer Höllensturzdarstellung), um die sich eine Sage rankt:
Ein Jäger aus dem Geschlecht der Plümel, das schon im 15. Jh. in Lindum ansässig war, war neidisch auf die Erfolge seines Nachbarn bei der Saujagd. Als er infolge von Grenzstreitigkeiten auch noch sein Jagdgebiet an den Rivalen verlieren sollte, verlor er die Fassung und rief: „lieber werde ich selbst zur Sau, als daß ich dem Herrnberger" – so hieß der Nachbar – „auch nur einen Fußbreit meines Waldes abtrete!" Dieser Ausruf hatte schlimme Folgen: kurz darauf gebar die Frau des so Verärgerten einen Knaben mit einem Schweinskopf. Daraufhin gelobte der unglückliche Jäger, eine Kapelle zu bauen und in ihr das Kreuz Christi aufzustellen.

MAMMENDORF (Lkr. Fürstenfeldbruck)

Haldenburg

Mammendorf wird schon sehr früh unter Bischof Joseph von Freising (749–764) genannt. Die ausgedehnte Anlage des Ortes ist auf zwei Sindlungskerne des hohen Mittelalters zurückzuführen, wofür auch das Vorhandensein von zwei Kirchen spricht.
Etwa 750 m nordwestlich von Mammendorf lag die mittelalterliche Burg, die vermutlich Ende des 15. Jh. zerstört wurde. (Reste der ehemaligen Burganlage fand man vor einiger Zeit bei Erdarbeiten). In der Mitte des 15. Jh. saßen dort die Haldenberger, ein Ministerialengeschlecht.
Mit der Haldenburg ist eine Frevelsage verknüpft, die das Verschwinden eines früher hier existierenden Bauwerks als göttliches Strafgericht deutet. Angeregt

wurde sie offenbar durch den Fund auffallend großer Quarzkiesel: Als die Burgleute einmal nicht zu Hause waren, nutzte die Dienerschaft diese Situation und gab sich dem Müßiggang hin. Beim Kochen ließen sie die „Nudlbaunzn" (Dampfnudeln) anbrennen und benutzten sie, als sie hart wie Stein geworden waren, als Kegel. Da zog plötzlich ein Gewitter über den Berg, Blitze zuckten, ein Donner folgte – der Erdboden tat sich auf und die Burg versank in der Tiefe. Noch heute kann man an der betreffenden Stelle faustgroße Quarzkiesel von schöner gold-gelber Farbe finden, den „Baunzn" sehr ähnlich!

Maria Beinberg (Gem. Gachenbach, Lkr. Neuburg-Schrobenhausen)

Wallfahrtskirche Unserer Lieben Frau
Auf einsamem Hügel, südlich von *Schrobenhausen*, erhebt sich die Kirche, die zwischen 1485 und 1497 errichtet wurde. Gestiftet wurde sie von Ritter Bernhard „dem Peisser", der Landpfleger des Gerichts Schrobenhausen war, und seiner Ehefrau Elisabeth. Etwa ab 1520 entwickelte sich eine rege Marienwallfahrt. Zu den frühen Pilgern gehörte auch Pfalzgraf Ottheinrich, bevor er zum evangelischen Glauben übertrat. Aus dieser Zeit stammt auch das Gnadenbild, eine Mutter Gottes mit Kind, die seit der Barockzeit in ein Prunkgewand gekleidet ist. 1767 wurde der gotische Bau innen umgestaltet und 1960 nochmals renoviert. An den Wänden befinden sich viele Votivtafeln und Szenen aus der Wallfahrtsgeschichte. Zwei rechteckige Freskobilder begründen die Marienverehrung, indem sie über zwei Beinberger Wunder berichten: Auf dem linken Bild hat ein zur Hinrichtung verurteilter Mörder eine Marienerscheinung. Rechts erhält ein an Kopfschmerzen leidender Priester, vor dem Beinberger Gnadenbild betend, von Maria Heilung.
Auch an den Namen Beinberg knüpft sich eine Legende: Um das Jahr 1000 soll hier eine Schlacht mit den Hunnen stattgefunden haben. Die Christen hatten für den Fall des Siegs einen Kirchenbau gelobt. Sie errangen auch den Sieg, aber um den Preis, daß der ganze Berg mit den Gebeinen der Erschlagenen bedeckt war. Das verlieh ihm seinen Namen. Es dürfte sich bei dieser Geschichte jedoch um eine volksetymologische Fehldeutung handeln.

MARIABRUNN (Ampermoching, Gem. Hebertshausen, Lkr. Dachau)

Wallfahrtskirche Maria-Verkündigung und Brunnen

Nur wenige Kilometer nördlich von *Dachau*, auf der Straße nach *Röhrmoos*, befindet sich die Abzweigung nach Mariabrunn. Die Wallfahrtskapelle mit dem dazugehörigen Brunnen verdankt ihr Entstehen der wundersamen Heilung eines Holzknechts im Jahr 1662. Nachdem Stefan Schleierböck von Ampermoching beim Holzhacken in der Nähe seines Dorfes aus einer kleinen Quelle getrunken hatte, wurde er schlagartig von seinem langjährigen Bruchleiden geheilt. Voll Freude dankte er Gott und „seiner werthen Mutter"und ließ die wunderbare Heilung amtlich beurkunden. Daraufhin ließ der Dachauer Landpfleger Georg Theissinger nicht nur die Quelle fassen und drei Wasserbehälter aufstellen, sondern auch ein Badehaus und die kuppelgedeckte Kapelle zu Ehren Marias errichten. Als Altarbild stiftete er eine Kopie des Gnadenbildes von S. Annunziata in Florenz, welches die Verkündigung Mariens zeigt.

Im 18. Jh. erlangte Mariabrunn durch einen regelrechten Kurbetrieb Bedeutung. Weltbekannt wurde es in der zweiten Hälfte des vorigen Jahrhunderts durch die berühmt-berüchtigte „Doktor-Bäuerin" Amalie Hohenester und ihre Kuren. Nach deren Tod 1878 schwand bald der Ruhm Mariabrunns.

Der nach Diebstählen übriggebliebene Rest der einst über dreihundertfünfzig Votivtafeln zeigt deutlich, daß neben der medizinischen Badeanwendung auch auf das Eingreifen der Gottesmutter vertraut wurde. Abgesehen von sogenannten Fatimawallfahrten und Maiandachten ist es um Kirche und Brunnen – der seit 1867 in einem Rundbau mit Pumpe betrieben wird – heute ruhig geworden. In einigen der Gebäude wird seit Jahrzehnten eine Brauerei betrieben.

MARIA ECK (Gem. Siegsdorf, Lkr. Traunstein)

Wallfahrtskirche Mariä Geburt

Der beliebte bayerische Wallfahrtsort liegt südwestlich von Siegsdorf, auf der Höhe des nordöstlichen Vorberges (= „Egg"). Kloster und Kirche liegen auf zwei Almhügeln, welche ab 1618 vom Benediktinerkloster *Seeon* erworben wurden. An Stelle einer kleinen „Maria Hilf"-Kapelle von 1626 wurde die heutige Kirche durch den Traunsteiner Baumeister Wolfgang

König mitten im Dreißigjährigen Krieg in zwei Phasen – 1635/36 Presbyterium und 1642–45 Langhaus und Turm – errichtet.

Der barocke Hochaltar entstand 1691. Das Altarblatt (vor 1635 von einem Maler in der Nachfolge Peter Candids) ist eine freie Nachbildung des Wallfahrtsbildes „Salus Populi Romani“ in S. Maria Maggiore in Rom, im Volksmund auch „Maria Schnee“genannt nach dem Schneewunder, welches nach der Legende den Ort der neuen Basilika bestimmt haben soll. Der *„Maria-Schnee-Kult“* fand im späten Mittelalter auch in Süddeutschland Eingang. Die über Wolken auf einer schmalen Mondsichel thronende Muttergottes mit dem segnenden Kind in ihrem linken Arm wird von großfigurigen Engeln umgeben. Ihre Hand weist nach unten, wo sich die Schlange um die Mondsichel windet. Ihr blauer Umhang trägt den sechszackigen Davidstern. Ein Ratsherr und ein Mönch sowie vier Pilger schauen knieend zu ihr auf. Der untere Bildteil zeigt die Kirche Maria Eck.

An der Orgelemporenbrüstung ist die Ursprungslegende der Kirche bildlich dargestellt: Während des Dreißigjährigen Krieges sollen Holzhacker über dem dunklen Waldgebiet drei Lichter gesehen haben. Sie nahmen dies als Hinweis, einen Altar zu errichten. Als dann immer noch zwei Lichter aufleuchteten, wurden zwei weitere Altäre aufgestellt. Im neutestamentlichen Sinn legt Maria (Gnadenbild) Fürsprache ein beim dreifaltigen Gott. Diese Trinität wird in der (heutigen) Dreikonchenanlage des Altarraumes bildlich ausgedrückt.

Die linke Seitenwand der Kirche ziert eine kleine Kopie der im Kloster aufbewahrten russischen Muttergottes-Ikone; sie wurde 1631 vom polnischen Fürst Radziwill gestiftet. An den Wänden des barocken Kirchenbaues erinnern zahlreiche Votivgaben und -bilder an die jahrhundertealte Tradition dieser Wallfahrtsstätte. Viele stammen aus napoleonischer Zeit, dem Deutsch-Französischen Krieg 1870/71 und den beiden Weltkriegen. Bereits 1631 haben Gebetserhörungen stattgefunden: die in gefährlichen Geburtswehen liegende Maria Leithnerin stiftete ein Kind aus Wachs, das bis 1803 in der Kirche stand. Eine notarielle Bestätigung in der Kirche bezeugt, daß der fünfzigjährige, stummgeborene Simon Lahr auf die Fürbitte Mariens plötzlich sprechen konnte.

Mirakelbücher berichten, daß in Maria Eck Kerzen in der Körperlänge des Spenders gestiftet wurden und Wachsstöcke so lang sein konnten, daß sie ausgezogen

Das Gnadenbild von Maria Eck

um die Kirche reichten. An der Nordseite außerhalb der Kirche zeugen Kreuze und Krücken von menschlicher Not und erlangter Hilfe.
Ein beliebtes Wallfahrtsandenken waren (und sind) die sog. „Maria-Ecker-Pfennige", auch „Linsen"- oder „Pfennigsteine" genannt. Es handelt sich dabei um Nummuliten, versteinerte Überreste prähistorischer Meerestiere (Rundfüßler) von linsen- oder scheibenförmigem Aussehen; die aus spiralig angeordneten vielkammrigen Umgängen bestehenden Kalkschalen können bis zu 6 cm Durchmesser erreichen. Besucher der Wallfahrtskirche pflegten solche aus dem dortigen Nummulitenkalk ausgewitterten „Eckerpfennige" als Glücksbringer mit nach Hause zu nehmen.

Markt Indersdorf (Lkr. Dachau)

Kloster und Bildstock

Markt Indersdorf wird durch die Glonn in zwei Bereiche geteilt: den Alten Markt und die Klosteranlage. Schon im 10. Jh. taucht das Dorf „*Undiesdorf*" in Urkunden auf. Um 1120 wurde das Kloster als Sühnekloster durch Graf Otto von Scheyern-Wittelsbach gegründet und 1126 durch Augustiner-Chorherren besiedelt. 1783 wurde das Stift der Chorherren wegen finanzieller Schwierigkeiten aufgehoben. Heute ist es eine Schule unter Leitung der Barmherzigen Schwestern.
Die ehemalige Chorherrenstiftskirche – heute Pfarrkirche Mariä Himmelfahrt – erhielt im 18. Jh. eine reiche Innendekoration durch den Wessobrunner Stukkator Franz Xaver Feichtmayr d.Ä. und den Augsburger Hofmaler Matthäus Günther.
Im 12. Jh. lebte im Kloster der fromme Laienbruder Maroldus, von dem man sich folgende Legende erzählt: An der Straße von Indersdorf nach Straßbach, kurz vor dem Ortsschild, befindet sich ein Bildstock mit einem Christus am Kreuz. An dieser Stelle soll auch früher schon ein Kreuz gestanden haben, an dem Bruder Maroldus immer zum Gebet ausruhte, wenn er vom Indersdorfer Kloster nach Straßbach ins Siechen- und Pilgerhaus mußte, um dort zu helfen. Vom reich gedeckten Tisch der Chorherren blieb immer Brot und Wein übrig, und Maroldus trug diese Reste zu den Siechen und Armen. Eines Tages erwartete der Probst des Klosters ihn an dieser Stelle, um ihn des Diebstahls zu überführen, fand aber nur Lauge zum Säubern der Siechen und Späne fürs Feuer im Korb. Der völlig verängstigte Maroldus gestand dem Probst daraufhin jedoch seine Verfehlung und dieser – betroffen durch das Verwandlungswunder – erlaubte weiter die Gaben an die Siechen.
Nach einem Jahr starb Bruder Maroldus am Bild des Gekreuzigten an der Straße; die Glocken des Klosters begannen von selbst zu läuten und hörten nicht auf, bis die Mönche Maroldus gefunden hatten.

Schmederer Kreuz

Wenn man vom Kloster Indersdorf über die Glonnbrücke in den Ort will, sieht man direkt am Ufer ein überdachtes Holzkreuz, das die Familie Schmederer zur Erinnerung errichten ließ, nachdem der junge Münchner Arzt Dr. Heinrich Schmederer unweit dieser Stelle im Juni 1880 beim Baden ertrank. Bald danach ging im Markt das Gerücht um: beim Schmederer Kreuz spuke es. Einmal soll ein Geist erschienen sein, ein andermal will man einen großohrigen Hund gesehen haben. Daraufhin wurde der Weg am Kreuz vorbei bei einbrechender Dunkelheit gemieden.

MARZOLL (Bad Reichenhall, Lkr. Berchtesgadener Land)

Pfarrkirche St. Valentin
St. Valentin liegt nahe der österreichischen Grenze und ist bereits seit 798 als eine der ältesten Kirchen des Berchtesgadener Landes urkundlich erwähnt. Die Kirche liegt südlich des Schlosses Marzoll mitten im Friedhof. Die romanische Kirche wurde zuletzt Mitte des 18. Jh. grundlegend umgebaut. Der Innenraum präsentiert sich in den Formen des höfischen Rokoko durch den Stukkateur Benedikt Zöpf (gest. 1769 in Salzburg). Der Hochaltar wurde 1729 vom Salburger Simon Thaddäus Balauf errichtet. Das Hochaltarbild (um 1780) zeigt den lebensgroßen Kirchenpatron mit den bischöflichen Insignien. Links unten ist eine Heilung durch den hl. Valentin in Anwesenheit eines Papstes und eines Bischofs dargestellt. Der hl. Valentin war Wanderbischof im rhätischen Gebiet und starb 470 in Mais (Tirol). Seine Gebeine kamen 761 durch Herzog Tassilo von Bayern nach Passau. Er trägt immer Pontifikalkleidung.
An der Südwand des Presbyteriums hängt eines der insgesamt drei Historienbilder mit Szenen aus dem Leben des hl. Valentin von Isfried Jaud (gest. 1865 in Salzburg). Es wurde 1827 gemalt und stellt die Heilung von Kranken in der Bischofskirche von Terni dar. Als Helfer gegen die Fallsucht soll der hl. Valentin den verkrüppelten Sohn eines römischen Rhetors geheilt haben und wurde enthauptet, weil er die Anbetung eines Götzenbildes verweigerte. Daher gelten bei ihm der Krüppel und auch das Schwert als Attribut.
Nachdem 1496 ein 12jähriger Knabe aus Thalgau und Wolfgang Ehrlich aus Wals von der Epilepsie geheilt wurden, förderte der Passauer Bischof Wiguleus um 1500 die Wallfahrt zum hl. Valentin, welche im 17. und 18. Jh. immer mehr aufblühte. Hinter dem Hochaltar stand einst eine Steige für die als Votive geopferten Hühner. Seit sich eine schwarze Henne plötzlich in eine weiße verwandelt haben soll, wurden pro Jahr 70 bis 140 Hennen und Tauben geopfert.
Volkskundlicher Forschung zufolge wurden schwarze Hühner ursprünglich gegen Fraisen (Krämpfe) geop-

fert, weil sie als Teufelstiere galten. Epilepsie und Fraisen waren „teuflische Krankheiten". Infolge ihres Auftretens und Verlaufs wurden sie auf Behexung und teuflichen Einfluß zurückgeführt. Auch die Farbe des Teufels ist schwarz. Die Beziehung des schwarzen Huhnes scheint weniger zum Heiligen – es taucht nirgends als Attribut des hl. Valentins auf – als zu den Fraisen zu bestehen. Das Fraisenpatronat (Valentin = hinfallen = fallende Sucht) hat seine Breitenwirkung mehr dem äußeren Gleichklang der Worte als dem legendären Geschehen der Heilung eines epileptischen Knaben zu verdanken.

MÜHLBERG (Markt Waging an See, Lkr. Traunstein)

Wallfahrtskirche Mariä Heimsuchung
Die Wallfahrtskirche liegt auf einer Anhöhe im Ortsteil Mühlberg, welcher seit 1670 Wallfahrtsort ist. Die barocke Anlage von 1713 wurde 1753 erweitert und der heutige Turm errichtet. Mitte des 19. Jh. wurde die Kirche durchgreifend renoviert. Im Deckengemälde von Jos. Rattensperger (1858) wird die Entstehung der Wallfahrt erzählt. In der Monstranz über dem Tabernakel mit dem prächtigen Metallrahmen, 1774 von Joh. Karl V. Butermann in Augsburg geschaffen, hängt heute eine Nachbildung der Muttergottes von Ettal aus Papier. Ein zweites, aus Birnbaumholz geschnitztes Gnadenbild, eine sitzende Muttergottes mit Kind, Krone und Zepter, befindet sich an der Nordwand der Kirche. Am Westeingang der Kirche hängen mehr als 300 Votivtafeln, deren älteste aus dem Jahr 1671 stammt.

Die Wallfahrt auf den Mühlberg soll der Legende nach auf Grund einer Erscheinung der Magd des Bauern Laminger entstanden sein: Im Jahr 1669 hatte diese auf dem Weg von Waging nach Mühlberg bei einem Birnbaum eine wunderschöne, von Glanz umgebene Frau gesehen, die auf ein am Boden liegendes Andachtsbild der „Ettaler Madonna" hinwies. Dieses auf Papier gedruckte Muttergottesbild soll Adam Laminger um 1655 von einer Wallfahrt nach Ettal mitgebracht, auf ein kleines Brett genagelt und an einem Birnbaum aufgehängt haben. Einige Meter westlich der Kirche steht ein achteckiger, kupfergedeckter Brunnen. Für das Entstehen und Aufblühen der Wallfahrt war die nahegelegene Quelle, deren Wasser seit der Marienerscheinung als heilkräftig galt, ebenso wichtig wie der legendäre Birnbaum. Das Mirakelbuch von 1797 dokumentiert, daß die Magd noch am

Darstellung des Gnadenbilds (nach Goldschmiedearbeit von 1774). Kupferstich, Salzburg um 1775 (Privatbesitz)

selben Tag auf wunderbare Weise von einem Fußleiden geheilt worden sei.
Mühlberg verfügt über den weitaus größten Votivtafelbestand im südostbayerischen Raum. Etwa 150 Heilungen von Fußleiden, inneren Krankheiten, Augen- und Frauenleiden werden zwischen 1669 und 1750 genannt. Neben Wachsstöcken und Rosenkränzen wurden auch Leinenstücke und rote Bänder niedergelegt. Vermutlich sollten die an der Quelle zurückgelassenen „Textilopfer" Krankheiten „festbinden" oder von Leibschmerzen befreien. Die zum Waschen benutzten Leinenlappen wurden meist zurückgelassen.
Die kirchliche Anerkennung der neuen Gnadenstätte verlief offenbar nicht ohne Komplikationen; davon zeugt u. a. die legendäre Überlieferung, das wundertätige Marienbild sei dreimal vom Waginger Pfarrer in die dortige Pfarrkirche übertragen worden – aber stets von selbst auf den Mühlberg zum Birnbaum, den man

1708 durch einen ersten Kapellenbau ersetzte, zurückgekehrt. Die einst vielbesuchte Quelle ist weitgehend in Vergessenheit geraten.

Mühldorf am Inn

Anlegestelle der früheren Innschiffer im Stadtteil Lände

Hinter dem Altöttinger Tor leitet die Unterführung bei der Innbrücke direkt auf den Innfußweg in den Stadtteil „Lände", nach der Anlegestelle der früheren Innschiffer benannt.

Trotz ihrer großen Verbundenheit mit der christlichen Religion pflegten die Schiffsleute ein oft von heidnischen Riten gekennzeichnetes Brauchtum. So hängten sie den Zugpferden, um sie vor Unheil zu schützen, durchlöcherte Steine, sog. „Drudensteine" um den Hals im Glauben, daß der Flußgott das Recht habe, sich jedes Jahr drei Opfer zu holen. Fiel ein Schiffer über Bord, so konnte ihm niemend helfen, weil auch die Besatzung meistens nicht schwimmen konnte. Lediglich der Hut wurde geborgen, und die übrigen Schiffsleute riefen dem Ertrinkenden zu: „gib di Jackl, der Herr will's!"

Hatte der Fluß seine drei Opfer erhalten, waren die Schiffer beruhigt. An gefährlichen Flußabschnitten brachten sie dem Flußgott auch andere Weihegaben dar. Passagiere, die auf dem Schiff pfiffen, wurden von Bord gejagt, da man glaubte, Pfeifen auf dem Wasser locke den Wind an.

Rathaus mit „Hexenkammerl"

An der Ostseite des Mühldorfer Stadtplatzes liegt das spätgotische Rathaus mit dem Stadtwappen, einem achtschaufeligen Mühlrad als namensgebendes Emblem, an seiner Fassade. Im Erdgeschoß befindet sich das berüchtigte „Hexenkammerl", ein völlig dunkler und unbeheizbarer Raum, mit einer, einen halben Meter über dem Boden, angebrachten Holzpritsche ausgestattet. Etwa ein Meter über dem Boden ist eine rechteckige, doppelte Holztür eingelassen, die wie ein Backofenloch mit einem Guckloch anmutet. Durch diesen Eingang wurde auch die 16-jährige Kindsmagd Marie Pauerin in die Hexenkammer gezwängt, in der sie über 22 Monate auf den Ausgang ihres Prozesses warten mußte. Im Oktober 1750 wurde sie in Salzburg mit dem Schwert hingerichtet und anschließend verbrannt – eine der letzten Hexenhinrichtungen im deutschen Sprachraum.

Die junge Dienstmagd Marie Pauer war beim Höllschmied Jakob Altinger in der Katharinenvorstadt, heute Haus Nr. 24 am Katharinenplatz in Mühldorf, beschäftigt. Im Januar 1749 hatte sie im Auftrag ihrer Dienstherrin bei den Kapuzinern „etwas Geweihtes"geholt, das im wesentlichen aus Weihrauch und einem Ablaßpfennig bestand, welche nach altem Brauch in frisch gefüllte Federbetten vernäht wurden. Als sie das Haus betrat, gerieten Werkzeuge und Einrichtungsgegenstände der Schmiede in Bewegung, flogen eiserne Kugeln, Gewichte und Schmiedehämmer durch das Haus, stieg teuflischer Schwefelgestank aus dem Kamin. Alle flüchteten aus dem Haus, darunter auch Marie Pauer. Es wurde sofort ruhig; aber sobald das Mädchen wieder aufgetaucht war, wiederholten sich die unheimlichen Begebenheiten. Keiner der Zeugen kam auf den Gedanken, daß Marie Pauer die Gegenstände selbst geworfen haben könnte. Man glaubte selbstverständlich an Geister und übernatürliche Kräfte. Poltergeist-Erscheinungen gehören in den Bereich des. sog. personengebundenen Spuks. Sie haben immer einen Urheber, meistens weibliche Jugendliche in der Pubertät, bei denen in besonders affektiven Situationen aktuelle psychische Spannungen in bisher ungeklärter Weise auf materielle Systeme einwirken können. Weil die Spukerscheinungen immer in Gegenwart der Pauerin auftraten, wurde der 16-Jährigen nachgesagt, sie stehe mit dem Teufel im Bunde. Nachdem auch ein Kapuziner-Pater die Kindsmagd nicht vom Teufel „reinigen" konnte, mußte sie eingesperrt werden; denn Buhlschaft mit dem Teufel bedeutete Abfall von Gott und der Kirche. Während ihrer Inhaftierung wurde sie immer wieder zum Verhör nach einem ausgearbeiteten Frageschema vorgeführt. Der Fragenkomplex umfaßte 557 Fragen und bezog sich inhaltlich auf die typischen Tatbestandsmerkmale des Hexereidelikts: Besuch des Hexensabbats, Gabelfahrt, und Blutverschreibung mit dem Teufel. Diese Verhöre und die unmenschlichen Haftbedingungen haben bei Marie Pauer wahrscheinlich Selbsttäuschungen hervorgerufen. Am Ende des Prozesses glaubte sie selbst, im Sinne der Anklage schuldig zu sein. Sie gab u. a. an, daß sie des öfteren vom Teufel besucht werde und nannte ihn „Gelbrock": er habe mit ihr Unkeusches getrieben und sie mit ihm auf Festen getanzt.

Der Hexenwahn gab den Richtern immer Anlaß nach weiteren Mitschuldigen zu fragen. Daher griff der Mühldorfer Hexenprozeß auch auf die Mutter der

Maria Pauer über. Diese lenkte, wie üblich in solchen Fällen, den Verdacht auf eine dritte Person, die Gusterer Liesel, die ebenfalls wie sie aus Neumarkt stammte. Beide Frauen wurden 1749 in Landshut hingerichtet.

München

Stadtwappen

Das heutige Stadtgebiet war archäologischen Zeugnissen zufolge bereits in vor- und frühgeschichtlicher Zeit besiedelt. Ins volle Licht der Geschichte tritt München jedoch erst mit dem Schiedsspruch Kaiser Friedrich Barbarossas auf dem Augsburger Reichstag 1158 im machtpolitischen Streit zwischen Herzog Heinrich dem Löwen und Bischof Otto I. von Freising. Der Welfe Heinrich war bereits Herzog von Sachsen und wurde 1156 von Kaiser Friedrich Barbarossa mit dem Herzogtum Bayern belehnt. Er ließ die dem Bischof von Freising gehörende zollpflichtige Isarbrücke bei Oberföhring, über die das lebensnotwendige Salz transportiert wurde, zerstören und verlegte den Flußübergang in die Nähe einer flußaufwärts gelegenen Mönchssiedlung „apud munichen". Daran erinnert das Stadtwappen: es zeigt einen Benediktiner-Mönch in Kutte und Kapuze. Als Teil des Stadtwappens ist der Mönch bereits 1304 nachgewiesen. Die

Verniedlichung zum weltbekannten *Münchner Kindl*, dem Wahrzeichen der Stadt, hat im 16. Jh. eingesetzt. Friedrich Barbarossa bestätigte am 14. 6. 1158 (Stadtgeburtstag), daß die Brücke, Markt- und Münzrecht in München bleiben durften. Heinrich der Löwe legte 1175 den ersten Mauergürtel um die ca. 45 Tagwerk große *„Heinrichstadt"*; ein zweiter entstand vor 1300. Nachdem Bayern 1180 an die Wittelsbacher gefallen war, wurde München 1255 Residenzstadt und Verwaltungszentrum Oberbayerns.

Affentürmchen im Alten Hof

Die an der Ostseite des Neuen Rathauses beginnende Burgstraße mündet in den „Alten Hof", heute Sitz des Zentralfinanzamtes. Seit 1253 war hier die Stadtresidenz der Wittelsbacher, welche bis zum 16. Jh. nach dem Erbauer Ludwig d. Strengen (1253–1294)

Stadtsiegel 1268–1302

Stadtsiegel 1304–1398

Stadtsiegel 1323–1356

Der Mönch als „redendes" Spiegelbild ist seit 1239 belegt, wurde 1808 aufgegeben, 1818/1835 aber wieder eingeführt und ist bis heute als „Münchner Kindl" Siegel- und Wappenbild Münchens

„Ludwigsburg" genannt wurde. Westlich des südlichen Torturms befindet sich im Innern des Hofes ein spätgotischer Erker, „Affenturm" genannt.
Wie die Überlieferung berichtet, hatte Herzog Ludwig d. Strenge einen Affen als Haustier. Dieser sah oft, wie die Amme den Sohn des Herzogs, den späteren Kaiser Ludwig d. Bayern (1294–1347), aus der Wiege nahm, ihn liebkoste und mit ihm spielte. Als er sich wieder einmal langweilte, hob er den kleinen Prinzen aus seinem Bettchen. Die Amme kam dazu und schrie so fürchterlich, daß der Affe in panischer Angst mit seinem „Spielzeug" in die Spitze des Erkertürmchens floh. Der Herzogin gelang es schließlich, die Amme und das Tier auf seinem gefährlichen Sitz zu beruhigen. Als der Affe merkte, daß ihm niemand etwas tat, brachte er das Kind unversehrt in seine Wiege zurück.

Residenz
Nachdem der Bürgeraufstand von 1385 niedergeschlagen wurde, errichteten die Herzöge nordöstlich vom Alten Hof in mehreren Bauabschnitten die „Neu-

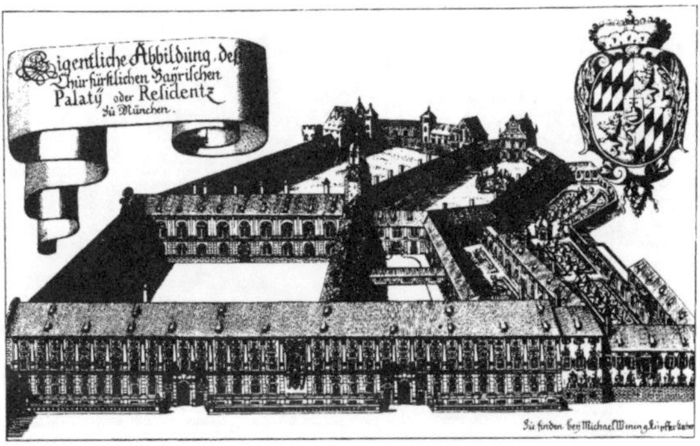

München, Residenz. Kupferstich von Michael Wening

Bärenjagd

veste“ (Neue Münchener Residenz). Jahrhundertelang war die Residenz Wohn- und Regierungssitz der Herrscher Bayerns und zugleich kulturelles Zentrum des Landes.

Im Durchgang zum *Brunnenhof* kann man sich heute noch von der körperlichen Stärke des Wittelsbacher Herzog Christoph (1449–1493) überzeugen. Hier ist ein großer etwa drei Zentner schwerer Stein an einer

Älteste Gesamtansicht von München. Holzschnitt, 1493

Kette befestigt. Eine Inschrift daneben berichtet, daß der Herzog den schweren Stein „ohne Anstrengung“ durch die Luft geschleudert habe. Außerdem sind in über zwei m Höhe drei dicke Nägel in die Wand eingeschlagen; sie sollen anzeigen, wie hoch er springen konnte.

Herzog Christoph war bei den Bürgern sehr beliebt. Schon von Jugend an galt seine Leidenschaft dem Reiten und Ringen. Er galt als einer der stärksten Männer seiner Zeit und war der Held vieler Abenteuer und Turniere. Um ihn ranken sich Anekdoten und Heldengeschichten.

Eines Tages war ein Graf zu Gast in der Hofburg und prahlte, daß er mit einem Bären ringen und ihn in die Flucht schlagen könne. Herzog Christoph, der gerade auf der Jagd war, wurde von einem Boten seines Bruders, dem regierenden Herzog Albrecht IV. (1465 bis 1508), benachrichtigt. Christoph lachte und versprach, dem großsprecherischen Ritter den Schneid abzukaufen. Am Abend traf der Herzog – umringt von vielen Leuten – ein und führte zwei gewaltige Bären mit sich. Überrascht mußte der angeberische Graf eingestehen, daß er zwar die Kraft habe, mit einem Bären zu kämpfen, nicht aber den Mut, zwei Bären an den Ohren zu packen. Um den Ritter noch weiter einzuschüchtern, zwickte Christoph daraufhin die Bären ins Ohr, so daß sie sich aufrichteten und bedrohlich brummten.

Eine weitere Sage erzählt: Eines Tages ließ Herzog Christoph sein Pferd beim Schmied in Sendling be-

schlagen. Dieser war bekannt wegen seiner riesengroßen und kräftigen Gestalt. Während der Schmied arbeitete, nahm der starke Christoph eine Eisenstange, bog sie mit bloßen Händen zu einer Brezen und sagte: „Deine Eisen taugen grad nit viel." Der schlaue Schmied, der den Herzog längst erkannt hatte, meinte, so etwas hätte sonst nur der Herzog Christoph gekonnt. Als das Pferd beschlagen war, bezahlte der Herzog. Da nahm der Schmied das Geldstück in die Hand, zerbrach es zwischen den Fingern und bemerkte: „Gnädiger Herr, Euer Gulden ist keineswegs besser als mein Eisen."

Als das *Pippinger Kirchlein St. Wolfgang* im Stadtteil Obermenzing Mitte des 15. Jh. eine neue Glocke erhielt, begleiteten Herzog Christoph und sein Bruder Sigismund (1460–1467) den feierlichen Zug von München zur Glockenweihe. Nicht weit vom Ziel entfernt, brach ein Rad des Fuhrwerks entzwei, auf dem die geschmückte Glocke befördert wurde. Da sprang Herzog Christoph von seinem Pferd und schleppte die schwere Last auf seinem Rücken, ohne abzusetzen, bis zum Kirchturm hinauf. Die Bevölkerung jubelte, und Christoph meinte bescheiden:

> „Gilt es Gottes Lob und frommes Ding,
> wird mir das Schwerste leicht und g'ring."

Mariensäule

Seit der Gründung Münchens 1158 durch Heinrich den Löwen ist der Marienplatz das Herz der Stadt geblieben. Bis 1854 wurde er nur Schrannenplatz oder „der Platz" genannt. 1315 verfügte Ludwig der Bayer, den Platz nicht zu bebauen, „daz der margt des lustsomer und dest schöner und dest gemachsomer sey Herrn, burgaern, gesten und allen laeuten, di darauf zu

Der Münchner Marienplatz mit der Mariensäule. Kupferstich, 17. Jh.

schaffen haben". Die offizielle Umbenennung erfolgte nach der in der Mitte des Platzes stehenden Mariensäule als Dank für die Hilfe der Gottesmutter bei der Überwindung einer gefährlichen Cholera-Epidemie.
Die Mariensäule entstand 1638 als *Votiv-Denkmal*. Sie wird bekrönt von einer überlebensgroßen, ölvergoldeten Figur der Muttergottes (1597), die Hubert Gerhard zugeschrieben wird und sich ursprünglich auf dem Hochaltar der Münchner Frauenkirche befand. Sie stellte Maria auf der Mondsichel stehend dar, in der rechten Hand ein Zepter, das segnende Jesuskind auf dem linken Arm. Auf dem Säulensockel kämpfen vier bronzene „Heldenputti", mit Helm, Panzer, Schwert und Pfeil ausgerüstet, gegen Drache, Löwe, Schlange und Basilisk (= Hahn mit Schlangenschwanz). Sie erscheinen als Symbole der vier großen Plagen der Zeit: Der Drache verkörpert den Hunger, der Löwe den Krieg, die Schlange den Unglauben, die Häresie und der Basilisk die Pest.
Anlaß für die Stiftung der Mariensäule war die Eroberung Münchens (1632) durch die Schweden. Um die Stadt und auch Landshut vor der sonst üblichen Brandschatzung zu bewahren, gelobte der bayerische Kurfürst Maximilian I. (1597–1651) „ein gottgefälliges Werk" mitten auf dem „Platz", eine Säule mit „Unser Lieben Frauen Bildnis", errichten zu lassen. Ein weiterer Beweggrund für die Errichtung der Mariensäule 1638 war sicher auch die Pest, welche allein im Jahre 1634 etwa 7000 Todesopfer in München forderte. Auf der Vorderseite der Säule sind folgende Worte eingemeißelt: „Rem, Regem, Regimen, Regionem, Religionem Conserva Bavaris, Virgo Maria, tuis" (Die Habe, dem Herrscher, die Regierung, das Land, die Religion – erhalte, Jungfrau Maria, deinen Bayern).

Figur Heinrichs des Löwen am Alten Rathaus
An der Ostseite des Marienplatzes steht das von Jörg von Halsbach 1470–75 errichtete Alte Rathaus. An seinem Ostgiebel wurde 1960 die Figur Heinrichs des Löwen von Konrad Knoll angebracht. Sie zeigt ihn in Ritterrüstung, jedoch ohne sein Attribut, den Löwen. Schon sein Vater Heinrich der Stolze trug den Beinamen „der Löwe" und einen Welpen im Wappen. Der Sohn Heinrich (1129–1195), Herzog von Sachsen und Bayern, Vetter Kaiser Friedrich Barbarossas und einer der reichsten und mächtigsten Männer im Reich, erwies sich als politisch weitsichtig und war lange Zeit sehr erfolgreich, was ihm allerdings die Feindschaft anderer Fürsten einbrachte. Als er später dem Kaiser

militärische Hilfe versagte, kam es zu einem schweren Zerwürfnis; Heinrich wurde geächtet, verlor seine Herzogtümer und ging 1180 nach England in die Verbannung. Nach seiner Rückkehr blieb er auf den welfischen Eigenbesitz um Braunschweig-Lüneburg beschränkt. Heinrich der Löwe liegt im Braunschweiger Dom begraben.

Die Gestalt dieses wohl berühmtesten Welfenherzogs, sein wechselvolles Leben mit Siegen und Niederlagen haben die Mythisierung und Sagenbildung um seine Person angeregt. Am bekanntesten ist eine Geschichte, die als „Heimkehrersage" auch von anderen Rittern erzählt wird und ikonographisch an den Löwen als Herrschaftssymbol anknüpft: Bei einer Seefahrt – gemeint ist wohl die Pilgerreise nach Jerusalem, die Heinrich im Jahre 1172 tatsächlich unternommen hat – gerieten er und seine Begleiter in unbekannte Gewässer, ohne Land zu sehen. Als die Vorräte zu Ende gingen und der Hungertod die Reisenden bedrohte, losten sie, wer von ihnen den anderen als Nahrung dienen sollte. Schließlich waren nur noch der Herzog und ein Knecht übrig. Das Los fiel auf Heinrich – doch der Knecht wollte dieses Opfer nicht annehmen; er nähte den Herzog in einen ledernen Sack ein und gab ihm ein Schwert bei. Bald darauf kam der Vogel Greif (ein mythisches Tier, halb Adler, halb Löwe), packte den Sack

Heinrich besiegt den Drachen und gewinnt die Dankbarkeit des Löwen. Miniatur aus der 1474 angefertigten Abschrift von Wyssenherres Gedicht

und trug ihn übers Meer in sein Nest als Nahrung für seine Jungen. Als der Vogel erneut auf Beute ausflog, befreite Heinrich sich mit dem Schwert und erschlug die jungen Greife, bevor diese über ihn herfallen konnten. Auf der Suche nach einer Behausung hörte er einen fürchterlichen Lärm und sah einen Lindwurm mit einem Löwen kämpfen, der zu unterliegen drohte. Heinrich griff ein, tötete den Lindwurm mit seinem Schwert. Hierauf wurde der dankbare Löwe fortan sein treuer Begleiter.

Bald darauf baute sich Heinrich ein Floß, denn er wollte versuchen, nach Hause zurückzukehren. Da erschien eines Tages der Teufel auf dem Floß und berichtete, daß Heinrichs Ehefrau sich noch am selben Abend erneut vermählen wolle, da sie nach sieben Jahren die Hoffnung auf die Rückkehr ihres Mannes aufgegeben hätte. Der Teufel erklärte sich aber bereit, den Herzog sowie den Löwen noch rechtzeitig nach Braunschweig zu bringen – unter einer Bedingung: finde er bei seiner Rückkehr den Herzog schlafend, dann sei dieser ihm verfallen. Heinrich ging auf die Bedingung ein; der Teufel trug ihn durch die Lüfte und legte ihn auf einem nahe der Heimat gelegenen Berg ab, um den Löwen zu holen. Als er mit diesem zurückkam, erblickte das treue Tier noch aus der Luft seinen Herrn, der tatsächlich eingeschlafen war. Er brüllte so fürchterlich, daß der Hezog erwachte, und der Teufel hatte somit sein Spiel verloren.

Neues Rathaus

Der monumentale Bau des unmittelbar am Marienplatz gelegenen Neuen Rathauses entstand in den Jahren 1867–1909 nach flandrischem Vorbild nach Plänen von Georg Hauberrieser.

Wurmeck

Die westliche Ecke zur Weinstraße heißt „Wurmeck“. Zwei Deutungen des Namens sind möglich: die eine leitet ihn her vom Hausnamen einer Metzgerfamilie Wurm, die im 13. Jh. das Eckhaus Weinstraße/Marienplatz bewohnte; wahrscheinlich ist er aber auf ein früher hier angebrachtes Fresko, das den Drachenkampf des hl. Georg zeigte, zurückzuführen.

Im Zusammenhang mit dem Bau des Neuen Rathauses entstand am Rathauseck die Plastik eines sich windenden großen bronzenen Lindwurms mit Drachenkopf, Adlerklauen und und riesigen Fledermausflügeln. Der Sage nach blies dieses schreckliche Ungeheuer die Pest in alle Gassen und Wohnungen der Bürger, wel-

che sich daraufhin in ihren Häusern einschlossen. Als sich der Lindwurm wieder einmal am Wurmeck niederließ, gelang es den Männern der Hauptwache, ihn mit einem einzigen Kanonenschuß zu töten. Aus Freude darüber sollen die Schäffler ihren Tanz an dieser Stelle zum erstenmal aufgeführt haben.
Drachen, phantastische Mischwesen aus verschiedenen bekannten Tieren (besonders Schlange, Echse und Vogel), nehmen in den mythologischen Vorstellungen vieler Hochkulturen eine zentrale Stellung ein. In der Heldendichtung tritt der Drache als Widersacher des Helden, von dem er überwunden wird, auf; im christlichen Kontext ist er eine Allegorie des Teufels. Im Volksglauben gilt er oft als Verursacher von Unwetter und Überflutungen; sein Atem ist giftig, kann töten oder – wie hier – Epidemien hervorrufen.

Glockenspiel im Rathausturm
Ähnlich wie das Münchner Neue Rathaus dem Brüsseler Rathaus nachempfunden wurde, ist auch das Glockenspiel eine Nachahmung belgischer Carillon-Kunst. Das von C. M. Rosipal gestiftete, aus 43 Glokken bestehende Spielwerk wurde 1908 in den doppelgeschossigen Erker des 60 m hohen Rathausturms eingebaut. Der obere Teil erinnert an das Ritterturnier anläßlich der Hochzeit (1568) Herzog Wilhelms V. mit Renata von Lothringen. Im unteren Teil des Erkers tanzen die Schäffler (Faßbinder, Böttcher, Küfer) den *„Schäfflertanz"*. Dieser Zunfttanz, erst seit Anfang des 18. Jh. nachweisbar, ist der bekannteste Münchner Stadtbrauch. Achtzehn Reifenschwinger in ihrer schmucken Tracht, mit bogenförmigen Girlanden in

Der Schäfflertanz im Jahre 1844. Lithographie von Gustav Kraus

der Hand, bewegen sich im Polkaschritt. Die Tänze sind vorgeschrieben und beginnen mit der sog. „Schlange"; es folgen „Laube", „Kreuz", „Krone", „Changieren" und „Reifenschwung". Der Kasperl springt zwischen Tänzern und Zuschauern umher und schwärzt jungen Mädchen und Kindern die Nase, was an die Pest, den „Schwarzen Tod" erinnern soll. Obwohl das Ungeheuer am Wurmeck", welches die Pest verbreitete, getötet worden war, wagte sich, so die Sage, niemand auf die Straße. Fenster und Türen blieben verschlossen. Da zogen die mutigen Schäffler vor die Häuser, führten Freudentänze auf und lockten mit ihren Späßen die Bewohner aus ihren dunklen Wohnungen. Als Dank dafür wird der Schäfflertanz alle sieben Jahre im Fasching in den Straßen der Stadt aufgeführt. Die lokale Überlieferung, wonach der Schäfflertanz auf eine Pestepidemie des Jahres 1517 zurückgehen soll, hat sich als nicht stichhaltig erwiesen. Tatsächlich ist er eine Sonderform der vom modernen Tourismus vielerorts betriebenen Folklore-Darbietungen; in München wird er seit dem frühen 19. Jh. gepflegt und gilt als ein „Markenzeichen" der Stadt. Das Glockenspiel mit dem Schäfflertanz am Neuen Rathaus wird täglich um 11 Uhr vormittags in Gang gesetzt.

Onuphrius-Haus

Das an der Südseite des Marienplatzes neben Rischart's Backhaus gelegene „Onuphrius-Haus" hat seinen Namen von dem an der Fassade angebrachten Mosaik, einer überlebensgroßen Darstellung des hl. Onuphrius, eines jener legendären Einsiedler, die in den ersten christlichen Jahrhunderten in der thebäischen Wüste lebten. Seiner Abkunft nach ein abessinischer Fürstensohn, verzichtete er auf die ihm angebotene Nachfolge, um in einem der abgelegenen Felsenklöster von Göreme/Kappadokien in andächtiger Betrachtung zu leben. Ende des 4. Jh. soll er hier gestorben sein.

Im Abendland wurde der Onuphrius-Kult durch die Kreuzzüge verbreitet; in Deutschland finden sich im 15. und 16. Jh. zahlreiche bildliche Darstellungen, an die auch das Mosaik am Neubau des Onuphrius-Hauses (es wurde 1951 von Max Lacher gefertigt und ersetzt ein Bild des Heiligen an der Fassade eines Hauses am ehemaligen Eiermarkt neben dem Alten Rathaus, das im Zweiten Weltkrieg zerstört worden ist) ikonographisch anknüpft: Onuphrius ist nur mit einem Blätterschurz um die Lenden bekleidet. Sein Haupt, mit wallendem Haar und Bart, trägt eine Krone: in der einen Hand hält er ein Doppelkreuz, in der anderen einen Pilgerstock. Es wird erzählt, Onuphrius hätte die Wüste, in der er als Einsiedler lebte, verlassen und sei auf seiner Wanderschaft nach München gekommen, wo er einen großen Brand gelöscht habe. Weil der Heilige sehr früh mit dem hl. Christophorus in Verbindung gebracht und schließlich auch mit ihm verwechselt wurde, nannten ihn die Münchner *„Christophel am Eiermarkt"*. Man glaubte, daß der bewußt gesuchte Anblick des Heiligen vor einem jähen Tod schütze. Deshalb wurden im Mittelalter überlebensgroße Darstellungen des hl. Onuphrius an Kirchen, Türmen und Häuserfassaden angebracht. Nach einer Stadtsage soll Heinrich der Löwe um 1170 das Bild und eine Kopfreliquie des sog. Wüstenheiligen von einer Pilgerfahrt ins Heilige Land mitgebracht haben und der hl. Onuphrius der erste Stadtpatron Münchens gewesen sein.

Falkenturmstraße

Am Max-Joseph-Platz (Nationaltheater) beginnt die Maximilianstraße. Auf der rechten Seite führt eine kleine Abzweigung in die Falkenturmstraße. Nichts außer dem Namen erinnert daran, daß hier der Turm (Bestandteil der Stadtmauer) stand, in dem die Familie Pappenheimer und ihre Mitangeklagten im Jahr 1600 der Hexerei angeklagt, gefangen und verhört wurden. Mit der Durchführung des Pappenheimer-Prozesses sollte ein Exempel statuiert werden zur Abwehr des Bösen, zum Sieg über Teufel und Dämonen und nicht zuletzt zur Abschreckung von Straßenräubern und Mordbrennern.

Schon lange vor dem Dreißigjährigen Krieg, wo der Name aus anderen Gründen sprichwörtlich wurde, nannte man gemeinhin die Leute „Pappenheimer", die Aborte ausputzten. Die Landfahrerfamilie Pappenheimer zählte zu den Habenichtsen aus der Unterschicht. Ihr Leben spielte sich hauptsächlich auf niederbayrischen Straßen ab. In den Städten schlossen sie sich gelegentlich dem Bettelvolk an. Betteln war im 16. Jh. ein zunftmäßig betriebenes Handwerk; die Bettler mußten sich mit einem „Bettelbrief" ausweisen.

Zwei Pappenheimer-Söhne sollen von einem Dieb, den man erhenkte, verraten worden sein. Wie die Anklage zustande kam, läßt sich nicht mehr genau nachweisen. Unter Folter gestanden die Pappenheimer im Falkenturm die abstrusesten Verbrechen – unter denen Mord an schwangeren Frauen, um an die zu magischen Zwecken benötigten „Kindshändel" zu gelangen, eine zentrale Rolle spielt – und denunzierten etwa 400 Personen. Herzog Maximilian, der spätere Kurfürst von Bayern, war 1600 oberster Gerichtsherr. Sitz des Hofrats, der die Überstellung der in Niederbayern

Darstellung der angeblichen Untaten der Pappenheimer und ihre Hinrichtung

aufgegriffenen Landfahrer nach München angeordnet hatte, war damals der Alte Hof. Der Herzog soll selbst in das Verfahren gegen die Pappenheimer eingegriffen haben. Die Verhöre erfolgten durch drei Hofratskommissare in Anwesenheit des Rentschreibers. Durch die Tortur, von der verschiedene Formen und Härtegrade in Gebrauch waren, wurde der Gefangene zur gewünschten Aussage gezwungen. So wurden ihm etwa die Hände auf den Rücken gebunden, und man zog ihn an den Armen an einem Flaschenzug auf, bis er frei im Raum schwebte. Durch das Anhängen von Steingewichten wurde diese Folter noch verschärft. Nach einem Protokoll vom 3. Mai 1600 belastete Michel Pämbs alias Pappenheimer unter dem Druck der Folter seine Mutter der Hexerei, die ihn „das Pulver aus den Kindshäntln machen und hat Prennen lernen“. Mit diesem Pulver hätte er „Menschen und Vich“ Schaden zugefügt, wofür ihn der Teufel in Gestalt eines rotbärtigen Mannes gelobt hätte. Etwa ein Jahr später sei ihm der Teufel in Weibsgestalt erschienen, um ihn zu Unzucht und Teufelsbund zu verführen. Der jüngste Sohn, der zehnjährige Hänsel, mußte schließlich mit ansehen, wie seine Familie knapp drei Monate nach Gefangennahme am 29. Juli 1600 auf dem Galgenberg außerhalb der Stadt nach diversen strafverschärfenden Quälereien (u. a. Reißen mit glühenden Zangen; der Mutter schnitt man die Brüste ab) bei lebendigem Leib verbrannt wurde. Am 26. November ist er zusammen mit vier weiteren Personen ebenfalls hingerichtet worden.

Relief am Kaufhaus Hirmer („Hirmer-Eck")

Wo die Kaufingerstraße in die Neuhauser Straße übergeht, stand einst das Westtor aus der Zeit der ersten Stadtumwallung. Es wurde 1807 abgebrochen, eine Pflastermarkierung im Boden vor dem Hirmerhaus zeigt noch die Umrisse dieses Turms, den man wegen seiner Bemalung *„Schönen Turm"* nannte; eine Tafel an der Hausfassade weist ebenfalls auf ihn hin.

Das Kaufhaus Hirmer (Kaufingerstraße 28) ist 1915 als Geschäftshaus entstanden, wurde im Zweiten Weltkrieg zerstört und später im alten Stil restauriert. An der Ecke seiner Fassade ist ein steinernes Relief zu sehen: es zeigt einen gebückten Mann, der den Torturm auf dem Rücken trägt.

Eine Sage weiß zu berichten, daß ein tüchtiger und ehrsamer Goldschmied am Schönen Turm seine Werkstatt hatte. Eines Tages brachte ein vornehmer Herr ein kostbares Geschmeide, um ein Duplikat anfertigen zu lassen. Als der reiche Kunde aber den Schmuck abholen wollte, war er verschwunden. Der Goldschmied beteuerte hoch und heilig seine Unschuld – doch niemand glaubte ihm, weil seine Haustür nicht aufgebrochen war. Er wurde zum Tode verurteilt. Einige Wochen nach seiner Hinrichtung mußte der Turm ausgebessert werden. Als ein Maurer zu diesem Zweck ins Glockentürmchen stieg, flog eine Elster aus dem Dachfenster, und es stellte sich heraus, daß diese der Dieb war: das glänzende Geschmeide fand sich in ihrem Nest. Daraufhin wurde der Leichnam des unschuldigen Goldschmieds vom Friedhof außerhalb der Stadtmauer auf den Friedhof am Frauenbergl feierlich überführt.

Kirche St. Peter

Die Peterskirche liegt südöstlich des Marienplatzes und ist die älteste Pfarrkirche Münchens. Über einem westwerkartigen Unterbau erhebt sich der 90 m hohe Turm, der *„Alte Peter"*, eine weiteres Wahrzeichen der Stadt. Über den Stümpfen der beiden Westtürme (Ende 13. Jh.) ragt in der Mitte der originelle Turmhelm mit Kuppel und Laterne des frühen 17. Jh. empor.

Trotz der furchtbaren Zerstörung im Zweiten Weltkrieg ist die Kirche heute wieder mit kostbaren Kunstwerken aus allen Stilepochen ausgestattet und präsentiert sich dem Besucher in großer Harmonie.

Nordende des Rindermarktes mit Blick zum „Alten Peter". Aquarell von Carl August Lebscheé von 1863

Der hochbarocke Choraltar wurde nach den Entwürfen des Hofarchitekten und Theatermalers Nikolaus Gottfried Stuber (1730–34) errichtet. Im Zentrum der Säulenarchitektur thront der Apostelfürst Petrus, ein spätgotisches vollplastisches Schnitzwerk von Erasmus Grasser (um 1493/95), umgeben von vier überlebensgroßen Barockstatuen aus Holz, den Kirchenlehrern, von Egid Quirin Asam (1732/33) geschaffen. Tiara, die dreifache Krone (vom Münchner Goldschmied Joh. Michael Ernst um 1720/30), Ornat und Buch stellen den hl. Petrus als Papst dar. Noch heute ist es Brauch in der Peterskirche, beim Tod eines Papstes bis zur Inthronisation des neuen Oberhauptes der katholischen Kirche die Tiara abzunehmen.

Gnadenbild Maria-Hilf

Als alte Stadtpfarrkirche hatte St. Peter im Laufe seiner Geschichte viele Gegenstände, die als gnadenbringend verehrt wurden. Das bedeutendste Gnadenbild

der Kirche ist der Blickfang des Maria-Hilf-Altars im südlichen (rechten) Seitenschiff. Das Kernstück ist eine Kopie des Passauer Gnadengemäldes (um 1537 von Lucas Cranach d.Ä. (1472–1553). Es wurde 1653 vom Münchner Maler Joh. Carl Loth (1632–1678) im Auftrag der Brauerswitwe Barbara Ostermayr geschaffen. Die Stifterin ließ es in der Peterskirche aufhängen. Der prunkvolle Rahmen wurde 1775/76 von Joh. Friedrich Canzler geschaffen.
Bei dem Maria-Hilf-Bild handelt es sich um ein halbfiguriges Gemälde. Maria hält das Kind fest umschlungen, das seinen rechten Arm nach der Mutter ausstreckt. Sie neigt ihr von einem Schleier bedecktes

Gnadenbild „Maria Hilf". Kupferstich, Graphische Sammlung des Münchner Stadtmuseums

Haupt zärtlich zu ihm hinab. Typisch ist die strampelnde Bewegung des Jesusknaben und der zärtliche Gestus der rechten Hand am Kinn der Mutter. Dieser Bildtypus der Eleousa, die „zärtliche" Muttergottes mit dem „hilfesuchenden" Jesuskind vom sächsischen Hofmaler Lucas Cranach, befand sich angeblich um 1537 in der Hl. Kreuz-Kirche in Dresden. Vorbild für den Maler soll eine aus der Mitte des 14. Jh. stammende, ikonenhafte Darstellung sienischer Herkunft gewesen sein, welche Cranach während eines Aufenthaltes in den Niederlanden (1508) in der Kathedrale in Cambrai (Belgien) gesehen haben könnte.
Von der wunderbaren Hilfe des Gnadenbildes berichtet ein großer anonymer Kupferstich, der heute in der Graphischen Sammlung des Münchner Stadtmuseums aufbewahrt wird: Als die bayerische Armee unter Kurfürst Max Emmanuel 1683 gegen die Türken zog, hielten die Münchner eine dreißigtägige Andacht vor dem Maria-Hilf-Bild. Nach seiner glücklichen Rückkehr stiftete der Kurfürst deshalb dem Gnadenbild zwei Silberampeln.

Heilig-Geist-Kirche
Gegenüber der Peterskirche, an der Ecke Tal/Viktualienmarkt, liegt die Kirche des 1811 an eine andere Stelle verlegten Hl.-Geist-Spitals, das aus einem von Herzog Ludwig dem Kelheimer 1204 gestifteten Pilgerhospiz hervorgegangen ist.
Im nördlichen Seitenschiff steht gleich neben dem vorderen Seiteneingang der Marienaltar. In einem vergoldeten Schrein auf der Mensa befindet sich das Gnadenbild der sog. Hammerthaler Muttergottes. Die um 1490 von einem unbekannten Meister geschnitzte Figur stammt aus dem Kloster Tegernsee. Erst 1802 kam sie aus der säkularisierten Münchner Augustinerkirche hierher. Der Legende nach unternahm das Gastwirtsehepaar Hammerthaler aus dem Tal 1620 eine Wallfahrt nach Kloster Tegernsee. Die Frau bekam dort vom Abt eine kleine spätgotische Madonna als Andachtsfigur, welche sie in ihrer Hauskapelle aufstellte. Frau Hammerthaler, die vermutlich unter rheumatischen Schmerzen litt, wurde bald darauf geheilt. Auf diese Nachricht hin kamen so viele Leute, daß das Gnadenbild 1624 in die Augustinerkirche übertragen werden mußte.
Im Zentrum des Mittelschiffes erstreckt sich über drei Joche das große ovale Deckenfresko von Cosmas Damian Asam (1696–1739). Es wurde von Karl Manninger 1975 nach fotografischen Vorlagen rekonstruiert.

Es zeigt die Gründung des Spitals (1253) unter dem Wittelsbacher Herzog Otto II. Auf den Stufen einer großen Freitreppe, die nach links hin zum Portal ansteigt, sitzen und liegen Arme und Kranke. Linkerhand erscheint ein Kopf des Brezenreiterschimmels, der an die Wadlerspende von 1318 erinnert, eine der berühmtesten Bürgerstiftungen des Mittelalters. Sie soll in München so populär gewesen sein, daß noch im 18. Jh. auf den Meßgewändern der Hl.-Geist-Kirche Brezenmotive auftauchten. Die Überlieferung berichtet, daß der Münchner Bürger Burkhart Wadler in der Nacht zum 1. Mai jedem Bedürftigen zwei Brezen stiftete, welche von einem Schimmelreiter in der Stadt verteilt wurden. Im Jahre 1801 wurde der Brezenreiter verprügelt, weil die „Wadlerspende" ausgegangen war. Deshalb wurde von da an auch der Brauch verboten.

Frauenkirche

Die Münchner Frauenkirche – Metropolitankirche zu Unserer Lieben Frau – wurde anstelle einer dreischiffigen Pfeilerbasilika von 1240 in den Jahren 1468 bis 1488 von Jörg von Halsbach († 1488) als dreischiffige Halle mit Chorumgang errichtet. Die kraftvollen Türme der mächtigen Backsteinkirche mit ihren erst 1525 aufgesetzten Zwiebeldächern, den sog. „welschen Hauben", sind das Wahrzeichen der Stadt. Auf Anlaß der fünfhundertsten Wiederkehr ihrer Weihe 1994 wurde die Frauenkirche grundlegend renoviert. Seitdem erstrahlt der Innenraum in der ursprünglichen Farbigkeit der Gotik. Zahlreiche Kunstwerke, die seit dem letzten Weltkrieg an anderen Orten verwahrt worden waren, kehrten zum größten Teil wieder an ihren alten Platz zurück.

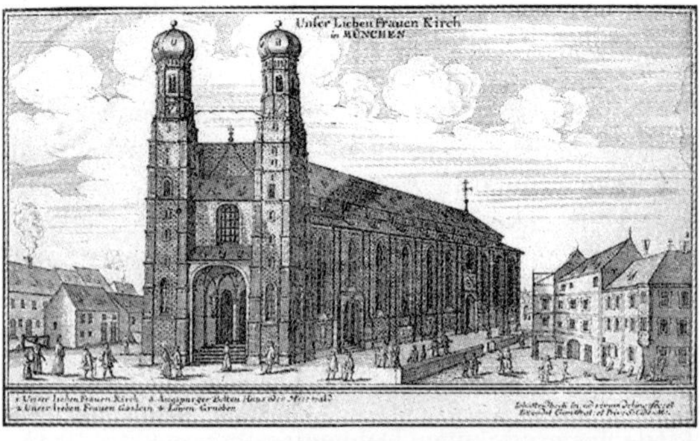

Die Frauenkirche. Kupferstich von Johann Stridbeck aus dem Anfang des 18. Jahrhunderts

„Teufelstritt" in der Vorhalle

Betritt man die Frauenkirche vom Hauptportal aus, so stößt man in der Vorhalle auf eine Bodenplatte mit einem großen schwarzen Fußabdruck, dem sog. „Teufelstritt". Sie markiert einen Punkt, von dem aus sämtliche Seitenfenster unsichtbar sind, weil sie durch die Pfeiler des Kirchenschiffes verdeckt werden. Früher war auch das Chorfenster durch den barocken Hochaltar mit dem riesigen Gemälde „Himmelfahrt und Krönung Mariens" von Peter Candid (1620) weitgehend verdeckt. Das Altarbild hängt heute seitlich über dem Eingang der Sakristei.

Vermutlich handelt es sich bei dem Fußabdruck um ein Steinmetzzeichen, das bei der Neupflasterung der Kirche im Jahr 1671 angebracht worden ist. Eine bekannte Münchner Stadtsage erzählt, daß der Baumeister, als er den Auftrag zum Bau der Frauenkirche erhielt, einen Pakt mit dem Teufel geschlossen hatte, um mit dessen Hilfe die schwierige Aufgabe besser zu bewältigen. Dieser verpflichtete sich, beim Bau zu helfen, wenn das Gotteshaus ohne Fenster errichtet würde. Andernfalls sollte dem Höllenfürsten die Seele des Baumeisters gehören. Als die Kirche mit der unermüdlichen Hilfe des Satans vollendet war, führte ihn der Baumeister zu der Stelle, von wo aus kein einziges Fenster zu sehen war. Zornig und vor Wut fast zerspringend, weil der Baumeister seine Seele gerettet hatte, stampfte der Teufel so fest auf, daß heute noch der Fußabdruck in der Vorhalle zu sehen ist.

Nach einer anderen Sage hatte Meister Jörg die Frauenkirche fast vollendet, als der Teufel davon erfuhr. Wutentbrannt fuhr er, Feuer und Schwefel speiend, aus der Hölle zu seinem Freund, dem Sturm, der ihm riet, die noch nicht geweihte Kirche zu betreten und innen zu zerstören – er, der Sturm, werde sie von außen angreifen. Nach einer anderen Version verwandelte der Teufel sich selbst in einen heftigen Sturmwind und versuchte, den Bau zum Einsturz zu bringen, was ihm jedoch nicht gelang. Doch soll er noch immer sein Unwesen treiben, und so kommt es, daß unter den Türmen der Frauenkirche meist ein heftiger Wind weht.

Sagen, in denen der Teufel als Baumeister oder als Helfer eines solchen auftritt, sind vom Motivbestand her ursprünglich Riesensagen; wie diese wird er durch listige Versprechungen zur Mitarbeit bewegt, dann aber von dem ihm intellektuell überlegenen Menschen um den versprochenen Lohn geprellt, wodurch die Geschichte schwankhafte Züge erhält.

Benno-Kapelle

Im südlichen Kirchenschiff befindet sich vor dem Chorumgang die Benno-Kapelle, welche über dem Gitter gekennzeichnet ist durch die Attribute des Heiligen: Fisch und Schlüssel.

Benno wurde im Jahr 1010 als Sohn einer sächsischen Adelsfamilie geboren, war nach seiner Ausbildung zunächst Kanoniker in Goslar und wurde 1066 zum Bischof von Meißen ernannt. Er widmete sich vor allem der Missionsarbeit bei den slavischen Wenden, starb 1106 und wurde zunächst im Dom zu Meißen begraben. Während der Reformationszeit wurde der Kult des Heiligen unterdrückt und, nachdem Sachsen zum protestantischen Glauben übergetreten war, sein Grab im Dom zerstört. Seine Gebeine hatte man jedoch zuvor heimlich in Sicherheit gebracht. Der bayerische Hof, Zentrum der Gegenreformation in Bayern, erlangt 1576 vom Meißner Bischof die Herausgabe der Reliquien, die durch Herzog Albrecht V. (1550 bis 1579) nach München überführt und in der Frauenkirche zur Verehrung ausgesetzt wurden. Der Translationsakt am 16.Juni 1580 wird seither als Fest des Heiligen gefeiert; Benno ist Schutzpatron Münchens und Bayerns.

An der Altarwand der Benno-Kapelle steht ein kostbarer Schrein aus Ebenholz, das Reliquiar mit den Ge-

Der heilige Benno. Kupferstich

beinen des hl. Benno. Hinter einer Scheibe ist sein mit Perlenstickerei versehenes Haupt sichtbar. Im Sockel des Altars liegt der Benno-Stab mit einer Krümme aus Walbein. Die hochbedeutende Silberbüste (1604) wird Paulus von Vianen zugeschrieben. Sie stellt den Heiligen in bischöflichem Ornat mit Pluviale, Mitra und Bischofsstab dar. Der auf einem Buch liegende Fisch – das Attribut des hl. Benno – an dessen Maul zwei Schlüssel hängen, weist auf eine Legende hin, die auf das Jahr 1088 zurückgeht: Damals soll Benno, der während des Investiturstreites wegen seiner Parteinahme für den Papst von Kaiser Heinrich IV. abgesetzt und 1085 aus Meißen vertrieben worden war, bei seiner Flucht die Kirchenschlüssel in die Elbe geworfen haben. Als er nach einer Romreise, als Pilger verkleidet, in sein Bistum zurückkam und unerkannt in einem Gasthaus einkehrte, fanden sich im Bauch eines gefangenen Fisches, der für ihn zubereitet wurde, eben diese Schlüssel – Zeichen der gottgewollten Wiedereinsetzung ins Bischofsamt, das er 1088 tatsächlich wieder übernehmen konnte. Der Fisch ist als Symbol für Christus zu deuten, der Schlüssel als Sinnbild für die Binde- und Lösegewalt, welche Christus auf Petrus, den ersten Jünger und Oberhirten der Kirche, übertragen hat.

Der Ruf des hl. Benno als Patron der Fischer und Tuchmacher, als Regenspender und Schützer gegen Pest und Augenleiden löste einen ungeheuren Strom von Wallfahrern aus. Die Legende berichtet, daß einmal bei glühender Hitze eine große Menschenmenge um den Heiligen versammelt war, um seine Predigt zu hören. Sie waren durstig, und ringsum war kein Wasser. Da klopfte der hl. Benno mit seinem Hirtenstab auf die Erde, und sogleich strömte eine Quelle frischen Wassers hervor.

Von den vielen Votivgaben sind noch die „wächsernen Prinzen" vorhanden, welche in der Benno-Kapelle neben dem neugotischen Schreingehäuse (1867), in dem der Mantel des Heiligen aufbewahrt wird, auf Kissen knien. Um sie dem Schutz des hl. Benno anzuvertrauen, ließ Kurfürst Maximilian (1597–1651) seine Söhne, den vierjährigen Thronfolger Ferdinand Maria Ignatius Wolfgang 1640 und 1644 den fünfjährigen Sohn Maximilian Philipp Hieronymus lebensgroß in Wachs nachbilden.

Epitaph der Stromairin

An der nördlichen Außenwand der Frauenkirche ist links neben dem Eingang zur Sakristei die Grabplatte der reichen Witwe Petronella Stromairin eingelassen. Die Verstorbene ist liegend dargestellt. Sie stützt sich mit dem linken Ellenbogen auf einen Totenkopf, in der rechten Hand hält sie einen Rosenkranz. Neben ihrem Kopf ist eine verlöschende Kerze als „memento mori" zu erkennen. Die reiche Witwe starb 1601 in hohem Alter. Volkstümliche Überlieferung will wissen, daß die Stromairin durch ihre Heirat sehr wohlhabend geworden und nach dem Tod ihres Mannes, obwohl sie nicht mehr jung war, wegen ihres Geldes begehrt gewesen sei. Die schlaue Witwe vertröstete ihre Freier von Jahr zu Jahr. Als einer der Bewerber nach drei Jahren noch immer um ihre Hand anhielt, willigte sie in die Ehe ein, gewährte ihm aber vorher noch einen Einblick in ihre Habe und ihr Testament. Nachdem er gelesen hatte, daß nicht er der Erbe sei, sondern die eine Hälfte ihres Vermögens an ihre treue Hausverwalterin, die andere an die Armen ihrer Geburtsstadt Nürnberg gehen sollte, verschwand der Freier auf Nimmerwiedersehen.

Bürgersaalkirche

Die Bürgersaalkirche in der Neuhauser Straße 8 war der Versammlungsraum der seit 1610 von den Jesuiten geleiteten Marianischen Männerkongregation „Mariä Verkündigung". Sie wurde 1709/11 nach Plänen von Antonio Viscardi durch Joh. Georg Ettenhofer als Saalbau über einem niedrigen Untergeschoß errichtet. Im unteren Teil des Gebäudes befindet sich das Grab des 1987 seliggesprochenen Pater Rupert Mayer (23.1.1878–1.11.1945), der sich während des Dritten Reiches durch seine mutigen Predigten und sein Engagement für die verfolgten Juden hervortat und deshalb zeitweise inhaftiert worden war. Die auch heute noch liturgischen Zwecken dienende Kirche im oberen Stockwerk ist vor allem zur Weihnachtszeit Ziel von Besuchern, die hier ein Bild des Christkinds, das *„Augustinerkindl"*, verehren. Es handelt sich um ein sogenanntes *„Fatschenkindl"*, dessen Leib bis zu den Schultern eng umwickelt (gefatscht) ist; der wächserne Kopf hat Augen aus Glas. Um das Jahr 1600 hatte die damalige Augistinerkirche dieses Christkindl als Geschenk erhalten; nach der Säkularisation wurde es auf Veranlassung des Kronprinzen Ludwig, dem späteren König Ludwig I. (1825–1848) dem Bürgersaal übergeben, wo es alljährlich von Weihnachten bis Maria Lichtmeß (2. Februar) gezeigt wird. Höhepunkt der Verehrung ist der Dreikönigstag (6. Januar), an dem das Christkindl, begleitet von Präses, Präfekten und allen Vorstandsmitgliedern der Kongregation, in feierlicher Prozession durch die Kirche getragen wird. Über den Ursprung der Wallfahrt erzählt die Legende, die Figur sei einst einem Augustinerpater aus der Hand gefallen, wobei das Wachsköpfchen am Boden zerschellte. Der Pater versteckte die Stücke – doch auf wundersame Weise fügten sie sich bis zur Weihnachtszeit wieder zusammen, und von dem Tag an wurde das Christkindl zum Gnadenkind.

Herzogspitalkirche

Als Altersheim und Krankenhaus für Hofbedienstete wurde das Herzogspital unter dem Wittelsbacher Herzog Albrecht V. (1550–1579) in der Herzogspitalstraße Nr. 9 1552–70 gegründet. Die Kirche zu Ehren der hl. Elisabeth, Patronin der Armen, Kranken und Hilfsbedürftigen, wurde 1572 eingeweiht und wurde bald zur bedeutenden Wallfahrtsstätte. Anlaß war zunächst die Statue der Schmerzensmutter, eine trauernde Maria mit überkreuzten Händen auf ihrer Brust. Sie ist

das Werk des Bildhauers Tobias Bader, der sie zusammen mit einem großen Kreuz und der Figur Christi 1651 aus Birkenholz geschnitzt hatte. Anfangs stand das Gnadenbild in der Mitte der Kirche. 1676 wurde es an die linke Kirchenwand versetzt. Heute steht es auf der rechten Seite im kostbaren barocken Gewand, ein Tränentüchlein in der Hand, die Brust von einem Degen durchbohrt. Zu Füßen der mit einer golden Krone und einem goldenen Kranz geschmückten Gnadenstatue steht ein altes Kreuz, davor ein moderner Tabernakel mit der Emmausszene. Schon aus frühester Zeit sind Erhörungen bekannt. Entscheidend aber war das Wunder der Augenwendung, welches sich zum ersten Mal 1690 ereignete, als die zehnjährige Maria Franziska Johanna Schott während des Singens der Lauretanischen Litanei bemerkte, daß die Marienfigur die Augen bewegte. Dieses Geschehen wurde später auch noch von anderen Gläubigen wahrgenommen. Die Kunde von der wunderbaren Augenwende verbreitete sich rasch in der Stadt und entwickelte sich zu Münchens größter Wallfahrt. Ein 1696 gedrucktes Mirakelbuch verzeichnet bereits 400 beglaubigte Wunder. Im 18. Jh. war die Herzogspital-Muttergottes die bedeutendste Gnadenstätte Münchens. Kurfürst Max III. Joseph ließ 1777 das Gnadenbild sogar an sein Sterbebett in die Residenz bringen. Eine Kopie des um 1720/35 geschaffenen Brustbilds der Herzogspital-Madonna, das in Stichen weite Verbreitung fand, wird heute im Diözesanmuseum Freising aufbewahrt neben Rosenkränzen (17./18. Jh.) aus kostbarem Material, Broschen, Münzen, Orden und Ketten als Votivgaben. Auch Eheringe wurden dargebracht, mit denen sich die Eheleute nach dem Tod des Partners der Himmelsmutter anverlobten. Die Kirche selbst wurde nach den Zerstörungen im Zweiten Weltkrieg von Branca und Groethuysen 1954/55 in Backstein und Sichtbeton neu gestaltet.

Dreifaltigkeitskirche

Zwischen Lenbachplatz und Promenadeplatz befindet sich in der Pacellistraße die Votivkirche der Münchner Stände und ehem. Klosterkirche der Karmelitinnen. Sie wurde von 1711–1718 von den Baumeistern Antonio Viscardi, Joh. Georg Ettenhofer und Enrico Zuccalli errichtet. Zwei steinerne Inschrifttafeln im Eingangsraum erinnern auf der linken Seite in deutscher, auf der rechten Seite in lateinischer Sprache, an den Anlaß der Gründung: „Die Stadt läg in dem grund, wan diese Kirch nit stund“.

Maria Anna Lindmayr als Terziarin

Den Anstoß zum Bau der Kirche hatte die damals 47jährige Mystikerin Maria Anna Lindmayr (1657 bis 1726) gegeben. Die Tochter eines herzoglichen Kammerdieners, mit elf Geschwistern in einer Atmosphäre strenger Religiosität aufgewachsen, war seit 1712 Karmelitin im Müncher Dreifaltigkeitskloster – zuvor hatte sich ihr Wunsch zum Klosterleben wegen heftiger nervöser Krankheitszustände (während derer sie häufig Visionen hatte!) immer wieder zerschlagen. Ihre mystischen Anwandlungen, die sich vor allem auf Arme Seelen konzentrierten, erhielten bei Ausbruch des Spanischen Erbfolgekriegs (1701–1714) neue Nahrung und einen starken Zug ins Prophetische: auf ihre Vision, die Stadt München werde von Verwüstung verschont bleiben, falls eine Kirche zu Ehren der heiligen Dreifaltigkeit errichtet würde, gelobten die Bayrischen Landstände und die Münchner Bürgerschaft 1704 die Stiftung einer Votivkirche, die 1711 begonnen, 1718 geweiht wurde; in dem angegliederten Kloster hat Maria Anna Lindmayr am 22. März 1713 die

Profeß abgelegt. Ihre Grablege wurde im Zuge der Säkularisation zerstört; erhalten blieb die Kirche selbst mit einer Darstellung der Dreifaltigkeitsvision der Mystikerin auf dem Hochaltarbild (1704/1714).

Wallfahrtskirche Maria Ramersdorf

Der Wallfahrtsbezirk liegt im südöstlichen Stadtgebiet Münchens. Die Kirche wurde vermutlich Anfang des 11. Jh. als adelige Eigenkirche erbaut. Das Marienpatrozinium Mariä Himmelfahrt wird erstmals in einer Urkunde von 1381 erwähnt. Bereits zu Beginn des 14. Jh. dürfte ein Marienbild das Ziel von Wallfahrten gewesen sein. Aus einem Kircheninventar von 1761 geht hervor, daß im Jahre 1379 Herzog Otto V. (1341 bis 1379), ein Sohn Kaiser Ludwigs des Bayern (1294 bis 1347), der Ramersdorfer Kirche eine Kreuzreliquie schenkte. Es handelt sich dabei um ein Kreuzpartikel, den der Kaiser anläßlich seiner Krönung 1328 in Rom von Papst Nikolaus V. erhalten und in einem kostbaren Umhängekreuz ständig bei sich getragen haben soll. Um die Reliquie zur Verehrung aussetzen zu könnnen, wurde um 1530 ein silbernes Standkreuz zur Aufnahme des Umhängekreuzes geschaffen. Diese Kreuzmonstranz ist der wertvollste Schatz der Kirche.
Durch zusätzliche Stiftungen verschiedener Benefizien hatte wahrscheinlich die Doppelwallfahrt zum Heiligen Kreuz und zur Muttergottes einen so großen Zustrom, daß ein Neubau der Kirche im 15. Jh. notwendig wurde. Aus dieser Zeit stammt das Gnadenbild, datiert um 1465, im barocken Hochaltar. Die spätgotische Schreinfigur des Schnitzaltars ist eine thronende Muttergottes mit Kind. In der neueren Forschung wird als Meister des Marienbildes Ulrich Neunhauser alias Kriechbaum (gest. 1472) genannt.
An der Nordwand der Kirche steht heute der gegen Ende oder erst nach der Fertigstellung des Neubaus gestiftete, um 1482 datierte Kreuzaltar. Er wird dem Bildschnitzer Erasmus Grasser (um 1450–1518) zugeschrieben. Die Gemälde an den Flügelaußenseiten stammen vermutlich aus der Werkstatt Jan Polacks (1435–1519). Im geschlossenen Zustand (Werktagsseite) wird auf vier Tafeln die Stiftungslegende des Kreuzpartikels geschildert: Schenkung der Reliquie an den Kaiser Ludwig den Bayern durch den Papst (1328); Übergabe des Kreuzpartikels an den Sohn Ludwigs des Bayern; Überfahrt auf dem Meer, auf welcher der Kaisersohn die Stiftung der Reliquie nach Ramersdorf gelobt und schließlich die Schenkung des Kreuzpartikels an die Kirche.

Stich nach dem Votivbild der Schwedengeißeln von 1635 in der Ramersdorfer Kirche

Als wertvoller Wallfahrtsbestand sind drei große, kulturhistorische Votivbilder erhalten geblieben. Sie hängen im Chorraum und sind mit ausführlichen Texten und mit Hinweisen auf die Votanten versehen. Das Votivbild der Schwedengeiseln (Matthias Kager, † 1634) an der Südwand des Chors wurde 1635 von den während des Dreißigjährigen Krieges von Gustav Adolf von Schweden genommenen Geiseln gestiftet, welche 1632 gelobt hatten, bei glücklicher Rückkehr nach München eine Wallfahrt nach Ramersdorf abzuhalten und ein Votivbild zu stiften. An die Not des Österreichischen Erbfolgekrieges (1740–1748) erinnert das Votivbild der Östereichergeiseln an der Chornordwand, welches von zwanzig Münchnern als Dank für ihre glückliche Rückkehr aus österreichischer Geiselhaft gestiftet wurde. Das Votivbild der Münchner Loderer an der Nordwand des Chors aus dem Jahre 1733 bezieht sich auf ein Gelöbnis von sieben Münchner Tuchmachern, welche während des Großen Türkenkrieges (1683–1699). mit der Muttergottes von Ramersdorf ein „Verbündniß"schlossen, um „das Vaterland vor bevorstehenden Unheil zu befreien". Das Bild ist zugleich Stiftungsurkunde und zeigt die sieben Tuchmacher, die nach der geglückten Abwehr der Türkengefahr den sogenannten Frauendreißiger stifteten: eine 30 Tage dauernde, zwischen Mariä Himmelfahrt (15. Aug) und dem Fest der Kreuzerhöhung (14. Sept.) abgehaltene Marienverehrung, welche in Ramersdorf bereits drei Jahrhunderte überdauerte.

Wo heute die Kirche steht, befand sich früher ein einsames Heidegebiet, das als Spukort galt. Um Mitternacht sollen sich dort Geister zu einer gespenstischen

Gerichtssitzung versammelt haben, während der Henker, das große Richtschwert in den Händen, dabeisaß. In dem Moment, als der Angeklagte enthauptet wurde, schlug es vom Ramersdorfer Kirchturm ein Uhr, und sofort war der Spuk vorüber.

Maria Thalkirchen

Der Stadtteil Thalkirchen ist eine alte Flößersiedlung. Der barock anmutende Kirchenbau der Pfarr- und Wallfahrtskirche erhebt sich am linken Ufer der Isar auf einer kleinen Anhöhe des Talgrundes zwischen dem Fluß und der steilen Böschung. Der originelle fünfgeschossige Turm ist das Wahrzeichen des Ortes. Eine romanische Kapelle, die Mönche des Klosters Schäftlarn (im 9. oder 10. Jh.) gegründet hatten, wur-

Wahre Abbildung der Wunderthättige Muetter Gottes zu ThalKirche nebst München

de von den Fraunberger Grafen als Dankesstiftung gotisch umgestaltet. Die heutige Ausstattung des Kirchenraumes stammt aus der Barockzeit. Der Meister der Münchner Rokokoplastik Ignaz Günther (1725 bis 1775) gestaltete um 1759 aus gotischen und barocken Teilen einen neuen Hochaltar. Das Gnadenbild ist eine um 1485 aus Holz geschnitzte Muttergottes in barokker Fassung. Maria ist frontal sitzend dargestellt mit dem nackten Kind auf dem rechten Knie. Es blättert in einem Buch, das Maria aufgeschlagen hält.
Wie es zur Errichtung der Wallfahrtskirche gekommen ist, berichten zwei Votivtafeln des 18. Jhs., welche links und rechts im Kirchenschiff über den Seiteneingängen aufgehängt sind. Sie datieren ein Gelübde von 1372, welches die Grafen Wilhelm und Christian von Frauenberg und Haag abgelegt hatten, die bei einer kriegerischen Auseinandersetzung mit den Augsburgern von diesen verfolgt und bei Thalkirchen bis über die Isar zurückgedrängt worden seien. Im Fall ihrer Rettung gelobten sie die Errichtung einer Kirche und eines Klosters. Während der Kirchenbau ausgeführt wurde, unterblieb die Klostergründung, weil Graf Christian auf einem Kreuzzug 1396 ums Leben gekommen war. Die Wallfahrt nach Thalkirchen begann vermutlich schon bald nach dem Gelöbnis der Grafen von Frauenberg. Im „Frauendreißiger" (15. August – 14. September) erlebt das Wallfahrtsjahr heute noch seinen Höhepunkt.

Heilig Kreuz in Forstenried

Forstenried liegt im südwestlichen Stadtgebiet Münchens. Dort, wo eine wichtige Ost-West-Verbindung die Ortslage quert, steht die Kirche zum Heiligen Kreuz mit ihrem achteckigen und mit einer Rokoko-Zwiebel bekrönten Turm. Seit Ende des 12. Jh. gab es hier nur einen einzelstehenden, dem Kloster Polling gehörenden Gutshof mit einer Bartholomäuskapelle. In der ersten Hälfte des 15. Jh. wird eine Wallfahrt bezeugt, und es entstand ein Neubau mit dem Wechsel des Patroziniums. Die Innenausstattung der Kirche stammt hauptsächlich aus der Rokokozeit, Mitte des 18. Jh. Das Gnadenbild, ein überlebensgroßes spätromanisches Kreuz, präsentiert sich in einem barocken Altaraufbau. Es soll im deutschsprachigen Raum das älteste Exemplar des „Drei-Nagel-Typus" sein, bei dem beide Füße übereinandergelegt und mit einem einzigen Nagel ans Kreuz geheftet sind. Der Corpus in seiner ursprünglichen byzantinischen Fassung (um 1200) ist angeblich ein Werk des Benediktiners Alban von Seeon. Bis 1229 war das Kreuz in der Burgkapelle von Andechs. Das Haupt des Gekreuzigten trug früher eine barocke Goldkrone, in die angeblich ein echter Dorn aus der Dornenkrone Christi eingefügt war. Daher wurde der Kruzifixus besonders verehrt.

Im Altarbereich hängen drei Votivbilder. Das kleinere Ölbild an der linken Wand beschreibt das Gespannwunder des Hl. Kreuzes in Forstenried: Während der machtpolitischen Auseinandersetzungen der Familien Wittelsbach und Andechs (1229) wollten die beiden Burgkapläne Isaak und Berthold mit einem großen Kreuz, welches sich schon in Andechs wundertätig gezeigt hatte, ins ruhigere Kloster Seeon flüchten. Sie kamen aber nur bis nach Forstenried. Hier konnten sie das Kreuz nicht mehr von der Stelle bewegen, die Zugtiere gingen keinen Schritt mehr weiter. Das verstanden die beiden Geistlichen als Fingerzeig Gottes und brachten das Kreuz in die Dorfkirche. Das größere Ölbild an derselben Wand zeigt den blutschwitzenden Kruzifixus in Gegenwart des Grafen Heinrich von Andechs. Das Gnadenbild soll ihm acht Tage lang blutüberströmt, die Zerstörung der Burg Andechs angekündigt haben.

Das Votivbild auf der rechten Seite der Chorwand berichtet von der wunderbaren Hilfe des Kreuzes bei einem großen Brand 1775 in Forstenried: Als die Bewohner mit ihren Löscheimern und Spritzen das Feuer nicht bändigen konnten, brachte Pfarrer Bauweber das Kruzifix aus der Kirche, stellte es neben der Brandstätte auf und betete. Voll Vertrauen auf die Hilfe Gottes setzten die Bewohner ihre Löscharbeiten fort, und weitere Häuser blieben von den Flammen verschont.

Murnau am Staffelsee (Lkr. Garmisch-Partenkirchen)

Pfarrkirche St. Nikolaus

Die heutige Barockkirche, die von 1717–1727 erbaut wurde, ersetzt eine mittelalterliche Vorgängerkirche. Der Architekt war vermutlich Enrico Zucalli (um 1642–1724), der zur gleichen Zeit die barocke Umgestaltung im nahegelegenen Kloster Ettal leitete.

Während das Äußere der Kirche einen rechteckigen Grundriß zeigt, wandelt sich das Innere in einen Zentralraum mit einem kreisrund überkuppelten Oktogon. Der Hochaltar wurde wahrscheinlich 1771 aus Kloster Ettal übertragen und von dem einheimischen Künstler Bartholomäus Zwinck mit anderen Zutaten reich gestaltet. Über dem Tabernakel mit Abendmahlsrelief

Gnadenbild der „Schmerzhaften Muttergottes" ohne Attribute

glänzt ein Rokokoschrein mit dem Gnadenbild der *„Schmerzhaften Muttergottes"*. Die aus dem 17. Jh. stammende Figur aus Lindenholz ist bei den Murnauern sehr beliebt. Ihre kostbare Kleidung wird – den Zeiten des Kirchenjahres entsprechend – gewechselt. Sieben Schwerter durchbohren das Herz der Gottesmutter. 1723 wurde die Figur aus der Friedhofskapelle in die Pfarrkirche übertragen und stand zunächst auf dem Kreuzaltar; ab 1777 auf dem Hochaltar. Bei der Fronleichnamsprozession wird sie noch heute mitgetragen.

Am 28. Mai 1756 soll – so wird überliefert – der Kaplan Josef Sutor beim Messelesen vier große Wassertropfen unter dem rechten Auge der Muttergottes bemerkt haben – angeblich Tränen, die 24 Stunden sichtbar blieben. Dieser Vorfall wiederholte sich noch dreimal. Auch soll das Gnadenbild öfters die Gesichtsfarbe geändert haben. Es heißt, daß durch die Fürbitte der Schmerzensmutter 1746 die Ausbreitung einer schlimmen Krankheit verhindert worden sei.

Stadtwappen und Skulptur am Rathaus

Murnau verdankt seine frühe Entwicklung der günstigen Lage am Verkehrsweg von und nach Italien. Kaiser Ludwig der Bayer (1282–1347) erhob die Siedlung 1322 zum Markt und schenkte sie zehn Jahre später seiner Lieblingsgründung Kloster Ettal.

Das Wappen der Stadt zeigt einen linksgewendeten, rot bewehrten grünen Drachen mit mächtigen Klauen, weitaufgesperrtem Rachen und Flammenzunge. Er tritt schon im ersten Siegel auf, das anläßlich der Verleihung des Marktrechts entstanden sein dürfte und ist auch auf der Front des Rathauses zu sehen.

Dieses Wappentier hat Anlaß zu zahlreichen gelehrten und volkstümlichen Bedeutungen gegeben. Im 19. Jh. meinte man, „Murn“ bedeute ein sagenhaftes Ungeheuer; nach einer anderen Auffassung soll die Stadt ursprünglich Wurmau geheißen haben.

Das Wappentier von Murnau auf der Front des Rathauses

Die Sage erzählt, daß in grauer Vorzeit ein riesiger Lindwurm den Ort bedrohte und der Bevölkerung großen Schaden zufügte. Sein giftiger Atem vernichtete Gärten und Felder und verschonte auch Menschen und Tiere nicht. Lange Zeit wußten die Murnauer sich

nicht zu helfen, doch dann kam eines Tages ein fremder Wandergeselle über die Berge ins Dorf. Er ließ die Bewohner ein fettes Kalb schlachten, füllte die Haut mit ungelöschtem Kalk und ließ den Lindwurm den vermeintlichen Braten verschlingen. Das Ungeheuer verendete und da der Retter Korbinian Murr hieß, nannten die Bewohner den Ort fortan Murnau.
An der Stelle, wo der Lindwurm zugrundeging, soll lange Zeit eine Säule mit Inschrift gestanden haben, die der Nachwelt das Geschehen überlieferte.

Staffelsee
Der westlich von Murnau gelegene Staffelsee verdankt seine Entstehung den Moränen der Würmeiszeit; er ist ein Ausschürfungsbecken des Loisachgletschers, 7,7 km groß, bis 35 m tief, mit sieben Inseln. Ein um 780–800 gegründetes Kloster auf der *Insel Wörth* wurde in den Ungarnkriegen zerstört. Umfangreiche Ausgrabungen sollen Aufschluß verschaffen über die ehemalige Bedeutung der Insel Wörth für die Missionierung des Pfaffenwinkels.
Die Sage schreibt die Entstehung des Staffelsees ganz anderen Umständen zu: Anknüpfend an die alte Geschichte der Aphroditepriesterin Hero in Sestos und ihres Geliebten Leander aus Abydos, der allnächtlich beim Licht ihrer Lampe über den Hellespont zu ihr schwamm, bis er in einer Sturmnacht ertrank, erzählt sie folgendes: Auf dem Moosberg bei Murnau lebte vor langer Zeit ein junges Mädchen, das einen Ritter von der Felsenburg bei Ohlstadt liebte. Da der Moosberg ganz von Wasser umgeben war, schwamm der junge Mann nachts über den See und nur eine Kerze

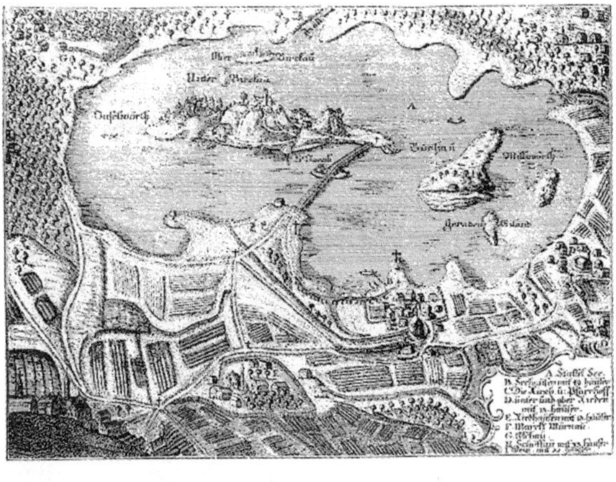

Staffelsee. Stich, 1783

am Fenster der Geliebten half ihm, sein Ziel zu finden. Eines Nachts aber war sie eingeschlafen; ein Sturm kam auf und löschte das Licht; der Ritter verlor sein Ziel aus den Augen und ertrank in den Wellen. In ihrer Verzweiflung und Trauer verwünschte das Mädchen den See; dieser verschwand und dafür entstand der Staffelsee.
Tatsächlich war das Tal um den Moosberg einst ein See, der sich aber einen Ausgang gesucht hat und nun Sumpfgebiet ist.

N

NEUBURG A. D. DONAU (Lkr. Neuburg-Schrobenhausen)

Die Stadt ist eine der auf römischem Siedlungsboden gewachsenen bayerischen Altstädte. Aus der römischen Festung wurde die *civitas nova*, das *Niwinburg* des 8.Jh. Die weiteren Stationen waren ein Bischofssitz im 9.Jh. und ein fränkischer Königshof mit Pfalzfunktion, der von Kaiser Heinrich II. 1002 in ein Benediktinerinnenkloster umgewandelt wurde. Mitte des 13. Jh. wurde das Neuburger Land als Wittelsbacher Landvogtamt organisiert. Der Höhepunkt der Stadtgeschichte ist die Gründung des Fürstentums Pfalz-Neuburg 1505 und die anschließende Zeit unter Pfalzgraf Ottheinrich, der als Bauherr das Stadtbild entscheidend prägte. Seine Bauprojekte und sein Lebensstil waren allerdings so kostspielig, daß er zeitlebens am Rande einer finanziellen Katastrophe stand.

Residenzschloß
1530–55 ließ Ottheinrich den Nord-, West- und Südflügel des alten Residenzschlosses völlig neu erbauen und schuf damit eine der ersten Renaissance-Residenzen in Bayern (unter Pfalzgraf Philipp Wilhelm kam ab 1665 der frühbarocke Ostflügel neu hinzu). Die Vierflügelanlage, von bedeutenden Künstlern – unter anderem dem Baumeister Hans Knotz – gestaltet, hat einen besonders stimmungsvollen Innenhof mit mehrgeschossigen Laubengängen aus dem 16. und 17. Jh., die besonders schöne Sgraffiti (Malereien in Ritztechnik) mit Szenen aus dem AT zeigen (Hans Schroer, nach 1555).
Pfalzgraf Philipp Wilhelm hegte zeitlebens eine große Verehrung zum hl. Erzengel Michael. So entstand folgende Legende: Ein Bauer, der in Not geraten war, traf einmal auf einem Feld bei Neuburg einen Jüngling, der sich Michael nannte und der ihn um die Ursache

seines Kummers befragte. Als der Bauer ihm seine Not klagte, empfahl ihm der Jüngling, zum Pfalzgrafen in die Residenz zu gehen und den Hofbedienten aufzutragen, den jungen Prinzen Philipp Wilhelm in ein anderes Zimmer zu bringen. Der Bauer tat, wie ihm geraten worden war. Bei Hof wunderte man sich über den Auftrag, fand aber bei näherer Besichtigung die Zimmerdecke baufällig und beschloß, dem Rat Folge zu leisten. Bald darauf stürzte die Decke ein. Der Bauer hatte mit seinem Rat großes Unheil verhindert und wurde reichlich belohnt.

Philipp Wilhelm war auch sehr freigebig gegen die Armen und trug immer einen Almosenbeutel bei sich. Als er einmal bei einer Wildschweinjagd von einem Eber angefallen wurde, bohrten sich die Zähne des Wildschweins genau in den Almosenbeutel und der Herzog blieb unverletzt.

Eine legendäre Überlieferung, die bei Schöppner zu lesen ist, der sich wiederum auf Böhaimb bezieht, erzählt folgendes: Anno 1632 sollen sechzehn Störche sich um die Storchennester auf der Residenz zu Neuburg gestritten haben. Bald gewann diese, bald jene Partei die Oberhand, doch behaupteten am Ende jene den Besitz, die schon vorher die Nester eingenommen hatten. Einer jedoch, der größte von ihnen, setzte sich auf den Teil des Daches, unter dem die Wohnung lag, in der sich später König Gustav Adolf von Schweden aufhalten sollte. Auf einer alten Abbildung der Stadt Neuburg bei Merian sieht man noch einen Storch auf dem Dach stehen, eine Anspielung auf obige Begebenheit, die, wie der Chronist beifügt, bei den alten Heiden große Bedeutung hatte und Vorzeichen großen Unheils war.

Alle zwei Jahre kehrt in Neuburg wieder höfisches Leben ein. In Erinnerung an den Pfalzgrafen Ottheinrich feiert die Bevölkerung ein Fest der Renaissance. Eine Besonderheit dabei ist der Steckenreitertanz, ein Kindertanzspiel, das sich auf ein sogenanntes Roßballett und ein ritterliches Turnier bezieht, welches Ottheinrich als junger Prinz mit seinem jüngeren Bruder zu Ehren eines hohen Gastes veranstaltete. Der farbenprächtige Aufzug mit Reitern, Herolden, Pagen und Edelfräulein spiegelt den ganzen Prunk zur Blütezeit des Neuburger Hofes wieder. Für Ottheinrich und seinen Bruder, die schon in frühester Kindheit verwaist waren, wurde 1505 das Fürstentum Pfalz-Neuburg geschaffen. Das Neuburger Stadtwappen am Oberen Tor bezieht sich auf die beiden Kinder, wie sie auf einem Steckenpferd reiten.

Die Alte Burg
Die Ruine liegt ca. 3 km westlich von Neuburg dicht über dem Donau-Hochwasserdamm. Die Burg, wohl im Hochmittelalter erbaut, wurde im Krieg Bayerns gegen den Rheinbund Ende des 14. Jh. zerstört. Eine Sage berichtet über die Grafen von Altenburg, die einstmals dort lebten. Sie beraubten die Schiffe, die auf dem Fluß vorbeikamen und häuften auf diese Weise große Schätze an, welche im Schoß des Berges gehortet wurden. Schließlich aber ließ der Kaiser – dieses Treibens müde – die Burg zerstören und die Schätze aus dem Berg holen. Eine Kiste aber soll dabei übersehen worden sein. Dieser Schatz ist bis zum heutigen Tag nicht gehoben, da er von einem schwarzen Hund mit feurigen Augen bewacht wird.

Jagdschloß Grünau
Die Anlage besteht aus zwei durch hohe Mauern verbundenen Schloßbauten aus der Mitte des 16. Jh., die in mehreren Abschnitten errichtet wurden. Pfalzgraf Ottheinrich ließ den Komplex für seine Gemahlin Susanne als Jagdschloß errichten. Der ältere Teil ist noch der Spätgotik verhaftet, woran der Treppengiebel erinnert; der neuere Bau zeigt schon Merkmale der Renaissance. Im alten Schloß befinden sich Räume mit den bedeutendsten profanen Renaissancefresken Bayerns von Jörg Breu d. J. (1537–42) und Hans Windberger (1555). Ottheinrich ließ sich nach dem Vorbild französischer Schlösser eine sogenannte Roßtreppe im Turm einbauen, auf der man bis ins oberste Stockwerk reiten konnte. Diese Tatsache war im Bewußtsein des Volkes so phantastisch, daß sie als Sage erzählt wurde. So entstand hier die Geschichte vom Herzog, der mit seinem Pferd die Stiege hinauf bis in sein Wohnzimmer ritt.
Im großen Wald, der das Jagdschloß umgibt und sich zu beiden Seiten der Donau bis Ingolstadt erstreckt, hatte sich einst ein Prinz aus Neuburg verirrt. Ein Manchinger Fischer rettete ihn. Dafür soll der Prinz den Fischern von Manching ihr Donau-Fischrecht verliehen haben.

NEUFAHRN (Lkr. Freising)

Kruzifix in der Kath. Kirche Hl. Geist
Die erste urkundliche Erwähnung des Ortes geht auf das Jahr 804 zurück. Etwas später wird ein Vorgängerbau der jetzigen Kiche, die wahrscheinlich aus dem 15. Jh. stammt, genannt. Die ursprünglich St. Bartho-

lomäus, heute dem Heiligen Geist geweihte Kirche stand im 18. und 19. Jh. unter dem Patronat der hl. Wilgefortis, wie St. Kümmernis auch genannt wird. In dieser Zeit entwickelte sich Neufahrn zu einem vielbesuchten Wallfahrtsort. Das Ziel der Wallfahrer war ein romanisches Kruzifix, das als heilige Kümmernis oder heilige Wilgefortis verehrt wurde und Neufahrn zum Mittelpunkt der Kümmernisverehrung in ganz Süddeutschland machte.

Im Zentrum des Hochaltars befindet sich das Kreuz, wohl vom Ende des 12. Jh., mit der Skulptur eines Christus, der mit langem Gewand bekleidet ist und eine Krone trägt. Er erinnert an ein berühmtes Gnadenbild im Dom zu Lucca/Italien, das Volto Santo (Heiliges Antlitz). Zu Beginn des 16. Jh. wurde dieses Kreuz schon als wundertätig angesehen und verehrt. Hiervon berichten die sieben Tafelbilder von 1527 an den Chorwänden, die über die Auffindung des Christusbildes erzählen. Die Legenden, dargestellt auf den großen Andachtsbildern, gehören zum Sagenkreis der Strom- und Blutwunder. Sie berichten über die Auffindung des Kreuzes, das auf der Isar schwimmt und zu bluten beginnt, als Holzfäller versuchen, es mit der Axt an Land zu ziehen. Der Bischof von Freising kann es bergen. Da man seinen Aufstellungsort Gott überlassen will, läßt man es von freilaufenden Ochsen zu seinem Bestimmungsort tragen – nach Neufahrn. Die Bilder zeigen die wundersame Heilung eines Lahmen und eines Blinden und die Legende vom Maler, der das Bild restaurieren soll und es rot statt wie vorher blau anmalt. Zur Strafe erblindet er. Und erst als er gelobt, es in den ursprünglichen Farben zu malen, gewinnt er sein Augenlicht zurück.

Im frühen 17. Jh. wurde dann auf das Neufahrner Kreuz wegen des vermeintlichen „Weibergewandes" die aus Flandern stammende Legende von der heiligen Kümmernis oder Wilgefortis übertragen. Wilgefortis ist wohl eine Verstümmelung der Bezeichnung „virgo fortis" (starke Jungfrau) und Kümmernis steht möglicherweise in Beziehung zur flandrischen Ontcommer (Entkümmerin).

Wilgefortis, der Legende nach eine sizilianische oder portugiesische Königstochter, die Christin geworden war, verweigerte die Ehe mit einem heidnischen Prinzen und wurde daraufhin von ihrem Vater in den Kerker geworfen. Auf ihre Gebete, sie zu verunstalten, wuchs ihr ein Bart. Der erzürnte Vater ließ seine Tochter ans Kreuz schlagen, damit sie so ihrem himmlischen Bräutigam gleiche.

Der Schalldeckel der Kanzel aus dem 17. Jh. erzählt von einem weiteren Wunder: Ein Spielmann kniet vor einer Figur der heiligen Kümmernis. Der Legende nach hatte sich deren Vater später auch taufen und eine silberne Figur der Heiligen mit goldenen Schuhen anfertigen lassen, vor der sich viele Wunder ereigneten. Einem armen Musikanten soll die Figur dabei – als er zu ihren Ehren spielte – einen goldenen Schuh zugeworfen haben. Des Diebstahls bezichtigt, bat er darum, noch einmal vor der Heiligen spielen zu dürfen, worauf sie ihm vor Zeugen den zweiten Schuh zuwarf. Damit war seine Unschuld bewiesen.

OBERAMMERGAU (Lkr. Garmisch-Partenkirchen)

Der Ammergau ging mit dem Ende der Karolingerzeit an die Welfen über und fiel mit dem Konradinischen Erbe 1269 an die Wittelsbacher. Durch die Lage an der Römerstraße bedingt, kam Oberammergau schon früh zu Wohlstand. Spätestens im 15. Jh. war es das Schnitzhandwerk, das großen Einfluß auf das Wirtschaftsleben nahm. Weltbekannt aber wurde der Ort durch ein Gelöbnis der Ammergauer während der Pestzeit 1633, alle zehn Jahre das Spiel vom Leiden und Sterben Christi aufzuführen.

Schwurkreuz in der Kirche St. Peter und Paul
Die Kirche der Apostel Petrus und Paulus wurde in den Jahren 1736–1742 an Stelle einer baufällig gewordenen gotischen Kirche von dem Wessobrunner Joseph Schmuzer (1683–1757) erbaut und von Matthäus Günther (1705–1788) freskiert. An dem von Franz Xaver Schmädl (1705–1777) geschaffenen Kreuzaltar befindet sich ein Kruzifix aus dem 16. Jh. – das sog. Schwurkreuz – vor dem der Überlieferung nach 1633 das Passionsgelübde abgelegt wurde, mit dem die Festspiele ihren Anfang nahmen.
Zwischen 1632 und 1634 wütete eine verheerende Pestepedemie in ganz Bayern. Viele Orte waren davon betroffen und fast ausgestorben. Da beschlossen die Oberammergauer, ihr Tal zu schützen und niemand über die Berge zu lassen, die den Ammergau vom übrigen Land trennen. Lange Zeit ging das gut, so berichtet die Sage. Eines Tages aber schlich ein junger Taglöhner, Kaspar Schisler, der in Eschenlohe jenseits der Berge arbeitete, bei Nacht auf unbekannten Wegen durchs Gebirge, da ihm zum Kirchweihfest die Sehnsucht nach seiner Familie keine Ruhe ließ. Er trug aber

die Krankheit schon in sich, die sich in wenigen Tagen über das ganze Tal ausbreitete. In ihrer Verzweiflung erflehten die Oberammergauer die Hilfe Gottes und gelobten, alle zehn Jahre das Spiel vom Leiden und Sterben Christi aufzuführen, wenn die Pest ein Ende nähme. Da von diesem Zeitpunkt an keiner mehr an dieser Krankheit starb, fanden die Passionsspiele schon im darauffolgenden Jahr statt. Sie üben bis heute große Anziehungskraft aus, besonders auf angelsächsische Besucher.

Festspielhaus
Bis 1810 fanden die Passionsspiele auf dem Friedhof vor der Dorfkirche statt; 1830 verlegte man sie auf die Wiese vor dem Dorf, wo im Jahr 1900 ein großer Zuschauerraum entstand, der 1930 nochmals vergrößert wurde. Das heutige Festspielhaus hat im überdachten Zuschauerraum 5200 Sitzplätze; die 45 m breite, 16 m tiefe Freilichtbühne ist die größte der Welt. Die Laiendarsteller (124 Sprechrollen) sind ausschließlich Oberammergauer Bürger; bei Massenszenen sind bis zu 800 Personen auf der Bühne versammelt.
Das Spiel um die Passion Christi steht in der Tradition geistlicher Volksschauspiele, die früher in Altbayern und Tirol sehr verbreitet waren. Der Text des Oberammergauer Spiels ist in seiner mehr als 360jährigen Geschichte häufig geändert worden. Bis heute behauptet hat sich die – wegen ihrer antisemitischen Züge viel-

Oberammergau und die Passionsspiele

fach angegriffene – Version des Pfarrers Alois Daisenberger von 1850. Der in einer Handschrift von 1662 erhaltene älteste Text ist eine Kompilation aus zwei Augsburger Passionsspielen. 1750 schrieb der Benediktinerpater Ferdinand Rosner eine Neufassung mit barocken Erweiterungen, Chorauftritte, allegorische Szenen und die Einführung von „Vorbildern" aus dem Alten Testament, die einen Vorausbezug zu den Ereignissen des Neuen Testaments herstellen sollen. Diese „lebenden Bilder" erscheinen im Hintergrund der Bühne, während vorne Begebenheiten aus dem Leben Jesu zur Aufführung kommen. Das Schauspiel beginnt mit dem Sündenfall und dem Einzug Jesu in Jerusalem; es endet mit seinem Tod und der Auferstehung.

Märchenhäuser

Nicht nur die Passionsspiele locken Besucher aus aller Welt nach Oberammergau; der Ort ist auch berühmt für seine Holzschnitzereien und Fassadenmalereien. Dargestellt werden vorwiegend biblische Themen mit Bezug auf die Passion Christi. Der bekannteste Vertreter der sog. *„Lüftlmalerei"* war der Maler Franz Seraph Zwinck (1748–1792), der u. a. die Malerei „Christus vor Pilatus" am Pilatushaus schuf.

Eine weitere Attraktion sind die Fresken der drei Oberammergauer „Märchenhäuser" in der Ettaler Straße am südlichen Ortsausgang. Es handelt sich um ein Heim für schwererziehbare Kinder und Jugendliche aus der Stadt München, das von Schwestern des Ordens „Vom göttlichen Erlöser" (gegr. 1849) geleitet wird. Zwei dieser Häuser wurden 1922 aus Mitteln einer privaten Stiftung gekauft, später kam noch ein drittes hinzu. 1925 bzw. 1953 hat der Münchner Kunstmaler Max Strauß die Gebäude mit Motiven aus bekannten Märchen der Brüder Grimm bemalt.

In einem Ort, in dem die Fassadenmalerei üblich ist, würden Fresken mit Märchenmotiven wohl kaum Aufsehen erregen, wenn sie nicht inhaltlich vom Text der Grimmschen Märchen abwichen. In ein christliches Gewand verpackt, was die zugehörigen Schriftbänder noch unterstreichen, werden die Märchen zu biblischen Geschichten, die nicht nur dem Charakter des Passionsdorfes und dem christlichen Weltbild der Ordensschwestern entsprechen, sondern auch den gefährdeten Jugendlichen den richtigen Weg vor Augen führen sollen.

Auf der Fassade des „Hänsl- und Gretl-Heimes" erzählen elf Einzelbilder die Geschichte von Hänsel und Gretel, die im Wald – von den Eltern ausgesetzt – in die Klauen einer Hexe geraten. Aber als gute Christen müssen die Kinder nicht verzagen, worauf das Spruchband hinweist:

„Laßt Mut und Hoffnung niemals sinken
Solange Gottes Sternlein blinken".

Nicht von der Hartherzigkeit der bösen Stiefmutter ist hier die Rede, die im Grimmschen Märchen die hungernden Kinder verstößt, sondern vom mangelnden Vertrauen einer Mutter in die Güte Gottes:

„Gottvertrauen und froher Sinn –
bringen Glück nur und Gewinn".

Während im Grimmschen Märchen die Mutter am Ende stirbt, eilt sie hier mit ausgestreckten Armen gemeinsam mit dem Vater den heimkehrenden Kindern entgegen:

„Es wendet Sorg und Leid und Not
zum Guten stets der liebe Gott".

Gott schaut auf die Menschen und hält von oben seine schützende Hand über sie. Das ist auch der Inhalt der Geschichte, die auf acht Einzelbildern des dreißig Jahre später entstandenen „Rotkäppchenhaus" dargestellt wird: nicht das Fehlverhalten Rotkäppchens, das trotz der mütterlichen Ermahnungen und Verbote vom vorgeschriebenen Weg durch den Wald abweicht, auf dem es Kuchen und Wein der kranken Großmutter bringen soll, sondern sein richtiges Tun wird hier hervorgehoben:

„Der liebe Gott lohnt alles gut
was man an Armen und Kranken tut".

Das dritte Märchenhaus zeigt zwei Szenen aus dem Märchen „Der Wolf und die sieben jungen Geißlein": wie die Geißenmutter fortgeht und dafür der Wolf herbeikommt – und wie dann die Mutter bei der Rückkehr das geschehene Unglück wiedergutmacht, indem sie ihre lebend verschlungenen Kinder dem Wolf aus dem Bauch schneidet.
Auf einem Anbau des „Hänsl und Gretl-Heims" sind um eine Darstellung der Anna Selbdritt als Hüterin der Kinder, einem Schutzengel, einem Bild der Stifterin Marie Mattfeld sowie dem Münchner Wappen mit dem „Münchner Kindl" weitere Märchenfiguren zu sehen, der Gestiefelte Kater, Rumpelstilzchen, Hase und Igel aus der Sammlung Brüder Grimm sowie Zwerg Nase, der Held des gleichnamigen Märchens des schwäbischen Dichters Wilhelm Hauff (1802–1827).

OBERAUDORF (Lkr. Rosenheim)

Gasthof „Feuriger Tatzelwurm"

Von der Ausfahrt Oberaudorf (Autobahn München–Salzburg in Richtung Kufstein) erreicht man nach 8 km auf der steil berganführenden, kurvenreichen Tatzelwurmstraße den Alpengasthof „Feuriger Tatzelwurm". Die ältesten Teile stammen aus dem 19. Jh.; doch wurde das Gebäude inzwischen erweitert und modernisiert. An der Hausfassade ist das gemalte Bildnis eines sagenhaften Untiers zu sehen. Der Tatzelwurm (auch Spring-, Beiß-, Stollenwurm oder Bergstutzen genannt) wird beschrieben als reptil- oder salamanderähnliches Geschöpf von etwa einem halben Meter Länge mit Schuppen, Stummelflügeln und -füßen und dem Kopf einer Schlange oder Katze. Sein Blick ist scharf, sein Atem giftig und trotz der Stummelfüße kann es pfeilschnell laufen. Es gibt kaum eine Landschaft in den Alpen, wo der Tatzelwurm nicht gesehen worden sein soll, wobei die Beschreibungen jedoch stark variieren. Das mythische Tier ist vermutlich eine Mischung aus tatsächlichen Beobachtungen (etwa von Schlangen, Molchen, Fischottern, Mardern u. ä.) und traditionellem mythologischem Material wie dem Drachen. Volkssagen siedeln den Tatzelwurm im Hochgebirge, in Höhlen und dunklen Wäl-

Der „Tatzelwurm", 1723

dern an, stets aber an einsamen Orten. Ein Jäger will in einer Höhe von 1700 m auf ein solches Tier gestoßen sein, das ihn angriff. Das Waidmesser, mit welchem er es zu töten versuchte, drang erst nach mehreren Stichen durch die harte Haut. Das verwundete Tier verschwand mit einigen großen Sprüngen in einer schmalen Felsspalte; trotz aller Bemühungen gelang es dem Jäger nicht, den Tatzelwurm zu fangen.

OBERHAUNSTADT (Stadt Ingolstadt)

Krautbuckel

Der Ortsname „Hunestat" wird erstmals 1087 erwähnt, doch war das Gebiet um Ober- und *Unterhaunstadt* nachweislich schon seit dem Ende der Jungsteinzeit (ca. 6000–1800 v. Chr.) besiedelt. In einer sumpfigen Wiese zwischen den beiden Ortsteilen liegt ein etwa 8 m hoher, künstlich aufgeworfener Hügel, der von einem 10 m breiten Graben umgeben ist; auf diese Weise schützte man in früheren Jahrhunderten Burgen und Schlösser. Mauerreste oder andere Fundstücke sind nicht erhalten – nur die Sage weiß von zwei Schwestern, die hier einst eine mächtige Burg bewohnten, die plötzlich buchstäblich über Nacht verschwand. Die beiden sollen mit dem Teufel im Bund gewesen sein, der nach Ablauf der Frist seine Opfer holte: eines Nachts zog ein schreckliches Gewitter auf, die Erde bebte, und die Burg, aus welcher Gelächter und Wehklagen ertönten, versank spurlos im Boden. Nur ein kegelförmiger Hügel, der „Krautbuckel", ist noch zu sehen.

OBERPFRAMMERN (Lkr. Ebersberg)

Pietà in der Pfarrkiche St. Andreas

Die einschiffige Andreas-Kirche wurde 1687 fertiggestellt. Im linken Seitenaltar wird ein kleines Vesperbild in barocker Fassung von Pilgern als großes Mirakel verehrt. Die Pietà, Maria als trauernde Mutter, den toten Sohn auf ihrem Schoß haltend, ist um 1520 entstanden und wird als eine Werkstattarbeit des Meisters von Rabenden (gest. 1. Hälfte 16. Jh.) bezeichnet.
Das Wallfahrtsbuch aus dem Jahre 1704 berichtet, daß angesichts der Greuel des Spanischen Erbfolgekrieges vom Bilde „liechter Schweiß geronnen" sei. Eine *Votivtafel* in der Kirche erzählt von einer Gebetserhörung: „Im Jahre 1878 verlobte sich zum heiligen Vesperbild hierher, Isidor Sigl Schattenhofer in Niederpframmern bei Ausbruch einer gefährlichen

Krankheit unter dem Rindvieh, und blieb auf die Fürbitte Mariens alles weitere im Stalle befindliche Vieh verschont."

ODELZHAUSEN (Lkr. Dachau)

Schloß

Von der wohl seit dem 12. Jh. bestehenden Burg in Odelzhausen, die während der Jahrhunderte mehrfach umgebaut wurde, blieben nach Abbruch des Haupttraktes nur noch Reste der Seitenflügel und ein Rundturm, in dem heute ein Hotel untergebracht ist.
Mitte des 19. Jh. gehörte das Schloß der Freifrau von Mettingh, die sich allerdings dort nie wohl gefühlt haben soll. Um ihr den Besitz zu verleiden und ihn billig erwerben zu können, machte man ihr weis, eine schwarze Frau gehe im Schloß um. Besonders der reiche Bauer Anton Bader verstärkte den angeblichen Spuk im Schloß, indem er mit einigen Saufkumpanen selbst herumgeisterte. Das hatte auch Erfolg: die Freifrau verkaufte schließlich ihren Landbesitz. Der Bauer allerdings mußte für seine Habgier schwer büßen. Seine geliebte Tochter starb auf der Hochzeitsreise an Typhus, und bei ihrer Beerdigung brach Anton Bader am Grab vom Schlag getroffen zusammen und starb.
Um die Jahrhundertwende trieb in den Wäldern um Odelzhausen der Räuber Matthias Kneissl sein Unwesen. Er nahm von den Reichen, wurde bewundert von den Armen, weil er auf die verhaßten Gendarmen schoß. Das Volk erwies ihm seine Reverenz in einem Lied, wie es das bei Wilderern und Freiheitshelden zu machen pflegt. 1902 wurde er als Räuber und Mörder in Augsburg hingerichtet.

Katholische Filialkirche St. Maria im Ortsteil Taxa

Im ehemaligen Klosterbereich Maria Stern der Augustiner-Barfüßer in Taxa steht heute eine kleine Kirche, die 1848 zur Erinnerung an die einst bedeutende Marianische Gnadenstätte errichtet wurde. Kloster und Wallfahrtskirche Maria Stern wurden während der Säkularisation 1802 vollständig abgetragen.
Zu Beginn des 17. Jh. soll der Hofmarksherr von Odelzhausen auf einer seiner Reisen in Seenot geraten sein. Er gelobte „Maria dem Meerstern" im Falle einer glücklichen Heimkehr den Bau einer Kapelle. Lange vergaß er das Versprechen, bis er durch eine wundersame Begebenheit daran erinnert wurde. Abraham a Sancta Clara, der wortgewaltige Bußprediger der Augustinereremiten, berichtete später darüber in seinem

1685 erschienenen Wallfahrtsbüchlein: Der Verwalter des Hofmarksherrn hatte eines Morgens auf einem Ziegelstein ein Ei gefunden, auf dem war „gantz deutlich ein strahlender Stern gezeichnet und ausgedrückter zu sehen, in dessen Mitten ein schön gebrenntes und wohlsichtbares Frauen-Haupt". So wurde die Kapelle 1618 in Form eines Sterns errichtet. Das Gnadenbild der thronenden Maria stiftete der Wittelsbacher Herzog Wilhelm V. Durch den großen Andrang von Wallfahrern mußte nach einigen Jahren eine weitere Kirche hinzugebaut werden, und 1654 entstand ein Augustinerkloster. Das Gnadenbild und vier Ölbilder, auf denen die Entstehungslegende von Taxa zu sehen ist, befinden sich seit der Säkularisation in der katholischen Pfarrkirche St. Benedikt in Odelzhausen.
Nach einem Bericht in der Zeitschrift *Charivari* sollen die Hühner in der Gegend um Taxa immer noch gelegentlich solche „Sterneier" legen, die auf einer Seite oval abgeflacht sind. Am Rand bildet sich dadurch ein ausgeprägtes Fältchenrelief, welches als Strahlenkranz gesehen werden kann. Man vermutet als Ursache eine Eileiterstörung, die auf eine erbliche Veranlagung zurückgehen könnte.
Um die alte Gnadenstätte Taxa gibt es viele Geschichten, wie die von schwedischen Soldaten, die das Gnadenbild rauben wollten oder das Gotteshaus als Stall zu entweihen suchten. Immer aber wurden sie durch eine unsichtbare starke Macht von ihrem bösen Tun abgehalten. Die Entstehung solcher konfessioneller Warnsagen oder Ketzersagen, wie der Volkskundler Kriß sie nennt, ist oft bedingt durch kirchenfeindliche Bewegungen oder Kriege, wie hier zum Beispiel durch den Dreißigjährigen Krieg.
Auch beim Transport der Madonna von Taxa nach Odelzhausen soll es merkwürdig zugegangen sein: Die Stangen zum Tragen des Gnadenbildes zerbrachen und alle Männer, die geholfen hatten, starben eines unnatürlichen Todes.

OHLSTADT (Lkr. Garmisch-Partenkirchen)

Fieberkircherl
Etwa 600 m nördlich von Ohlstadt liegt das Fieberkircherl mit angebauter Einsiedelei (derzeit nicht bewohnt), das aufgrund eines Gelöbnisses während des Dreißigjährigen Krieges um 1640 erbaut wurde, als das Pest-„Fieber" Ohlstadt und Umgebung heimsuchte. Ein großer Teil der Bevölkerung wurde auf dem Pestacker begraben.

Altarbild im Fieberkircherl „Maria vom Rosenkranz“

Das Kirchlein ist der „Maria vom Rosenkranz“ geweiht; ihr Bild befindet sich am Hochaltar. Zahlreiche Votivtafeln im Inneren erinnern an die rege Wallfahrt in den vergangenen Jahrhunderten. Ein auf Leinwand gemaltes Votivbild von 1734 wurde von der Wirtin Maria Schredter gestiftet. Der Überlieferung nach steckte 25 Jahre ein gläsernes Ringlein in ihrem rechten Ohr, das starke Schmerzen verursachte und auch durch ärztliche Kunst nicht zu entfernen war. Als sie eines Tages die Kirche betrat, fiel der Ring von selbst aus dem Ohr. (Die Votivtafel befindet sich z. Zt. im kath. Pfarramt von Ohlstadt).

Ungefähr 120 m nördlich vom Fieberkircherl steht – beschattet von einer 300jährigen hohlen Linde – eine Marmorbildsäule mit Inschrift.

Eine Legende berichtet, daß ein Pilger aus Schlehdorf 1686 an dieser Stelle schwer erkrankte und seinen Begleiter bat, einen Priester zu holen. Dieser kam – aber plötzlich tiefhängende Wolken nahmen ihm die Sicht. Da hob der Geistliche sein Kreuz hoch, die Wolken lösten sich auf, und er konnte dem Kranken die letzte Ölung geben. Der Sterbende bat, an dieser Stelle, wo man den Teufel besiegt hatte, eine Denksäule zu errichten. Die Inschrift der Bildsäule nimmt Bezug auf dieses Ereignis:

> „Der göttlichen Liebe und Barmherzigkeit,
> welche an dieser Stelle Satans Anschläge
> vereitelte und die Möglichkeit gewährte,
> einem Sterbenden die heilige Wegzehrung
> zu reichen."
> F. P. A. M. 1686

PALZING (Gem. Zolling, Lkr. Freising)

Der Weißberg

Nördlich von *Freising* liegt im Ampertal die kleine Gemeinde Palzing. Der Höhenzug östlich, der bis an die nach Zolling führende Straße heranreicht, heißt der Weiße Berg.

Vor langer Zeit, so erzählt man sich, stand hier eine stolze Burg. Agnes, eine hochgewachsene und hartherzige Frau herrschte über die Burg und das zugehörige Land. Ihre Dienstboten und Knechte hatten ein schweres Leben. Sie mußten bis in die Nacht hinein arbeiten, und ihre karge Nahrung bestand nur aus schwarzem Brot und Wasser. Wagte es jemand, seine Unzufriedenheit zu äußern, wurde er streng bestraft. Agnes ließ ihn in ein Weinfaß stecken, das zugenagelt vom Berg in die Amper hinabgerollt wurde, wo der Betreffende jämmerlich ertrinken mußte. Viele Jahre trieb sie so ihr Unwesen, bis auch sie ihre Strafe erhielt. Bei einem schweren Gewitter eines Nachts fing die Burg Feuer und brannte vollständig aus, und die schlimme Agnes fand in den Flammen den Tod. Bis heute hat sie – so erzählen die Leute – aber noch keinen Frieden gefunden. Zur Geisterstunde muß sie den steilen Berg ein Faß hinaufrollen, doch nie erreicht sie ihr Ziel. Fast oben, entgleitet ihr das Faß und kugelt in die Tiefe zurück, und die Lange Agnes muß ihr Werk von vorne beginnen, bis es Tag wird. Die Geschichte aus dem umfangreichen Kreis der Totensagen verbindet das Motiv der schon aus der Antike bekannten Sysiphos-Arbeit mit dem der spiegelnden Bestrafung und stark sozialkritischen Zügen.

PATERZELL (Gem. Wessobrunn, Lkr. Weilheim-Schongau)

Ulrichskapelle und Brünnchen am Waldrand
In Paterzell, Ecke Peißenberger Straße und Ulrichsweg, entstand 1865 ein Kapellchen als Ersatz für eine baufällig gewordene Quell- und Wallfahrtskapelle, die während der Säkularisation abgerissen wurde und die etwa 300 m höher am Waldrand lag, wo heute noch das Quellwasser aus dem Boden sprudelt. Eine Schnitzfigur des hl. Ulrich blieb erhalten und steht auf dem Altar der neuen Kapelle. Über der Quelle am Waldrand erhebt sich heute nur noch ein steinerner Bildstock. Mitra und Ulrichskreuz – in Stein gehauen – zieren den oberen Teil des Steines; auf dem Sockel steht die Inschrift: „St. Ulrich 1865".
Der Legende nach kam 964 der hl. Ulrich (923–973), Bischof und Schutzpatron des Augsburger Bistums, auf seiner zweiten Romreise an diesen Platz. Da es sehr heiß war und der Durst den Heiligen quälte, soll er mit dem Finger ein Kreuzzeichen auf den Boden gemacht haben, worauf die Quelle entsprang. Die St. Ulrichsquelle wurde der Überlieferung nach wegen ihrer heilenden Wirkung bei Augenleiden von der Bevölkerung sehr verehrt.
→ Habach → Höfen

PEISSENBERG (Lkr. Weilheim-Schongau)

Wallfahrtskirche Maria Aich
Der vor dem Ortseingang an der Aich-Straße gelegene barocke Saalbau ist in Zusammenarbeit des Baumeisters und Stukkateurs Joseph Schmuzer (1683–1752) und des Malers Matthäus Günther (1705–1788) 1732/1734 entstanden. Das Gnadenbild der Madonna auf der Mondsichel aus dem frühen 16. Jh. wurde in den Rokokoaltar einbezogen.
Dort, wo heute die Kirche steht, befand sich früher eine Kapelle, die der Bauer Matthäus Liebhart 1631 gemeinsam mit seiner Ehefrau errichtet hatte, um ein in seinem Besitz befindliches Muttergottesbild in den Notzeiten des Dreißigjährigen Kriegs der allgemeinen Verehrung zugänglich zu machen. Während des Kapellenbaus sollen der Legende nach die Hühner der Eheleute mit goldenen Strahlen verzierte Eier gelegt haben – ein Ereignis, das Pilger von nah und fern anlockte.

PEITING (Lkr. Weilheim-Schongau)

Schloßberg
Gräberfunde weisen darauf hin, daß Peiting schon in der ersten Hälfte des 6. Jh. besiedelt war. Als *„Bewtingau“* wird der Ort erstmals 1055 urkundlich genannt. Wälle und Gräben erinnern an die Burg auf dem Schloßberg, die um 1100 von den Welfen erbaut wurde. Ende des 12. Jh. kam Peiting an die Staufer und fiel 1269 als Konradinisches Erbe an das Herzogtum Bayern. Die Burg wurde im Dreißigjährigen Krieg zerstört; sie soll jedoch schon vor der Zerstörung durch die Schweden bei einem Erdbeben um 1348 schwer beschädigt worden sein.
Der Überlieferung nach glaubten die Menschen, denen Naturgewalten unbegreiflich waren, daß sich böse Geister auf dem Schloßberg zu schaffen machten. Feurige Räder und Gespenster wollten die Bauern auf dem Berg beobachtet haben, und ein riesiger Hund mit glühenden Augen soll auf dem Burgwall als Wächter eines versunkenen Schatzes erschienen sein.
Krankheiten und Seuchen, deren Ursachen früher weitgehend unbekannt waren, haben in der Volksphantasie tiefe Spuren hinterlassen. Man sah in ihnen das Wirken der Dämonen, die in unterschiedlichen Formen auftreten konnten: als Wolke, Nebeldunst oder Flämmchen, als Tier oder als Pfeil. Schwere Seuchen wie Pest oder Cholera, durch die ganze Landstriche entvölkert wurden, glaubte man durch menschengestaltige Dämonen verursacht. Auf dem Peitinger Burgplatz soll das gefürchtete *„Pestweiblein“* eines Tages einem kleinen Mädchen beim Viehhüten erschien sein und ihm ein Paar rote Strümpfe geschenkt haben. Beim Anziehen der Strümpfe erkrankte das Kind an der Pest und steckte die Menschen der umliegenden Dörfer an.

Wallfahrtskirche Maria Egg
Die ursprünglich auf dem *„Peitinger Feld“* (heute südlicher Stadtrand) gelegene Kirche, ein einschiffiger lichter, tonnengewölbter Bau des Wessobrunner Baumeisters Joseph Schmuzer (1683–1752), wurde 1737 an Stelle einer kleinen Kapelle erbaut, deren Gnadenbild, eine spätgotische Marienfigur mit Kind, heute über dem Tabernakel am Hochaltar steht. Die qualitätvolle und reiche Ausstattung des Gotteshauses stammt zum großen Teil noch aus der Erbauungszeit. Ursprünglich war das Marienbild an einem Bildstock angebracht; als aber nach dem Dreißigjährigen Krieg

die Wallfahrt zu diesem Bild einsetzte, baute man 1655/58 eine Kapelle, die 1665 geweiht wurde. Von der Entstehungsgeschichte der Kapelle und damit auch der heutigen Kirche erzählt die Legende:
Ein Einwohner des Dorfes, der Schneider Lorenz Ette, erkrankte eines Tages schwer und keine Mittel konnten seine Leiden lindern. Da erinnerte er sich im Traum an die mahnenden Worte seiner Großmutter, einen Bildstock an der Stelle zu errichten, wo man die Pesttoten des Ortes begraben hatte, damit ihre Seelen Ruhe fänden. Der Schneider machte dies und wurde wieder gesund. Eine reale Grundlage hat diese Geschichte insofern, als Bildstock bzw. Kapelle und Kirche auf dem Gelände eines alemannischen Gräberfeldes errichtet wurden.
Votivbilder und -gaben erinnern an die einst recht lebendige Wallfahrt. Ein besonders kostbares kulturgeschichtliches Dokument ist die in der ersten Hälfte des

Jakobsbrudertafel (Ausschnitt), 17. Jh.

16. Jh. entstandene Jakobsbrudertafel rechts vom Eingang. In 16 Einzeldarstellungen erzählt sie von Jakobspilgern, Vater und Sohn: Auf ihrer Wallfahrt zum Grab des hl. Jakobus nach Santiago di Compostela gerieten sie in die Hände eines falschen und hinterlistigen Wirtes, der heimlich einen goldenen Becher im Gepäck des Vaters versteckt und ihn dann des Diebstahls bezichtigt hatte. Der Vater wurde verurteilt und sollte den Tod durch den Strang erleiden, doch der Sohn bot sich an seiner Stelle an. Für die Menschen unsichtbar hatte aber der hl. Jakobus die Füße des Gehenkten auf seine Schultern gestellt, so daß er am Leben blieb. Der Wirt, der sich gerade anschickte, zwei gebratene Tauben zu verzehren, lachte über das Vorgefallene und rief: „So wenig wie die Tauben wieder lebendig werden, so wenig ist der Gehenkte am Leben!" Da bewegten sich die Tiere und flogen davon. Der wahre Schuldige, der betrügerische Wirt, wurde hingerichtet.
Der hl. Jakobus der Ältere gehörte zu den bevorzugten Jüngern Christi, die dieser an vielen bedeutenden Ereignissen seines Lebens teilnehmen ließ. Die Legende läßt ihn gleich nach der Himmelfahrt in Spanien das Evangelium verkünden. Historisch nachweisbar ist seine Missionstätigkeit in Samaria und Jerusalem, wo König Herodes Agrippe ihn 44 zum Tod durch das Schwert verurteilte. Seine Gebeine wurden während des 7. Jh. nach Santiago de Compostela in Nordspanien übertragen, wo schon bald seine Verehrung einsetzte. Compostela war neben Rom und Jerusalem der berühmteste Wallfahrtsort des Mittelalters.
Die Geschichte vom unschuldig Gehenkten, dem der hilfreiche Apostel auf wunderbare Weise das Leben rettet und von den gebratenen Vögeln, die zum Beweis, daß Tote lebendig werden können, vom Teller fliegen, ist eine der bekanntesten Jakobuslegenden.

Schnalzhöhlen
Südöstlich von Peiting (auf einem Fußweg zu erreichen) liegen in der Ammerschlucht mehrere Höhlen aus Sandstein, die sog. Schnalzhöhlen, um die sich verschiedene Sagen ranken:
In den Höhlen sollen zu Kriegszeiten die Schätze des Klosters Rottenbuch versteckt worden sein; auch soll es nach dem abendlichen Aveläuten in den Höhlen gegeistert haben. Es heißt, einem Mann sei dort zur Abendstunde eine Schlange erschienen, die er verjagte. Das Tier verschwand, aber statt dessen setzte sich ein Wesen in Menschengestalt auf seine Schultern und

drückte ihn so, daß er mit Mühe und Not das nächste Haus erreichte, wo er vor Schrecken starb.
Diese Vorstellung vom Alp als einem heimtückischen Druckgeist, der als Gegenstand, als Tier oder auch in menschlicher Gestalt erscheinen kann, hat ihren Ursprung in Angstzuständen, Alpträumen oder auch in bestimmten Krankheitsbildern, beispielsweise der bei Asthma oder Angina pectoris oft auftretenden Atemnot.

PELKA (Gem. Hohenkammer, Lkr. Freising)

Kath. Filialkirche St. Georg

An der alten Heerstraße von München nach Ingolstadt, der heutigen B 13, liegt der kleine Weiler Pelka mit seiner auf einem Hügel gelegenen Georgskapelle. Der Bau stammt aus dem 15. Jh. und wurde im 17. Jh. umgestaltet.
Der Sage nach ist im Jahre 1632, als die Schweden sengend und raubend durchs Land zogen, auch die Kirche auf dem Hügel in Brand gesteckt worden. Mitten in den Flammen, als schon alles Mauerwerk zusammenfiel, soll sich der Pfarrer von Pelka mit dem Allerheiligsten ins Presbyterium gestellt haben, und wie durch ein Wunder blieb der Altarraum vom Feuer unberührt. Die ganze Nacht stand er so Wache; am nächsten Morgen verließ er die Stätte seines langjährigen Wirkens und keiner hat ihn jemals wiedergesehen.
Der antikonfessionelle Zug dieser Überlieferung – katholischer Priester rettet mit göttlicher Hilfe sein Gotteshaus vor den protestantischen Schweden – ist ein typisches Produkt der religiösen Auseinandersetzungen im Zeitalter des Dreißigjährigen Krieges und wegen des Pamphlet-Charakters nicht unpoblematisch.

PERCHA (Lkr. Starnberg)

Nepomukbrücke

Percha liegt am nordöstlichen Ufer des Sees und wurde 785 in einer Vermächtnisurkunde an das Kloster Schäftlarn noch *„Perchach“* oder *„Birkach“* (Birkengehölz) genannt.
Am Seeufer in Percha, dort wo der Würmfluß aus dem See austritt, steht eine hölzerne Ziehbrücke. Seitlich davon wurde vor mehreren Jahren eine ausdrucksvolle, in einen Stamm geschnitzte Figur des Heiligen aufgestellt, die der Pöckinger Künstler Helmut Ammann geschaffen hat.

Johann von Nepomuk

Johannes von Nepomuk, zwischen 1340 und 1350 in Pomuk/Böhmen geboren, studierte Theologie und Rechtswissenschaften und hatte nach der Priesterweihe (1380) viele kirchliche Ämter inne. 1389 ernannte der Prager Erzbischof Johann von Jenzenstein ihn zum Generalvikar; als Archidiakon von Saaz war er zudem Mitglied des Domkapitels. Sein energisches Eintreten für die Rechte der Kirche brachte ihn in Gegensatz zu König Wenzel IV., der ihn gefangensetzen, grausam foltern und schließlich am 16. Mai 1393 von der Karlsbrücke in die Moldau stürzen ließ.
Die Frage, warum Johann von Nepomuk wirklich sterben mußte, ist bis heute ungeklärt. Eine erst nach seinem Tod entstandene, wohl eher legendäre Überlieferung erzählt, er habe sich als Beichtvater der Gemahlin König Wenzels dessen Haß zugezogen, weil er sich standhaft weigerte, das ihm von dieser in der Beichte Anvertraute preiszugeben. Bei der 1729 erfolgten Heiligsprechung hat diese Annahme jedenfalls Berücksichtigung gefunden, und mit ihr begann auch die große Zahl der Darstellungen Johann von Nepomuks als Brückenheiligem: als Priester mit Chorrock, Stola und Birett, in den Händen Kreuz und Märtyrerpalme. Als man 1719 seinen Sarkophag im Prager Veitsdom öffnete, soll seine Zunge unverwest gewesen sein – daher trägt er häufig seine Zunge in der Hand oder hält die Finger an den Mund. Sein Haupt umgeben fünf Sterne, weil fünf helle Lichter die Stelle in der Moldau angezeigt haben sollen, wo der Leichnam an der Oberfläche des Wassers schwamm.
Johann von Nepomuk ist eine der beliebtesten Heiligen der Kirche. Als zweiseitige Doppelgestalt stand

und steht er auf vielen Brücken; er ist Schutzpatron der Schiffer, Flößer, Müller sowie der Priester und Beichtväter.
Brücken, diese Wunderwerke menschlicher Technik, haben von alters her und weltweit in Mythos und Volksglauben eine große Bedeutung; oft gelten sie als sagenumwobene Spukorte. Die Brücke in Percha soll früher von einem Geisterhund, einem riesigen schwarzen Pudel mit stechenden Augen, bewacht worden sein, der jedem, der noch nach Mitternacht ans andere Ufer wollte, den Weg versperrte.

PETERSBERG (Gem. Flintsbach am Inn, Lkr. Rosenheim)

Wallfahrtskirche St. Peter
Die seit etwa 925 bestehende benediktinische Zelle wurde um 1139 von Graf Sibito von Falkenstein auf dem weithin sichtbaren Kleinen Madron wieder errichtet (Madron kommt von „Maderan“ und bedeutet „Berg der Gemeinschaft“). Die Bergwallfahrt hat ihre Ursprünge vermutlich in vorchristlicher Zeit und erreichte ihre Blüte durch Reliquien, die Graf Rasso von Dießen-Andechs im 10. Jh. aus dem Heiligen Land mitbrachte. Das Peterskirchlein mit seinem behäbigen Satteltурm war seit 1163 Freisinger Propstei und Wallfahrtsstätte und wurde 1803 säkularisiert. Die heute noch fast unverändert erhaltene Anlage verdanken wir zwei Bauern auf der Hohen Asten, welche sich verpflichtet haben sollen, „auf ewige Zeiten“ für die Kirche zu sorgen, wenn sie nicht abgebrochen würde. Seit 1972 nimmt die Wallfahrt zum Petersberg wieder zu. Das Propsteigebäude (1696) ist jetzt Gasthaus.
Im Giebelfeld der äußeren Westwand steht eine Petrusfigur mit dem Himmelsschlüssel in der Hand, die älteste Steinplastik Oberbayerns. Von der herausragenden Stellung des Apostels Petrus zeugen viele volkstümliche Erzählungen, in denen der Heilige auch als Gegenspieler des Teufels auftritt, wobei letzterer stets den kürzeren zieht: Einst stritten Petrus und der Teufel, wer wohl von Flintsbach aus zuerst auf dem Kleinen Madron ankomme. Der Teufel fuhr durch den Felsen, blieb aber darin stecken, so daß Petrus unterdessen zu Fuß den Gipfel des Berges, den heutigen „Petersberg“, erreichen konnte. Ein andermal hatten beide gewettet, wer als erster in die Sakristei der Peterskirche gelange. Der Teufel war zwar aufgrund seiner übernatürlichen Kräfte zuerst am Ziel, während Petrus den langen steilen Weg zu Fuß hinaufgehen

Das Antlitz des Teufels

mußte – doch konnte er die Sakristei nicht betreten, weil diese geweiht war – und so gewann Petrus die Wette.

Hundsgraben am Großen Madron

Eine zwischen dem Petersberg und dem Großen Madron bei Flintsbach am Inn gelegene tiefe Schlucht trägt den auffallenden Namen „Hundsgraben". Hier ist eine Wandersage lokalisiert, die als „Vielgeburtssage" in verschiedenen Ausprägungen in ganz Deutschland verbreitete ist: Vor langer Zeit soll hier ein Graf gelebt haben, dessen Gemahlin, während er auf der Jagd war, zwölf Knaben zur Welt brachte. Sie befahl einer vertrauten Dienerin, zehn davon in einer Klamm beim damaligen Schloß Falkenstein zu ertränken. Auf der Rückkehr von der Jagd begegnete der Graf jedoch der Magd – die angeblich junge Hunde ertränken wollte – und konnte sie an der Ausführung ihres schrecklichen Auftrages hindern.

Den Hintergrund dieser Sage bildet die früher verbreitete Auffassung, eine Frau könne beim Verkehr mit einem Mann nur *ein* Kind empfangen; Zwillings- oder gar Mehrlingsgeburten konnten nur aus dem Verkehr mit mehreren Partnern stammen und galten somit als Beweis für Ehebruch.

→ Burgheim

Petersbrunn (Gem. Leutstetten, Lkr. Starnberg)

Kapelle und Heilquelle

2 km nördlich von Starnberg, an der Straße nach *Gauting*, liegt über einer ehemaligen Heilquelle das Kapellchen Petersbrunn, das an das einst weltberühmte Heilbad Petersbrunn erinnert.

1513 wurde die Kapelle von Herzog Wilhelm IV. erbaut, vermutlich zeitgleich mit einem Bad. Für das neue „Wildpad" erließ der Herzog noch im gleichen Jahr eine Badeordnung. Anfangs erfreute sich das Bad großer Beliebtheit; der Badebetrieb flaute aber in den folgenden Jahrhunderten ab. Auch der Bau eines Hotels zu Beginn des 19. Jh. konnte das Heilbad nur für kurze Zeit wiederbeleben. Die Fundamente des Hotels sind noch heute in dem Werkstattsbau gegenüber der Kapelle erhalten. 1988 wurde die Quellfassung zur Bausicherung des kleinen Gotteshauses aus dem Kapelleninneren nach außen verlegt.

Petersbrunn. Lithografie, um 1817

Der Überlieferung nach war das Quellwasser heilkräftig, besonders bei Rheuma, Gicht und Unterleibsleiden. Die Menschen des Umkreises holten sich das Wasser auch für ihre Felder: Peterswasser soll die Kohlpflanzen vor Wurmbefall geschützt und den jungen Flachs von Erdflöhen befreit haben.

→ Leutstetten

Pfaffenhofen an der Ilm

Straßhof Gundamsried

Westlich von Gundamsried liegt an der B 13 der nach 1803 entstandene Straßhof, heute ein Bauernhof. Im Volksmund wurde er „Batzenwirt" genannt, weil früher die durstigen Fuhrleute, die hier vorbeikamen, für einen kühlen Trank manchen Batzen springen ließen. Die Bauern, die ihren Kohl nach Pfaffenhofen zum Markt fuhren, wurden an dieser Stelle immer von einem großen schwarzen Hund erschreckt, der vor ihnen über die Straße lief. Die Pferde waren dann jedesmal so verstört, daß man sie nur mit Mühe zum Weitergehen brachte.

PITZLING (Lkr. Landsberg)

Teufelskuchel und Brücke
Zwischen Pitzling und Landsberg liegt eine tiefe Schlucht, über die eine Brücke führt. Hier wurden früher manche verscharrt, die man gebannt hat. Die 1828 verstorbene Verwalterin von Schloß Igling, die ihrer Herrschaft die für die Armen bestimmten Gelder unterschlagen hatte, mußte der Sage nach solange als Geist umgehen, bis man sie ausgrub und in der Teufelskuchel gleich unter dem Steg verscharrte.
Aus Pitzling stammte auch ein Mädel, das bei einem reichen Bräu in Landsberg, der auch Ratsherr war, diente. Zwischen den beiden entstand ein Liebesverhältnis, weshalb das Mädchen von der Ehefrau aus dem Haus gejagt wurde und sich mit dem Ratsherrn in der Nähe ihres Heimatortes traf. Nach einem solchen Stelldichein glitt er auf dem Steg aus und starb elend in der Schlucht. Da das Verbrechen des Ehebruchs mit dem Tod durch das Schwert gesühnt wird, muß er nach dem Volksglauben nun dort umgehen ohne Kopf.
→ Igling

PLANEGG (Lkr. München)

Wallfahrtskirche Maria Eich
Maria Eich liegt westlich von München, in unmittelbarer Nähe der S-Bahnstation Planegg. Der Wallfahrtsort besteht aus Gnadenkapelle, Kirche und Augustinerkloster und liegt versteckt in einem alten Eichenhain. In den Jahren 1744–46 wurde an Stelle einer hölzernen Kapelle ein Steinbau errichtet. Der Hochaltar wurde 1746 vom Münchner Hofbildhauer Joh. Baptist Straub geschaffen. Über dem Tabernakel (1793) steht in einem goldenen Strahlenkranz das Gnadenbild, ein kostbar bekleidetes Muttergottesfigürchen, umgeben von einer geschnitzen Dreifaltigkeitsgruppe.
Seit 1733 besteht die Wallfahrt zu dieser kleinen Marienplastik aus Ton, welche nach der Legende zwei

Schmiedsöhne aus Planegg um 1710 an einer Eiche befestigten. Lange Zeit blieb die Statue unbeachtet, bis sich eine schwerkranke Magd an das „Frauerl in der Aichen" erinnerte. Sie gelobte eine Wallfahrt, „kriechend auf den Knien" und wurde gesund. Nachdem auch die fünfjährige Magdalena nach einem Gebet an der Eiche von ihrer lebensgefährlichen Krankheit geheilt wurde, ließ ihr Vater Georg Wastian 1732 eine kleine offene Holzkapelle um die Eiche errichten. Als 1805 ein Blitz in die Krone des Baumes einschlug, blieb nur der Stumpf des Stammes übrig. Er ist heute, vom Klosterladen aus, hinter dem Hochaltar in einer Glasverkleidung zu sehen.

Zahlreiche Votivbilder vom Anfang des 19. Jh. schmücken die Seitenwände der Gnadenkapelle. Das interessanteste ist an der östlichen Außenwand links neben dem Kapelleneingang angebracht: Sie berichtet von einer Hetz- und Treibjagd (1775) des bayerischen Kurfürsten Max III. Joseph im Wald um Maria Eich, bei der ein Hirsch in seiner Todesangst in den umfriedeten Bereich der Kapelle flüchtete. Der Schutzsuchende wurde vom Kurfürsten verschont und durfte entkommen. Dieses Ereignis gehört auch zum festen Bestand der Szenenbilder einer Jahreskrippe im Klosterladen.

POLLING (Lkr. Weilheim-Schongau)

Pfarrkirche Hl. Kreuz und Tassilo-Kreuz

5 km südlich von *Weilheim* liegt das ehemalige Augustinerchorherrenstift, das nach der geschichtlichen Überlieferung – ebenso wie → Wessobrunn – die Gründung eines Grafengeschlechtes des Huosigaues ist. Das vermutlich 750 errichtete Kloster wurde in den Ungarnkriegen verwüstet und von Kaiser Heinrich II. (973/978–1024) 1010 neu gegründet. 1414 fielen die Bauten des 12. und 13. Jh. einem Brand zum Opfer; eine neue Kirche (die erste romanische Kirche stand am Friedhof), eine dreischiffige gotische Hallenkirche auf Achteckpfeilern, wurde jenseits des Tiefenbachs erbaut. 1623–28 erfolgte eine Kirchenerweiterung nach Osten hin; Jörg Schmuzer aus Wessobrunn stukkierte das Kircheninnere. Eine letzte Bereicherung erfuhr das Gotteshaus 1761–65, als es im Sinne des Rokoko dekoriert wurde.

Die mit Stuck ummantelten Achteckpfeiler geleiten den Blick zum Chor und zum Hochaltar, der 1623 von Bartholomäus Steinle als Doppelaltar entworfen und im 18. Jh. vom Hofbildhauer Johann Baptist Straub

(1704–1784) zu einem Bühnenaltar umgewandelt wurde. Straub schuf auch den Tabernakel mit den Stifterfiguren des Kaiserpaares, Heinrich II. und Kunigunde. Das wohl hervorragendste Kunstdenkmal in der heutigen Kirche ist die 1526/27 von Hans Leinberger (1480/85 – ca. nach 1530) geschnitzte thronende Muttergottes mit Kind vom gotischen Vorgängeraltar. Im Mittelpunkt des mächtigen Hochaltars befindet sich das Pollinger- oder Tassilokreuz, eines der ältesten Tafelgemälde Deutschlands. Um 1180 wurde das Kreuz mit Pergament überzogen und das Bild des Gekreuzigten mit Wasserfarben darauf gemalt. Wieviel Verehrung dem Gnadenbild zuteil wurde – ein Kreuz ziert noch heute das Pollinger Ortswappen – zeigte sich 1704 zu Beginn des Spanischen Erbfolgekrieges, als es neben der Ettaler Madonna und der Andechser Drei-Hostien-Monstranz in einer Bittprozession mitgetragen wurde. Früher war das Gnadenbild Ziel vieler Wallfahrten und es verhalf dem Kloster Polling zu einer schönen Gründungslegende:
Herzog Tassilo III. (741–795/97) war auf der Jagd, als eine von den Jagdhunden verfolgte Hirschkuh plötzlich stehenblieb und ein vergrabenes Kreuz aus dem Boden scharrte. Zu Ehren des Erlösers ließ Tassilo III. an dieser Stelle ein Kloster bauen. Die Hirschkuh wurde später ins Klosterwappen aufgenommen.
In der Alten Pinakothek München befinden sich Überreste eines älteren Pollinger Kreuzaltars, dessen Flügel Szenen aus der Gründungslegende zeigen. Sie wurden um 1440/50 von einem namentlich nicht näher bekannten Meister geschaffen.

PONLACH (Gem. Tittmoning, Lkr. Traunstein)

Wallfahrtskirche Maria Ponlach, Wallfahrt Maria Brunn

Die westlich von Burg und Stadt Tittmoning auf der südlichen Hangterrasse des tiefen bewaldeten Ponlachgrabens gelegene Wallfahrtskirche hat ihren Ursprung in einer hölzernen Kapelle am südlichen Ufer des Ponlachbaches, in der unter dem Gnadenbild einer spätgotischen Marienfigur Quellwasser austrat. Der Salzburger Erzbischof Paris Graf von Lodron ließ 1624 an Stelle dieses Vorgängerbaus eine Brunnenkapelle in Stein errichten. Für den rasch einsetzenden wallfahrtsmäßigen Besuch der „Graben-Capelle" war die als heilkräftig bewertete Quelle ausschlaggebend. Sie führte schon früh zur Bezeichnung „Maria Brunn". Die Marienkapelle mit der heilkräftigen

Ansicht von Maria Ponlach. Kupferstich, Augsburg um 1720

Quelle für Augenleiden, Fußkrankheiten und Melancholie hatte im 17. Jh. viel Zustrom. Jahrelange Raumnot wurde schließlich 1716 durch den Bau einer Wallfahrtskirche behoben. An ihrem Hochaltar befindet sich im tiefen, von einem reichgeschnitzten Baldachin bekrönten Schrein das Gnadenbild, eine stehende Maria mit Kind, geschnitzt vom Salzburger Bildhauer Hans Pernegger um 1640.
Ein gelblicher Stein, beim östlichen Seiteneingang in den Boden eingelassen, errinnert an die „schmerzhafte" Entdeckung einer weiteren heilsamen Quelle während des Baus der neuen Kirche. Ein Arbeiter, der Erdreich abtrug, soll von einem großen Stein getroffen worden sein, unter welchem ein „hellfließendes" Wasser hervorquoll. Da der Schwerverletzte diese Quelle

hauptsächlich „als ein Medicin“ verwandte, soll er nach wenigen Tagen völlig geheilt gewesen sein. Für den Austritt dieser Quelle wurden zwei halbrunde Nischen in die südliche Stützmauer eingebaut. Eine andere Legende berichtet von einem Wallfahrer, der nach dreimaligem Besuch in Ponlach von seinem fünfjährigen Fußleiden befreit wurde.
Seit 1815 ca. ein km südlich von *Ponlach* in einem Tuffsteinbruch, in den Überresten einer Quellgrotte, ein römischer Weihestein an die Nymphen gefunden wurde, weiß man von der alten Tradition der Quellverehrung im Tittmoninger Gebiet. Um 200 n. Chr. soll ein Römer („C. H. L.“) diesen zierlichen Stein zur Einlösung eines Gelübdes gestiftet haben. Den Nymphen und ihrem heilsamen Wasser verdankte er wahrscheinlich Genesung.

PUCH (Stadt Fürstenfeldbruck)

Kirche St. Sebastian mit Edigna-Linde
2 km westlich von Fürstenfeldbruck liegt auf einer Anhöhe der Ort Puch – eine ehemalige Römersiedlung – die 770 erstmals erwähnt wird. Auf dem Friedhof steht westlich der Kirche die sog. Edigna-Linde oder tausendjährige Linde, die allerdings im Laufe der vielen Jahrhunderte mehrere Wandlungen durchgemacht hat und von der nur noch Reste erhalten sind. Im Stamm dieser ehemals hohlen Linde soll der Überlieferung nach eine Klausnerin namens Edigna 35 Jahre ihres Lebens verbracht haben.
Die sel. Edigna stammte aus königlichem Geschlecht. Sie war die Tochter des französischen Königs Heinrichs I. aus dem Haus der Kapetinger und einer russischen Prinzessin. Zu ihren engeren Verwandten gehören zwei berühmte Kiewer Großfürsten, die während des 9. Jh. das byzantinisch-slawische Christentum eingeführt hatten: die beiden ersten russischen Heiligen und Märtyrer Boris und Gleb und die Einsiedlerin Aurelia, die im Regensburger Kloster St. Emmeram lebte und dort als Selige verehrt wird.
Auch die um 1050 geborene Edigna hatte ihr Leben Gott geweiht. Einer von den Eltern geplanten Heirat entzog sie sich durch die Flucht. Nachdem sie bayrischen Boden betreten hatte, nahm ein Bauer sie auf seinem Ochsenkarren mit, auf dem ein Hahn saß und eine Glocke angebracht war. In Puch, dessen erste Kirche bereits im 8. Jh. errichtet wurde, blieben der Legende zufolge die Zugtiere ohne äußeren Anlaß stehen; der Hahn krähte und das Glöckchen fing von

Die selige Edigna

selbst an zu läuten. Edigna sah darin ein göttliches Zeichen, an diesem Ort ihre Reise zu beenden. Sie nahm im Hohlraum einer mächtigen Linde nahe der Kirche Wohnung und führte bis zu ihrem Tod im Jahre 1109 ein heiligmäßiges Leben. Als Lehrerin, Katechetin und heilkundige Frau wurde sie zur Wohltäterin der Bevölkerung, von der sie noch heute verehrt wird.
Aus dem Stamm der Linde soll nach ihrem Tod ein heilkräftiges Öl geflossen sein. Die Quelle versiegte aber, als die Menschen mit der Arznei Handel treiben wollten. Die Gebeine der Seligen ruhen seit etwa 1600 in einem kostbaren Glasschrein am linken Seitenaltar der jetzigen, 1453 geweihten Kirche. Ihr Grab wurde 1978 anläßlich einer Innenrestaurierung der Kirche im Altarbereich wiederentdeckt.
Die Deckengemälde – sie werden dem Brucker Maler Joseph Krenauer zugeschrieben – zeigen die sel. Edigna mit Hut und Nonnenkleid im Stamm der Linde sitzend, Hahn und Glöckchen an ihrer Seite, im Chor ihre Aufnahme in den Himmel. Die Glocke wird in der Kirche noch heute aufbewahrt.

Im Innern der Kirche hängen mehrere Votivtafeln hohen Alters. Von historischem Wert ist eine Tafel aus dem Jahr 1654. Sie zeigt, daß die Edigna-Verehrung auch bei Hofe Eingang fand und erzählt, daß Kaiser Ferdinand II. einmal den Verlust eines wertvollen Schmuckstückes beklagte, worauf sich seine Gemahlin, seine Schwiegermutter und eine weitere Fürstin nach Puch verlobten. Der Schmuck fand sich wieder, und die Fürstinnen stifteten die Tafel, einen silbernen Kelch mit Meßkännchen und Teller.
Puch ist über fast ein Jahrtausend Erinnerungsstätte geblieben, aber erst seit 1958 wird alle zehn Jahre am dritten Wochenende im März ein Festspiel zu Ehren der sel. Edigna aufgeführt (Nächster Termin 1999).
→ Aufkirchen → Breitbrunn

Kaisersäule
Östlich von Puch, auf der Straße nach *Fürstenfeldbruck*, steht ein Obelisk aus weißem Ettaler Marmor, den König Max I. Joseph 1808 in Erinnerung an Kaiser Ludwig den Bayern (1294–1347) errichten ließ.
Auf der Vorderseite der Säule ist ein Medaillonbildnis des Kaisers zu sehen, das von dem Münchner Bildhauer Roman Anton Boos (1730–1810) modelliert wurde. Die lateinische Widmungsinschrift entwarf der Historiker Felix Josef Lipowsky. Das kaiserliche Wappen schmückt die Rückseite der Säule mit einer weiteren Inschrift, die sich auf den Tod des Kaisers bezieht, der hier am nahegelegenen „Kaiseranger" 1347 auf der Bärenjagd in den Armen eines Bauern starb. Die Säule ist von einer Grünanlage umgeben.
Der Überlieferung nach galten die letzten Worte des Kaisers der Muttergottes, die er um Beistand im Tod bat:

> „Mutter Gottes, Himmelskunigin,
> bis bi miner schidung".

Daraufhin sollen die Sterbeglocken im Land von selbst geläutet haben und die Gotteshäuser öffneten sich, die infolge des päpstlichen Interdikts verschlossen waren. Den Menschen war es ein Zeichen dafür, daß Gott dem Kaiser – über den 1324 der Kirchenbann verhängt worden war – verziehen hatte.
Anlaß des Kirchenbanns war ein Konflikt mit der Kurie. Der Papst beharrte auf der Forderung, daß die Entscheidung über die Thronfolge im Reich ihm zustände; die deutsche Krone habe sich Ludwig angemaßt!
Ludwig der Bayer war im Mittelalter der einzige Wittelsbacher, der zum Kaiser gekrönt wurde (17. Januar

1328), wenngleich von einem selbsternannten Gegenpapst. Seine letzte Ruhestätte fand er mit großer Wahrscheinlichkeit im Hochgrab seiner ersten Gemahlin Beatrix in der Münchner Marienkirche, obwohl der über ihn verhängte Kirchenbann nie aufgehoben wurde.

→ München, Frauenkirche

PÜRTEN (Stadt Waldkraiburg, Lkr. Mühldorf/Inn)

Pfarr- und Wallfahrtskirche
Maria speciosa ad portam

Pürten liegt südlich von *Mühldorf* an einer Innschleife. Bereits im Jahre 1050 stand hier eine Kapelle, die wahrscheinlich zum Besitz des Aribonengrafen Chadalhoh gehörte. Von 1177 an bis zur Säkularisation war Pürten dem Augustiner-Chorherrenstift *Au am Inn* angeschlossen. Heute ist es selbstständige Pfarrei. Für die Ursprünge der Wallfahrt nach Pürten gibt es zwei Anknüpfungspunkte. Der eine liegt in der Verehrung des Gnadenbildes (1425) „Sancta Maria speciosa ad portam", der andere in einem um 900 entstandenen Evangelienbuch und der damit verbundenen Legende der sel. Alta.

In einem fensterartigen, vergitterten Wanddurchbruch zwischen der heutigen Gnadenkapelle und dem Langhaus befindet sich das Grab der sel. Alta. Das Alter der Bestattung ist nicht genau nachweisbar. Im 18. Jh. erhielt sie ein neues Grabmal. Die Verstorbene wird dargestellt mit der rechten Hand auf der Brust, die Linke in Schlafstellung an den Kopf gelegt. Ihr gekröntes Haupt ruht auf dem Evangeliar. Die Legende berichtet, daß sie als schwerkranke, französische Königstochter in Pürten Heilung suchen wollte, den Ort aber nicht mehr lebend erreichte. Zwei Esel trugen die Tote bis zu diesem Ort, wo sie beigesetzt wurde. Gemäß ihrem letzten Willen wurde das von ihr mitgebrachte Evangelienbuch der Kirche übergeben. Heute wird es als Birkner Evangeliar in der Bayerischen Staatsbibliothek in München aufbewahrt.

Votivtafeln in der Gnadenkapelle berichten, daß dieses Buch hauptsächlich bei der Heilung von Geisteskrankheiten eine Rolle gespielt haben soll. Es konnte gegen 18 Kreuzer ausgeliehen werden. Man legte es aufgeschlagen vier Nächte lang unter das Haupt der Kranken, jede Nacht mit dem Bild eines anderen Evangelisten. Besonders bemerkenswert ist eine Darstellung der sel. Alta auf dem Votivbild von 1728: Auf einem Tisch liegt die Kranke, mit dem Kopf auf dem

Buch; neben ihr kniet ihr Stiefvater als Stifter. In einer Wolke kniet Alta vor der Madonna und weist auf die Kranke hin. Hier soll deutlich gemacht werden, daß die Kraft zur Heilung nicht von Alta und ihrem Buch direkt ausgeht, sondern von Maria über diese Vermittlung gespendet wird. Alta erscheint 1790 letztmalig auf einer Votivtafel. Ihre Verehrung hat offenbar niemals diejenige Mariens übertroffen. Dagegen ist Maria ohne unmittelbaren Bezug auf Alta verehrt worden. Das bedeutende Gnadenbild „Sancta Maria speciosa ad portam" (Heilige, Schöne Maria zu Pürten, ca. 1425) wurde während der Errichtung des gotischen Neubaus (1398–1428) erworben. Es steht auf dem Altar der Gnadenkapelle (1693). Die lebensgroße Figur der Muttergottes mit Kind gehört zum Typus der „Schönen Madonnen" und wird dem Meister von Seeon zugeschrieben (genannt nach seinem Hauptwerk der „Thronenden Muttergottes aus Seeon" im Bayerischen Nationalmuseum München). In der Gnadenkapelle befinden sich auch, als besonderer Schatz der Kirche, drei fast lebensgroße, aus Wachs gegossene und bemalte Votivfiguren. Ihrer Tracht nach sind sie um 1700 entstanden. Sie gehören aber nicht zusammen. Bei der Figur des Mannes in mittelständiger Tracht dürfte es sich um das 1687 überlieferte Wachsbild des Georg Schwiberer von Neuperkirchen handeln, welcher sich einem „wäxernen bild so schwer als er ist, zu Unser Lieben Frauen nach Pürten verlobt". Die beiden anderen Figuren, in adeliger Kleidung, könnten als eine Adelige und ihr Sohn zusammengehören.
Im Bereich der Volksfrömmigkeit galt reines Bienenwachs als Symbol der Reinheit. Da die meisten Schöpfungen dieser Art längst eingeschmolzen wurden, sind diese Wachsfiguren eine Rarität.

RAST (Gem. Langenbach, Lkr. Freising)

Kath. Wallfahrtskirche St. Maria
Rast mit seiner Wallfahrtskirche St. Maria vom Ende des 15. Jh. liegt zwischen Freising und Moosburg an der B 11. Im Hochaltarretabel befindet sich das Gnadenbild, eine thronende Muttergottes mit dem Jesuskind, eine Arbeit der Landshuter Schule um 1480.
Die Gründung einer Vorgängerkapelle an dieser Stelle gehört in den Bereich der Legende. Ludwig IV. der Bayer (1294–1347), 1314 zum König und 1328 zum Kaiser gekrönt, soll sie gestiftet haben zum Dank für

seinen Sieg in der Schlacht von Gammelsdorf 1313, als er gegen den österreichischen Herzog Friedrich den Schönen und niederbayerische Adelige kämpfte. Sie wollten ihm seine Rechte auf die Regierung von Niederbayern streitig machen.
Lange Zeit war hier ein gut besuchter Wallfahrtsort, Bittgänge – vor allem um Regen – wurden hierher zu Maria der Gnadenspenderin unternommen. Die Langhausfenster von 1888 zeigen Wappen der bayerischen Städte, die Parteigänger Ludwigs des Bayern waren, der 1340 Herzog des vereinten Ober- und Niederbayern wurde.

RAUHENLECHSBERG (Gem. Reichling, Lkr. Landsberg)

Burgruine
Burg und Gericht Hohenlechsberg werden erstmals 1310 erwähnt. Bis 1802 war die Burg Mittelpunkt eines eigenen bayerischen Pfleggerichts gleichen Namens. Die Pfleger wohnten ab 1750 bereits in Landsberg, die Burg war jedoch, obwohl einsturzgefährdet, noch bis 1820 bewohnt. Heute sieht man noch eine auffällige Geländeerhebung mit Halsgraben, die sich wie ein Querriegel in die Landschaft schiebt, in der aufgehendes Mauerwerk im Boden erkennbar ist.
Aus der Spätzeit der Burg ist eine ungewöhnliche Räubergeschichte überliefert: Eines Abends bat ein reisender Händler, auf Rauhenlechsberg übernachten zu dürfen, und da man ihn als ehrlichen Mann kannte, wurde er von der Hausmagd in die untere Baustube geführt. Hier lag auf dem Boden ein verschnürter Sack, der, wie die Magd sagte, soeben im Auftrag des Landsberger Pflegers gebracht worden war. Als der Händler den Sack betrachtete, schien es ihm, daß dieser sich bewege; er ging daher fort, um den Schergen und den Jäger zu holen. Als die Magd nun den Sack sich deutlich bewegen sah, bekam sie es mit der Angst und gab mit dem Gewehr des Jägers einen Schuß auf ihn ab – da ertönte ein Schrei und Blut floß heraus. Als der Händler mit Verstärkung zurückkehrte, verrammelten sie schleunigst die Tore und legten sich mit geladenen Gewehren auf die Lauer. Kurz darauf erschienen sieben Räuber, die eine in der Amtsstube aufbewahrte größere Geldsumme stehlen wollten – doch man bereitete ihnen einen heißen Empfang. Es stellte sich heraus, daß in dem merkwürdigen Sack ein Spießgeselle der Räuber steckte, den die Magd erschossen hatte.

Reichersbeuern (Lkr. Bad Tölz-Wolfratshausen)

Schloß Sigriz

Zwischen *Bad Tölz* und *Waakirchen* liegt an der B 472 Reichersbeuern mit Schloß Sigriz. 1350 wird die Feste erstmals erwähnt. Die ausgedehnte Anlage mit drei Rundtürmen war einst Lehen des Klosters Tegernsee, seit 1627 für längere Zeit im Besitz der Grafen von Preysing, dann der Familie von Sigriz, und seit 1938 ist es Landerziehungsheim. Bemerkenswert sind einige guterhaltene spätgotische Innenräume mit schönen Holzdecken von 1514–19.

Um die angeblich im Schloß spukenden Geister gibt es allerlei Geschichten. Von einem Klopfgeist wird erzählt, der an besonderen Buß- und Fastentagen des Kirchenjahres in Gängen und Zimmern des Schlosses zu hören ist. Eine frühere Schloßverwalterfrau hatte auf ihrem Sterbebett ihrer Tochter 100 Gulden für eine Messe nach ihrem Tod gegeben. Die aber gab das Geld für Kleidung und Vergnügungen aus. Darum ist sie nun verdammt, im Schloß umzugehen. Einem Bauern soll sie einmal am Fenster erschienen sein und jämmerlich um Hilfe gebeten haben. Eine andere Sage erzählt von schleppenden Schritten im Treppenhaus und Diener berichteten, wenn sie nachts die Stiege hinaufgingen, sei ihnen ein Hund mit feurigen Augen begegnet. Habe man aber ein Licht angezündet, sei der Spuk wieder verschwunden.

Auch die so häufig erscheinenden Drei Jungfrauen gibt es im Schloß. Sie sitzen im Keller – wo einst ein geheimes Gericht gewesen sein soll – auf eisernen Truhen und hüten einen Schatz. Man sagt, in den zwölf Losnächten sollen sie zu sehen sein. (Unter *„Losnächten"* oder *„Zwölften"* versteht man im deutschen Sprachgebiet die im Volksglauben und -brauch besonders beachtete Zeit zwischen Thomastag (21. Dezember) und Dreikönig (6. Januar), speziell in Bayern die Zeit von Thomas bis Neujahr (1. Januar).

Reischach (Lkr. Altötting)

Marienkapelle und ehem. heilsame Quelle

Bis 1943 besaß Reischach am südlichen Ortseingang zwei dem heiligen Antonius von Padua geweihte Andachtsstätten. Dann jedoch wurde die kleine tiefer gelegene Kapelle in ein Marienheiligtum umgewidmet. Franz Probst, ein Straubinger „Bürger und Prandtweinprenner", rief 1665 in schwerer Krankheit den heiligen Antonius um Hilfe an und gelobte ihm im Falle seiner Genesung eine Wallfahrt nach Altötting und Aufstellung einer Figur des Heiligen an geeigneter Stelle der Pilgerstraße von Straubing nach Altötting. 1676 befestigte er die Heiligenfigur an einem Apfelbaum; vermutlich hielten die Pilger hier bei einem Brunnen seit jeher Rast vor der letzten Etappe ihres Weges. Im gleichen Jahr errichtete ein benachbarter Bauer eine Holzkapelle zum Schutz des Bildnisses. Wegen ver schiedener Diebstähle baute man 1695 eine weitere, gut abschließbare Wallfahrtskirche aus Stein. In der Kapelle sieht man eine Bildtafel, die die damalige Ortssituation belegt: Neben der Kapelle zwischen Baum und Wegkreuzung fließt aus einer Brunnensäule reichlich Wasser und wird in einem Becken aufgefangen. Auch als die vielverehrte Antoniusfigur in die Steinkirche übertragen wurde, blieb die Holzkapelle beim Brünnl das Hauptziel der Wallfahrt. Allerdings löste die Verehrung der Altöttinger Madonna, von der man ersatzweise eine Kopie aufstellte, im Lauf der Zeit die Verehrung des Antonius ab. Als 1731 anstelle der baufälligen Holzkapelle ein Steinbau errichtet wurde, leitete man den Quellzufluß in das Kapelleninnere, wobei das Wasser in ein Rotmarmorbecken floß, das das Familienwappen des Kapellenstifters, eines Reischacher Wirtes, trägt. Eine kleine Antoniusfigur steht noch immer, das imaginäre Wasser segnend, das inzwischen versiegt ist, in der Mauernische über dem Becken. Ehemals wurde das Wasser bei Sehschwäche verwendet; auch suchte man die Kapelle früher bei Zahnschmerzen auf und vollzog folgendes Ritual: Mit den Zähnen zog man an einem Glockenseil, um durch das Läuten den heiligen Antonius aufmerksam zu machen. Vielleicht benetzte man zusätzlich die Zähne mit dem heilsamen Quellwasser.

REUTBERG (Gem. Sachsenkam, Lkr. Bad Tölz-Wolfratshausen)

Kloster- und Wallfahrtskirche Mariä Verkündigung

Fährt man auf der B 13 von München Richtung Bad Tölz und biegt in Sachsenkam rechts ab, kommt man auf einer Nebenstraße zu dem auf einem Hügel gelegenen Kloster. 1606 wurde hier eine der ersten Kapellen des Loretokultes in Deutschland durch den Hofmarksherrn von *Reichersbeuern,* Graf Johann Jacob Papafava und seiner Gemahlin Anna geb. von Pienzenau, gegründet. 1618 kam ein Kapuzinerinnenkloster hinzu. Heute unterhalten Franziskanerin-

nen hier ein kleines Gästeheim für Erholungssuchende.
Das Vorbild für die alte Wallfahrtskapelle war die Casa Santa di Loreto, das heilige Haus von Loreto in Mittelitalien, das als Wohnhaus der Heiligen Familie in Nazareth gilt. Der Legende nach wurde dieses, als sich im Heiligen Land der Islam ausbreitete, in den Jahren 1291–1294 von Engeln zunächst nach Dalmatien und von dort nach Loreto getragen, wo es am 7. 9. 1295 in einem Lorbeerhain (lat. lauretum) seinen endgültigen Platz fand. Der eigentliche Ursprung der Wallfahrt war wohl ein schon 1193 in Loreto urkundlich nachweisbares Marienheiligtum, in welchem ein Gnadenbild der Madonna mit Kind verehrt wurde. Im 14. Jh. setzte die eigentliche Wallfahrt ein und wurde so bedeutend, daß sie auch über die Grenzen hinweg bekannt wurde, in ganz Europa sogenannte Sekundärwallfahrten auslöste und überall Kapellen nach diesem Vorbild entstanden.
In Bayern wurde die Loretowallfahrt um 1560 bekannt und volkstümlich. Der 1733–35 entstandene Neubau der Reutberger Kirche hat einen sich verengenden Raum für den Hochaltar. Dieses sogenannte „Loretohaus" entspricht in seinen Abmessungen, seiner dunklen Erscheinung und den seitlich aufgemalten Steinen dem Vorbild in Italien. Das blaue Gewölbe, mit Sternen bemalt, will das Firmament versinnbildlichen. Auf dem Hochaltar befindet sich das Gnadenbild, die Madonna mit dem Jesuskind, mit Mantel, Schleier und schöner Krone, die von den Klosterschwestern gefertigt wurde. Auch die in der Kirche verteilten Anrufungen der Lauretanischen Litanei auf Bildern und Spruchbändern zeigen uns, daß Reutberg eine Loreto-Kirche ist. Die Lauretanische Litanei ist ein Wechselgesang mit Ehrentiteln zum Lobe Mariens, erstmals 1531 in Loreto bezeugt und daher so genannt. Ein Fresko über dem Chorbogen zeigt die Loreto-Legende.

Das Reutberger Jesuskind
Die Kirche des Franziskanerinnenklosters beherbergt eine weitere Besonderheit, das Reutberger Jesuskind aus Bethlehem, ein sog. *„Fatschenkindl"*. In der Heiligen Nacht wird es – in einer Krippe liegend – zum rechten Seitenaltar gebracht und bleibt dort bis Epiphanie (6. Januar). Auch an anderen Kirchenfesttagen ist es dort ausgestellt als der „kleine König" mit Krone und kostbarem Brokatgewand. Die gewickelten („gefatschten" – von lat. fascia = Binde, Band). Jesuskinddarstellungen entstanden im süddeutschen Raum in

Wiegen- oder Fatschenkindl, 18. Jh.

den Frauenklöstern, wo sich unauslebbare mütterliche Triebe der Klosterfrauen dergestalt ein Ventil suchten. Sie verstanden sich bei der Zuwendung zum Jesuskind in der mütterlichen Nachfolge Mariens. Im Barock wurden die Fatschenkindl, die meist wächserne, zart bemalte Köpfe haben mit immer reicher verzierten Stoffkleidern ausgestattet und mit Schmuck und Edelsteinen behängt.
Die wahrscheinlich aus Spanien stammende Holzfigur des „Reutberger Jesulein“ ist um 1740 durch den aus dem heiligen Land zurückkehrenden Pater Nicephorus Vischer (dem Maler des Fresko-Wandbildes im Schwesternchor: die klugen und die törichten Jungfrauen) nach Reutberg gebracht worden. Davor soll es hundert Jahre an der Geburtsstätte Jesu in Bethlehem gelegen haben.

Rosenheim

Stadtwappen am Mittertor

Von den alten Stadttoren Rosenheims ist nur noch der Ostabschluß, das Mittertor, aus dem 14. Jh. erhalten. Aufgrund seiner Lage zwischen dem Max-Josefs-Platz und dem Ludwigsplatz erhielt es seinen Namen. Sein Zwiebelturm gilt neben dem der Stadtpfarrkirche St. Nikolaus als Wahrzeichen der Stadt. In dem mehrfach veränderten Bau ist heute das Heimatmuseum untergebracht. An seiner Fassade befindet sich das Stadtwappen Rosenheims, eine gefüllte weiße Rose auf rotem Feld, die auf den Ortsnamen (*Rosinheim*, 1234 erstmals erwähnt) hinweist. Dieser dürfte vom Rosenwappen der Wasserburger Hallgrafen, welches bereits 1374 das Siegel des Marktes zierte, herrühren.

Volkstümlicher Überlieferung nach hat Rosenheim seinen „wohlriechenden“ Namen von den vielen Rosen erhalten, welche in dieser Gegend zur Zeit der römischen Niederlassungen gezüchtet wurden. Als die Römer vertrieben wurden, sollen die Rosen gewuchert und einen „Rosenhain“ gebildet haben, woraus später der Name „Rosenheim“ entstanden sei.

Rosenheim. Kupferstich von 1678

Innbrücke

Schon im 16. Jh. gab es in Rosenheim eine Brücke, die man im Zusammenhang mit den Reichenhaller Salztransporte gebaut hatte. Die heutige Autobrücke hat ihre Anfänge im 19. Jh. Seit alters her und weltweit haben diese Wunderwerke menschlicher Technik in Mythologie, Volksglauben und Brauchtum eine hervorragende Bedeutung und sind oft von Sagen umwoben. Sie gelten traditionell als Spukorte, an denen Geister und Dämonen ihr Wesen treiben; vor allem der Teufel hat eine Vorliebe für sie.

An die Rosenheimer Innbrücke knüpft sich eine Warnsage von deutlich christlicher Ausprägung: Ein Knecht aus der Umgebung Rosenheims, der weder an Himmel noch Hölle glaubte, verbrachte die Sonn- und Feiertage in der Regel beim Zechen und Kartenspiel. An einem Sonntagmorgen besuchte er die Messe in der Rosenheimer Klosterkirche und kommunizierte ohne vorherige Beichte. Anschließend vertrieb er sich die Zeit im Wirtshaus bis es dunkelte und machte sich dann auf den Heimweg. Auf der Innbrücke saßen links und rechts schwarze Katzen, die ihn mit wildfunkelnden Augen anglotzten. Als er sie vertreiben wollte, sprangen sie ihn an und zerkratzten sein Gesicht. In seiner Not zog er einen Rosenkranz aus der Tasche und bekreuzigte sich. In diesem Augenblick verschwanden die Katzen im Dunkel der Nacht, und der Knecht konnte unbehelligt nach Hause gehen.

Loretokapelle

Nördlich außerhalb der Altstadt (Ebersberger Str. 1) befindet sich die Votivkapelle (1635) des Rosenheimer Bürgers Georg Schaur. Mittelpunkt auf dem Altar von 1687 ist die Kopie des Loreto-Gnadenbildes, eine geschnitzte Marienfigur (1636) ohne Arme mit dem Kind im Barockgewand. Beachtenswert sind die großen Votivtafeln über den Pandureneinfall und die Beschießung des Marktes Rosenheim (1744) sowie das Votivbild der Gemeinden *Brannenburg* und *Degerndorf*, welches nach einem Bergrutsch im Jahre 1851 gestiftet wurde.

Auf einer Pilgerreise nach Rom und Loreto wurde Georg Schaur bei Ancona schwerkrank und gelobte, bei seiner Genesung der Muttergottes in Rosenheim eine Kapelle zu bauen. Sie wurde eine Nachbildung der „Casa Santa“ in Loreto, dem legendären Haus der Heiligen Familie, welches Engel auf ihren Flügeln im 13. Jh. von Nazareth dorthin getragen haben sollen. Während der Säkularisation 1806 mußten zwei Fenster ausgebrochen werden, „damit die Kapelle nicht mehr den Charakter des hl. Hauses von Loreto habe.“

Die Loretokapelle

Rott am Inn (Landkreis Rosenheim)

Pfarrkirche, ehem. Abteikirche

Das ehem. Benediktinerkloster wurde zwischen 1081 und 1085 von Pfalzgraf Kuno von Rott gegründet. 1803 wurde es durch die Säkularisation aufgelöst. Die heutige Pfarrkirche wurde 1759–63 neu gebaut.

Im westlichen Hauptraum steht auf der linken Seite am rechten Altar die Statue der hl. Notburga, eine der reizvollsten Schöpfungen Ignaz Günthers (1762). Sie ist sonntäglich gekleidet, eine Mischung aus volkstümlicher Tracht und höfischem Kostüm. In ihrer Schürze trägt sie Brote, in der linken Hand hält sie eine Sichel.

Notburga wurde der Überlieferung nach 1268 als Tochter eines Hutmachers geboren und kam mit siebzehn Jahren als Magd auf die Burg der Grafen von Rottenburg. Sie versorgte die Armen und Kranken der Umgebung mit den Speiseresten von der herrschaftlichen Tafel, bis ihre Arbeitgeber dies entdeckten und verboten. Als Notburga einmal sich selbst vom Mund abgesparte Lebensmittel in einem Korb zu den Hilfsbedürftigen bringen wollte, begegnete ihr der Graf und fragte, was sie trage – worauf der Inhalt des Korbes sich in Essig und Späne verwandelte. Später verdingte

Die heilige Notburga

Notburga sich bei einem Bauern im Weiler Eben am Achensee/Tirol, der sie zwingen wollte, auch am Vorabend von Sonn- und Feiertagen nach dem Vesperläuten die Arbeit auf dem Feld fortzusetzen. Die Magd aber, die sich ohne Rücksicht auf dringende Erntearbeiten an die kirchlichen Feierzeiten hielt und sich in einem nahegelegenen Kirchlein auf den Feiertag vorbereiten wollte, warf ihre Sichel in die Luft – wo sie hängenblieb, bis Notburga sie nach ihrer Andacht wieder in die Hand nahm. Später kehrte sie auf Bitten des Rottenberger Grafen in seinen Dienst zurück. Sie starb am 14. September 1313 und wurde in der Ebener Rupertikapelle am Fuß des Rofangebirges, wo sie so oft gebetet hatte, beigesetzt. Heute steht dort eine barocke Wallfahrtskirche mit einem kostbaren Reliquienschrein. Kurz vor ihrem Tod soll Notburga gebeten haben, ihren Leichnam auf einen mit zwei Ochsen bespannten Wagen zu legen und an der Stelle zu begraben, wo diese von selbst anhalten würden. Die Ochsen zogen zum Inn hinunter, dessen Wasser sich teilte, zogen die jenseitige Paßstraße hinauf und blieben erst vor der Rupertikapelle stehen.

Engelsrieder See
Dieser ruhig gelegene, ca. 35 Tagwerk große versumpfte See (2 km südlich von Rott) soll nach einer Sage entstanden sein, als auf dem Eichberge (jetzt Kalvarienberg) bei Rott eine große Burg stand, auf der Graf Engildeo lebte. Dieser hatte eine herzensgute mildtätige Tochter, die man den „Engel von Rott" nannte. Als plötzlich ein greulicher Drache in einer nicht weit entfernten wilden Waldschlucht auftauchte, Menschen und Tiere vernichtete, versprach er demjenigen, der den Drachen töten würde, die Hand seiner Tochter. Was edle Ritter vergebens versuchten, gelang einem riesigen, bösen Ritter aus Dießen, der zuvor von dem Fräulein abgewiesen worden war. Da seine Tochter so verzweifelt über die vom Ritter geforderte Trauung war, wies ihn der Graf aus dem Schloß. Dieser legte sich aber in den Hinterhalt, um das Mädchen zu rauben. Dieses konnte jedoch fliehen und sich in einer Hütte am „Kappenzipfel" verbergen. Der Verfolger steckte die Hütte in Brand. Doch auf die Gebete der Ärmsten in den Flammen sprangen plötzlich Quellen zu Tal, Brunnen brachen aus der Tiefe, die Wasser löschten die Flammen, der Ritter floh, die Jungfrau wurde gerettet und die Wasser bildeten an der tiefsten Stelle des Tales einen See, der durch seinen Namen noch heute an den Engel von Rott erinnert.

SANDIZELL (Stadt Schrobenhausen, Lkr. Neuburg-Schrobenhausen)

Schloß

Schon im 11. Jh. ist das Adelsgeschlecht derer von Sandizell nachweisbar. Das heutige Wasserschloß, eine Dreiflügelanlage, wurde 1749–55 an Stelle eines älteren Baus errichtet.

Der Sage nach gab es vor langer Zeit einen besonders harten Schloßherrn. Er wurde so gefürchtet, daß alle bei seinem Tod erleichtert aufatmeten. Doch bald gab es neuen Schrecken, denn jetzt ging im Schloß ein böser Geist um. Jede Mitternacht flogen Türen auf und zu, Lärm und Geschrei wie von hereindringenden Feinden schallte durch das Haus. Endlich holte man den Pfarrer von Langenmosen. Der brachte zwölf starke Männer zur Hilfe mit, aber der Geist warf alle zu Boden. Nachdem sie sich wieder erhoben hatten, fing der Pfarrer mit der Austreibung des bösen Geistes an. Der wurde von einem Zimmer zum anderen getrieben, bis er schließlich flehentlich bat, an irgendeinem Ort im Schloß bleiben zu dürfen. Allerdings wurde ihm das nicht erlaubt. Er wurde in eine mitgebrachte Flasche gebannt, die man im Kreuter Moos vergrub. Von da an kehrte Ruhe im Schloß ein.

ST. BARTHOLOMÄ (Gem. Schönau am Königssee, Lkr. Berchtesgadener Land)

Wallfahrtskirche St. Bartholomäus

Die Halbinsel ist ein Werk des Eisbaches, der seit der Eiszeit unermüdlich Schutt und Geröll herbeischafft und in den See ergießt. Unmittelbar am Ufer des Königssees, vor der mächtigen Kulisse der steilaufragenden Ostwand des Watzmanns befindet sich St. Bartholomäus. Die Kirche wird bereits seit 1134 urkundlich

St. Bartholomä am Königssee

erwähnt als *„Basilika Chunigsee“*. Ihre heutige Form erhielt die Kirche im 17. Jh. Der sechssäulige Hochaltar mit dem Altarblatt der Marter des Kirchenpatrons von Johann Degler ist wahrscheinlich kurz vor 1700 entstanden.

Der hl. Bartholomäus stammte aus Galiläa und gehörte zu den Jüngern Christi. Nach der Überlieferung wählte der Apostel Indien, Mesopotamien und Armenien für seine Missionstätigkeit. In Armenien gewann er König Polymius, dessen Gemahlin und viele Einwohner für den christlichen Glauben. Dies erregte den Zorn der Götzenpriester, die den Bruder des Königs aufstachelten, Bartholomäus zu töten. Er ließ den Apostel ergreifen, ihm bei lebendigem Leib die Haut abziehen und ihn um 70 n.Chr. enthaupten. Deshalb erhielt der Heilige als Attribut ein Messer. Wegen der Art seines Martyriums wurde er zum Patron aller Häute verarbeitenden Gewerbe (Gerber, Metzger, Fellhändler, Schuhmacher, Buchbinder) und aller Berufe, die mit Tieren umgehen (Hirten, Sennerinnen, Almbauern und Landleute), woraus sich auch die besondere Verehrung des Heiligen in St. Bartholomä erklärt.

Steinkreuz und Votivtafel

Alljährlich am Sonntag nach dem Fest des Heiligen (24. August) findet eine Wallfahrt nach St. Bartholomä statt. An der mächtigen Falkensteinerwand gegenüber dem Malerwinkel ist ein Steinkreuz mit einer Inschrift angebracht. Es erinnert an den Untergang eines Wallfahrerschiffes im Jahre 1688, bei dem 70 Menschen aus Maria Alm im Königssee den Tod fanden. Das Unglück ist auf einem heute im Berchtesgadener Heimatmuseum aufgewahrten Votivbild dargestellt: Es zeigt einen am Ufer stehenden Mann, den Vierhofbauern, der sich hatte retten können, weil er seine Tochter, die sich an seinem Fuß festzuklammern versuchte, abgeschüttelt hatte, so daß sie ertrank. Mit ihrem tragischen Tod scheint er seelisch nicht fertiggeworden zu sein, denn er starb drei Monate nach der Katastrophe.

Steinernes Meer

Der Talkessel von St. Bartholomä wird von hohen Gebirgszügen umschlossen. Südlich vom Königssee liegt das sog. „Steinerne Meer“, ein Gebirgszug, der Bayern und Österreich voneinander trennt. Über seine Kuppe führt ein alter Wallfahrtsweg, auf dem früher Wallfahrer aus dem Österreichischen nach St. Bartholomä kamen; unterwegs machten sie gewöhnlich an

dem 1601 m hoch gelegenen Funtensee Rast. Von Zeit zu Zeit sind hier polternde Geräusche zu vernehmen, die vermutlich von Steinschlägen herrühren.
Die Sage berichtet jedoch, daß hier der Teufel in einer Mühle Goldstücke mahlen soll, um die Menschen zu verführen. Ein Jäger, der eines Tages ein solches Goldstück fand, lief damit hinunter in die Berchtesgadener Stiftskirche, wo er es tief in den Weihwasserkessel tauchte. Das blinkende Metall verwandelte sich daraufhin in ein Stück Felsgestein, womit sein Unwert bewiesen und der Teufel als ewiger Lügner und Betrüger entlarvt war.

Kuchlerloch
In der Nähe der Anlegestelle Kessel, direkt gegenüber von Watzmann und Archenwand, befindet sich seitlich an einer steil abfallenden Felswand eine Höhle. Die unheilverkündende Höhle wird „Kuchlerloch" genannt. Nur der oberste Teil davon ist sichtbar, unterhalb der Seeoberfläche reicht sie weit in den Berg hinein. Wo der letzte Winkel dieser schwarzen Höhle zu vermuten wäre, soll ein böser Seegeist hausen, der die Seelen der Ertrunkenen festhält. Es wird von ihm erzählt, er besitze tausende von tönernen Gefäßen, in denen die unglücklichen Seelen der Verstorbenen ausharren müssen, bis ein lebender Mensch so mutig ist, in die grauenvolle Tiefe hinabzutauchen und sämtliche Gefäße umzustoßen – erst dann können sie Ruhe finden.

Der Wassermann

Geigerwand
Eine steil in den Königssee abfallende Felswand, welche schräg gegenüber dem Kuchlerloch liegt, heißt „Geigerwand". Die Sage berichtet von einem seltsamen, riesengroßen Mann, der bei Vollmond auf den Kuppen der Felswände seiner Geige wunderbare Klänge entlockt, welche weit über das Gebirge hinaus zu hören sind. Ohne den Bogen abzusetzen und sein Lied zu unterbrechen, hüpft er mühelos von einer Felsspitze zur anderen.

ST. QUIRIN AM TEGERNSEE (Gem. Gmund, Lkr. Miesbach)

Quelle und Wallfahrtskapelle
Die Gebeine des hl. Quirinus wurden um 766–769 von Rom nach Tegernsee überführt. An der Stelle, wo der Schrein mit den Reliquien bei einer Rast niedergesetzt wurde, begab sich das erste Wunder: eine Quelle, die sich bald als heilkräftig erwies, entsprang. Über der Wunderquelle wurde zunächst eine kleine hölzerne Kapelle errichtet und 1450 die bestehende Kapelle erbaut. Das Innere wurde mit reichen Stukkaturen Miesbacher Art (1676) überzogen. In der Mitte des Schiffes fällt der achteckige Brunnentrog in Rotmarmor auf, der die wundertätige Quelle des hl. Königs und Märtyrers Quirinus faßt. Über dem Brunnen erhebt sich ein Gestell, das aus vier schmiedeeisernen gedrehten Stangen besteht und die Figur des Heiligen trägt.
Der Hochaltar (1638) zeigt den hl. Quirin, flankiert von den hll. Petrus und Paulus, darüber schwebend Gottvater. Er ist vermutlich ein Werk des Miesbachers Stephan Zwickh, dem auch die Altäre in *Georgenried* zugeschrieben werden.
Zum Votivbrauchtum berichtet uns folgende Legende: Vor langer Zeit lag ein Babenberger Ritter bei seinen Feinden in Gefangenschaft und rief in seiner Verzweiflung St. Quirin an, wobei er versprach, er wolle ihm sein Bestes, was er daheim habe, verloben, wenn er aus der Gefangenschaft gerettet würde. Nach erfolgter Rettung führte er sein Liebstes, sein Pferd, nach Tegernsee und band es fest an die Kirchentüre. Nun reute ihn sein Versprechen, und er wollte sein Pferd mit Geld lösen, legte einen Schilling auf den Altar und wollte sein Roß wegführen, das er jedoch nicht von der Stelle brachte, bis er den siebenten Schilling hingelegt hatte.
→ Tegernsee

St. Salvator (Gem. Rimsting, Lkr. Rosenheim)

Wallfahrtskirche St. Salvator (1472)
Die heutige gleichnamige Ortschaft an der Straße von *Prien* nach *Wildenwart* entstand erst seit der Mitte des vorigen Jh. Die Gründung der Kirche fällt höchstwahrscheinlich ins ausgehende 12. Jh. Der Innenraum des Gotteshauses erhielt seine heutige barocke Form im Jahre 1765.
Nach der Volksüberlieferung soll die Wallfahrtskirche wegen eines hier geschehenen Hostienwunders entstanden sein: Vor mehr als 800 Jahren soll eine Frau aus Siggenham die hl. Kommunion empfangen haben, obwohl sie mit schwerer Schuld beladen war. Von Gewissensbissen gequält, legte sie die Hostie an der Stelle des heutigen Hochaltars nieder, wo sie vor ihren Augen im Erdboden versank.
Die Wallfahrt zu „Unserm lieben Herrn ober Prien“ blühte nachweislich schon im Spätmittelalter und erreichte im 17. Jh. ihren Höhepunkt. Heute ist sie weitgehend erloschen.

St. Wolfgang (Lkr. Erding)

Pfarr- und Wallfahrtskirche St. Wolfgang
7 km südlich von *Dorfen* liegt St. Wolfgang mit der gleichnamigen Kirche, dem ältesten Wolfgangsheiligtum der Erzdiözese München-Freising.
Zwei Türme, ein knapp 70 m hoher Turm im südlichen Chorwinkel mit Spitzhelm und ein kleines acheckiges Spitztürmchen über dem Seitenschiff kennzeichnen von außen den Kirchenbau. Auch im Inneren bewahrt das Gotteshaus eine Eigenart: eine kleine Brunnenkapelle aus der Zeit nach 1400 wurde um 1430 mit einer fünf Stufen höhergelegenen zweischiffigen Wandpfeilerkirche mit Netzgewölbe überbaut. Die heutige Barockausstattung stammt aus der Zeit von 1675/80. Mehrere kunstgeschichtlich bedeutsame Holzschnitzwerke aus der gotischen Kirche sind erhalten; zahlreiche Legendentafeln weisen darauf hin, daß hier der hl. Wolfgang verehrt wird. Eine gotische Figur des Heiligen steht auf dem Rokokoaltar der lichtdurchfluteten Brunnenkapelle, flankiert von den Heiligen Petrus und Paulus. Unter dem Altar entspringt die Wolfgangsquelle. (Kupferfassung mit Deckel und Schöpfkelle links neben dem Altar). Möglicherweise gab es schon um das Jahr 1000 ein Kapellchen über dieser Quelle. Im Mittelalter lebte die Wallfahrt zum „Heilbrünnl“ auf; die Quelle ist bis heute nicht versiegt.

Der hl. Wolfgang entstammte einem schwäbischen Adelsgeschlecht; er wurde vermutlich um 924 in Pfullingen geboren und im Kloster Reichenau erzogen. 972 wurde er zum Bischof von Regensburg ernannt; er starb 994. Das Grab des Heiligen befindet sich in der Krypta von St. Emmeram in Regensburg. Nach Erhebung der Reliquien fand die Heiligsprechung durch Papst Leo IX. um 1052 statt. Historisch gesichert ist, daß Bischof Wolfgang in den Jahren 974–977 Regensburg verließ, um nicht in die Auseinandersetzungen zwischen Kaiser und Herzog (Kaiser Otto II. und Herzog Heinrich II., dem Zänker) hineingezogen zu werden. Er wich in die österreichischen Besitzungen des Hochstifts Regensburg aus.
Der hl. Wolfgang soll der Legende zufolge auf seinem Weg entlang der alten Römerstaße ins österreichische Exil hier eine Rast eingelegt haben, um die Gebeine gefallener Märtyrer aus der Zeit der Ungarnkriege zu begraben. Da die Menschen an diesem Ort in großer Not lebten und dringend Wasser brauchten, erweckte er durch sein Gebet, mit dem Bischofsstab auf den Boden schlagend, die heilkräftige Quelle.

ST. WOLFGANG (Gem. Altenmarkt an der Alz, Lkr. Traunstein)

Wallfahrtskirche St. Wolfgang
Die kleine gotische Kirche mit dem romanischen Tuffsteinturm und ihrem schindelgedeckten Steildach liegt ca. 3 km westlich von Altenmarkt und ist von weitem auf dem Höhenzug der Bundesstraße 304 sichtbar. Der Ort war ehem. Rastplatz an der Salzstraße sowie die letzte Station des mittelalterlichen Pilgerweges auf bayerischem Boden, welcher von Franken über Regensburg nach St. Wolfgang am Abersee, dem heutigen Wolfgangsee im Salzkammergut (Oberösterreich), führte. Dieses berühmte Wolfgangsheiligtum in dem von Bayern neu erschlossenen Rodungsland des 10. Jh. wurde zum Wallfahrtsort und Modell vieler solcher Kultstätten in Altbayern.
Der hl. Wolfgang (924–994) war eine außergewöhnliche Erscheinung seiner Zeit, deren gesellschaftlicher und politischer Führungsschicht er als Reichsbischof angehörte. Um seine Gestalt ranken sich viele Legenden. Die zahlreichen bildlichen Darstellungen seit dem 11. Jh., vor allem seit dem 14. Jh., bezeugen ihn als einen der am meisten verehrten Heiligen Deutschlands. Wolfgang ist Patron für Bayern, Ungarn, das Bistum Regensburg und den Schweizer Kanton Zug.

Er schützt besonders die Zimmerleute, Hirten und Bildschnitzer und wird in schwerer Krankheit als Fürbitter angerufen. Bildliche Darstellungen zeigen den Heiligen meist in bischöflichen Meßgewändern mit Krummstab und Kirchenmodell; häufig wird er auch mit einer Axt abgebildet. Die betreffende Legende erzählt, Wolfgang – der auch als Bischof weitgehend nach mönchischen Idealen lebte – habe einst Regensburg verlassen und sei an den Abensee gewandert, um dort das Leben eines Einsiedlers zu führen. Auf dem Falkenstein baute er zunächst eine provisorische Klause, die ihn vor Regen und Schnee schützte. Um von Gott ein Zeichen zu erhalten, wo er ihm am vollkommensten würde dienen können, schleuderte er sein Beil ins Tal hinab – an der Stelle, wo er es wiederfinden würde, sollte eine Kapelle entstehen. Hinter diesem Beilwurf-Motiv der Legende steht, kulturhistorisch gesehen, ein altgermanischer Rechtsbrauch zur Grenzmarkierung. In der Wallfahrtskirche St. Wolfgang stellt ein Ölbild an der Westempore die bekannte Legende dar.

St. Wolfgang findet das Beil auf einem harten Fels liegen. Holzschnitt von Johann Weyssenbeger, 1515

Im 1720 barockisierten Langhaus vor dem Chor befindet sich der sog. „*Wolfgangstein*“, ein von einer Balustrade aus rotem Marmor umgebener „Schlupfstein“ mit natürlichen Erosionsvertiefungen. Dieser ausgehöhlte Fels wölbt sich aus dem Boden mit einer gerade so großen Öffnung, daß sich ein schlanker Mensch noch hindurchzwängen kann. Der Stein soll glattpoliert worden sein vom jahrhundertelangen Durchschlüpfen der Pilger, welche nach altem Volksglauben von Kreuz- und Gliederschmerzen befreit wurden. Der heidnische Brauch, Krankheiten verschiedenster Art durch Kriechrituale gleichsam „abzustreifen“, wurde mancherorts in die christliche Glaubenswelt übernommen, wo man besonders zuversichtlich durch Schlupfstellen unter Altären und Sarkophagen von Heiligen hindurchkroch. Die Öffnungen müssen immer so eng sein, daß der kranke Körperteil mit dem umgebenden Stoff, Holz oder Stein, direkt in Berührung kommt, um die Krankheit auf den durchschlüpften Gegenstand zu übertragen.
Ein weiterer Steinblock mit Vertiefungen befindet sich in der Vorhalle der Kirche im Turm-Erdgeschoß. Er steht im Zusammenhang mit der Wolfgangslegende, welche berichtet, daß sich der Heilige eines Tages als Bußübung Hände, Knie und Füße blutig schlagen wollte, wobei „der harte Stein weich wie ein Teig“ wurde, und derartige Vertiefungen entstanden sein sollen.
Von den vielen Wallfahrerzügen der Vergangenheit blieb nur einer bis heute bestehen, die 1675 wegen einer Viehseuche gelobte Fußwallfahrt der Pfarrei *Aschau* im Chiemgau.

SCHEYERN (Lkr. Pfaffenhofen a. d. Ilm)

Scheyerer Kreuz in der Klosterkirche
In der Heilig-Kreuz-Kapelle im rechten Seitenschiff der Benediktinerabteikirche befindet sich Scheyerns größter Schatz, eine Reliquie vom Kreuz Christi. Über eine Landschenkung von Graf Otto II. und seiner Gemahlin Haziga an das Reformkloster Hirsau war die Benediktinerniederlassung nach Scheyern gekommen. 1127/28 wurden Kloster und dazugehörige Kirche geweiht. Der Kern der spätromanischen Anlage ist noch erhalten, jedoch wurde sie im 16. und 18. Jh. weitgehend verändert. Nach der Aufhebung des Klosters in der Säkularisation 1803 setzte sich König Ludwig I. 1837 für die Rückkehr der Mönche ein.
Der Kreuzaltar von 1738 in der Heilig-Kreuz-Kapelle enthält ein großes Renaissancekreuz, um 1600 ge-

schaffen, mit flankierenden Engeln, welche die Leidenswerkzeuge Jesu halten. Im Tabernakel darunter befindet sich die Reliquie vom Kreuz Christi, die in der Form eines Doppelkreuzes gefaßt ist, zur Erinnerung an ihre Herkunft aus Jerusalem. Das Doppelbalkenkreuz ist die nur Erzbischöfen und Patriarchen zustehende Kreuzform. Die prunkvolle Rokoko-Monstranz für diese Kreuzpartikel wurde 1738 von J. G. Herkommer, Augsburg, gefertigt. Charakteristisch für das Scheyerer Kreuz ist die kegelförmige Aufstecktülle am unteren Ende, die auch bei den vielen Nachbildungen immer vorhanden ist. Kranken Kindern wurde aus dieser Tülle, dem „Kelchlein", einige Tropfen Wasser eingeflößt, was nach den Mirakelbüchern augenblicklich Heilung brachte. Man erhoffte sich vom Scheyerer Kreuz Schutz vor Blitz und Feuer, Be-

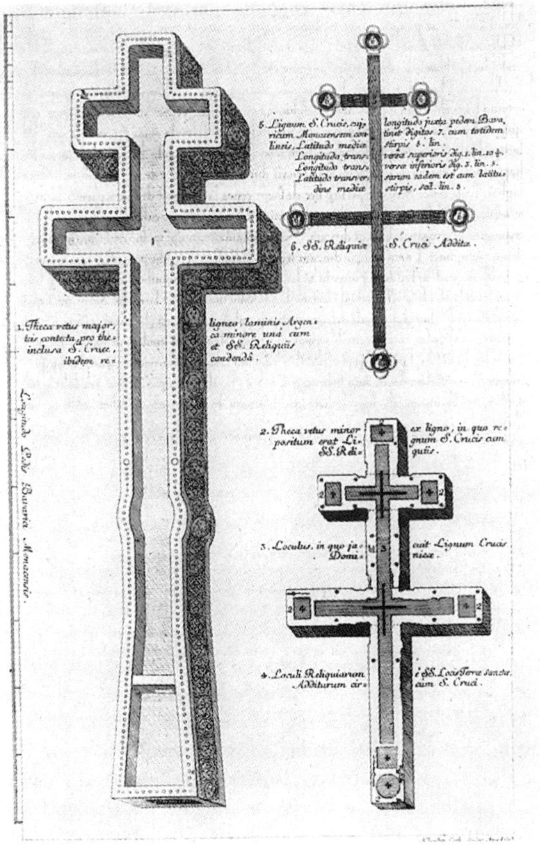

Das Kreuz von Scheyern. Kupferstich, 12. Jh.

wahrung der Feldfrüchte vor Hagel und Ungeziefer und Abwehr gegen „Zauber- und Hexereyen“. Die Kreuzreliquie, die zum Zweck des Almosensammelns 1155 durch den Patriarchen von Jerusalem ins Abendland gesandt worden war, befand sich zuerst im Besitz des Grafen Konrad II. von Dachau. Erst um 1180 kam sie, nach Aussterben der Dachauer Grafen, nach Scheyern. Auf welch merkwürdige Weise sie dorthin kam, erzählt folgende Legende:
Die Überführung der kostbaren Reliquie machte den Verantwortlichen viel Kopfzerbrechen, weil sie fürchteten, diese könne gestohlen werden. So griff man zu einer List. In dem feierlichen Zug, der sich aus Dachau auf Scheyern zubewegte, schritt ein festlich gekleideter Mann voran mit einem großen Vortragekreuz, von Leuchterträgern begleitet. Dann folgte ein vierspänniger Wagen mit einem Schrein, in dem die Reliquie zur Schau gestellt wurde. Daneben ritten bewaffnete Soldaten. Ganz am Ende der Prozession hinkte ein Pilger in armseliger Kleidung, der offensichtlich eine Wallfahrt machte. Er hatte nur einen Stiefel an, den anderen trug er in der Hand. Obwohl sein bloßer Fuß blutig war, hielt der Büßer durch, bis sich die Tore des Klosters hinter der Prozession geschlossen hatten. Nun stellte sich heraus, daß der im Schrein gezeigte Kreuzpartikel nur eine Nachbildung war. Die echte Reliquie hatte der Pilger in seinem Stiefel getragen. Bei einem möglichen Überfall – so hatte man vermutet – wäre er sicher unbeachtet geblieben.
Schon früh haben sich um das Kreuz weitere Legenden gebildet. Es heißt, das Heiligtum bleibe unsichtbar für die, welche schwere Schuld auf sich geladen hatten und auch für die, die im laufenden Jahr sterben müßten. Ein Priester der Nachbargemeinde, der sich anläßlich eines mit der Reliquie veranstalteten Flurumritts ein Stück davon abschneiden wollte, verlor Sprache und Augenlicht und starb innerhalb von drei Tagen.

SCHLIERSEE (Lkr. Miesbach)

Burgruine Hohenwaldeck
Der am Nordende des gleichnamigen Sees gelegene Ort wird 779 als „Slyrs“ erstmals erwähnt. Damals gründeten fünf Brüder aus adliger Familie hier ein Benediktinerkloster, dessen Besitzungen im 10. Jh. ins Eigentum des Freisinger Bischofs übergingen und das später in ein Chorherrenstift umgewandelt wurde. 1492 übersiedelten die Bewohner an die neuerbaute Münchner Frauenkirche, wo man Bedarf an Klerikern hatte.

Grundherren des Gebietes Miesbach-Schliersee waren die Grafen von Waldeck, die in der Schlierseer Kirche – der heutigen Pfarrkirche St. Sixtus – ihre Grablege hatten. Um 1200 bauten sie am Ostufer des Sees auf einem Felsvorsprung des Leitnerberges eine Burg, die nach dem Aussterben des Geschlechtes (1483) wieder aufgegeben wurde und verfiel; heute sind nur noch 6 m hohe dicke Mauerreste vorhanden. Die Ruine, von der man einen herrlichen Ausblick auf den See hat, ist auf einem am südlichen Ortsende beginnenden Wanderweg zu erreichen.
Von den Hohenwaldecker Grafen sind verschiedene Geschichten überliefert: Graf Georg von Waldeck (1407–1456) soll auf Grund eines Gelübdes, das er in großer Not ablegte, Erbauer der drei „Ried"-Kirchen *Georgenried, Agathenried* und *Frauenried* sein. – Es wird auch von einem Waldecker Ritter erzählt, der als Kreuzfahrer ins Heilige Land zog. Seine schöne Gemahlin hatte er in der Obhut des Burgvogtes zurückgelassen, der sich bald in sie verliebte. Um sie für sich zu gewinnen, ließ er ihr die falsche Nachricht zukommen, ihr Mann sei in der Fremde den Heldentod gestorben. Als der Kreuzritter bei seiner Rückkehr seine Frau in den Armen eines anderen fand, ließ er auf der gegenüberliegenden Insel Wörth das Paar in einem eigens errichteten Turm einkerkern, wo sie verhungern mußten. Der Platz, an dem sich dieser Turm befand, heißt noch heute „Beim Hungerturm".
→ Georgenried

SCHÖFFAU (Gem. Uffing am Staffelsee, Lkr. Garmisch-Partenkirchen)

Kirche St. Anna, ehem. Wallfahrtskirche
Das Dorf Schöffau liegt etwa 6 km westlich von Uffing im bayerischen Voralpenland. 1552 vernichtete ein Feuer die alte gotische Kirche. Unter Wiederverwendung alter Mauerreste wurde die St. Anna Kirche um 1621 wieder aufgebaut. Das ehemalige Gnadenbild, eine *Thronende Muttergottes* mit Kind aus dem 14. Jh., ist heute an der nördlichen Langhauswand angebracht; eine andere *Thronende Muttergottes* aus der Zeit um 1500 ziert den Hochaltar.
nge Zeit gab es eine Wallfahrt zu der kleinen Kirche und den beiden Schnitzfiguren, über deren Ursprünge es mehrere Legenden gibt: einmal heißt es, daß die seit langer Zeit verehrte Muttergottes (14. Jh.) von einem pflügenden Bauer gefunden wurde, und daß alle Versuche, ihr eine Neubemalung zukommen zu lassen,

nicht angenommen wurden. Eine zweite Darstellung über die Entstehung der Schöffauer Wallfahrt berichtet, daß sich Ende des 17. Jh. die auf dem Seitenaltar stehende Muttergottes (um 1500) als wundertätig erwiesen und man sie deshalb auf den Hauptaltar gesetzt habe. Als aber 1696 zwei schlimme Unwetter herrschten, führte man das auf den Figurentausch zurück und gab ihnen ihren ursprünglichen Platz wieder zurück (wogegen das bischöfliche Ordinariat Einspruch erhob).
Ein Mirakelblatt (1517) berichtet außerdem von einem Wunder, das mit dem zweiten Gnadenbild in Beziehung steht: ein dreieinhalbjähriger Knabe hatte sich, auf einem Steckenpferd reitend, verirrt und überlebte mehrere Tage im Moor. Seine Rettung schrieb man der Muttergottes zu, zu der der Vater in seiner Not gepilgert war. Das Flugblatt wird heute in der Münchner Staatsbibliothek aufbewahrt.

SCHÖNGEISING (Lkr. Fürstenfeldbruck)

Sunderburg

Nur noch eine Gedenktafel und die für eine Wehranlage typische Erdformation erinnern an die einst steil über der Amper gelegene Burg, deren Anfänge in die vorrömische Zeit zurückgehen. Im 10. Jh. soll Graf Friedrich von Dießen-Andechs, ein Bruder des hl. Rasso, die Burg bewohnt haben. Im Hochmittelalter war sie Sitz eines Ministerialengeschlechts und wurde im 16. Jh. in ein Jagdhaus umgebaut.
Als Graf Friedrich von Dießen-Andechs von hier ins Heilige Land pilgerte, vertraute er die Burg und alle seine Schätze der Obhut seiner beiden erwachsenen Töchter an. Eines Tages, so berichtet die Sage weiter, wurde die Burg von Feinden umzingelt und angegriffen. Die beiden Mädchen, die keine Rettung mehr sahen, versenkten alle Schätze in der Tiefe des Brunnens und stürzten sich hinterher. Als Graf Friedrich nach seiner Rückkehr von dem Geschehen erfuhr und die vom Feind zerstörte Burg sah, soll er nach *Dießen* zurückgekehrt sein. Die beiden Töchter aber lebten in der Erinnerung des Volkes weiter, und auch der versunkene Schatz ließ den Menschen keine Ruhe. Viele haben dort gegraben, aber außer Glasscherben nichts gefunden. Auch ein armer Bauer aus Schöngeising soll eines Tages eine solche Glasscherbe gefunden haben; als er sie zu Hause auspackte, hatte sie sich in Gold verwandelt. Der Sage nach sinkt der Schatz immer tiefer in den Boden, damit er den Grafentöchtern nicht genommen werden kann.

Jexhof und Kuchelschlag

Zwei km südlich von Schöngeising liegt, umgeben von Wald und Feldern, die Einöde Jexhof, die als Hofanlage im 15. Jh. erwähnt wird. Heute befindet sich hier ein Bauernhofmuseum.

Südlich vom Jexhof gab es in dem bereits im Landkreis Starnberg gelegenen Waldgebiet *„Kuchelschlag“* eine heute nicht mehr vorhandene Höhle; in dieser soll um 1770 ein berühmter Räuberhauptmann, der „Bayrische Hiasl“, mit seiner Bande für eine Weile gehaust haben. Mit bürgerlichem Namen hieß der „Bayrische Hiasl“ Matthias Klostermayer. Der 1736 in Kissing bei Augsburg geborene Sohn eines Taglöhners und Viehhirten verdiente seinen Lebensunterhalt zunächst als Hirt und Knecht; seine große Liebe aber gehörte der Jägerei, die er heimlich betreiben mußte, weil die Jagd dem Adel (Landesfürsten und Grundherren) vorbehalten war. Im Schwäbischen wurde er Mitglied einer Gruppe von Wildschützen; im Mai 1765 verurteilte man ihn wegen Wilddieberei zu einer

Der „Bayrische Hiasl“ mit seinem Buben und seinem Hund

mehrmonatigen Zuchthausstrafe. Nach seiner Entlassung scheint er, obwohl er Frau und Kind hatte, nicht mehr in die Gesellschaft zurückgefunden zu haben – er wurde Anführer einer Räuberbande. Im Januar 1771 wurde er gefangengenommen, wegen Landfriedensbruch, Raub und Totschlag in neun Fällen zum Tod verurteilt und am 6. 9. 1771 in Dillingen mit dem Rad hingerichtet.
Das Andenken an den Bayrischen Hiasl ist im Volk lebendig geblieben, auch wenn der Mensch Matthias Klostermayer schon lange tot ist. Gleich nach seiner Hinrichtung begann eine rege Produktion von Biographien, Fliegenden Blättern, Dramen und Kolportageromanen. Es gibt zahlreiche Volkslieder über ihn. Die Erzählüberlieferung hat Motive, die auch von anderen populären Räubern überliefert sind, auf den Bayrischen Hiasl übertragen und ihn mit magischen Fähigkeiten ausgestattet, die ihn in die Nähe eines Teufelsbündners rücken. So berichtet eine Sage, daß einst Soldaten die Räuberhöhle im Kuchelschlag entdeckt hatten; Hiasl und seine Gefährten mußten ihr Versteck Hals über Kopf verlassen, wobei sie viele wertvolle Schätze zurückließen. Vertiefungen, die noch heute in dem hügeligen Gelände sichtbar sind, stammen der Überlieferung nach von Schatzgräbern, die sich diese Diebsbeute aneignen wollten. Es heißt, daß die Schätze bei jedem Versuch immer tiefer in den Boden sinken und vom Teufel bewacht werden.
Die Popularität des Bayrischen Hiasl, der schon zu Lebzeiten bei der Bevölkerung oft Rückhalt und Unterschlupf fand, dürfte vor allem damit zusammenhängen, daß man die Wilddieberei als willkommenen Beistand gegen Wildschaden auffaßte, unter dem besonders die kleinen Bauern zu leiden hatten. Von fanatischem Gerechtigkeitssinn getrieben, kämpft der „edle Räuber" gegen politisch-gesellschaftliche Mißstände, gegen die Obrigkeit. Als Beschützer der Armen erlegt er das Wild, das die Felder der Bauern verwüstet und so die Ernte schmälert.
→ Westenhofen

SCHWARZLACK (Gem. Brannenburg, Lkr. Rosenheim)

Wallfahrtskirche Mariahilf und St. Nepomuk
Hinter dem Brannenburger Schloß führt ein bewaldeter Fußweg nach Schwarzlack (eine halbe Stunde). Dort ließ sich 1659 der Eremit Georg Tanner bei einem moorigen Weiher, der „schwarzen Lacke" nie-

der und erbaute eine hölzerne Klause mit Kapelle für das „Mariahilf-Bild“, welches er bei einem Baumstock gefunden hatte. Einer Legende nach ließ Ferdinand von Hundt, der damalige Herr auf Brannenburg, dieses Marienbild zweimal auf sein Schloß bringen, es kehrte jedoch auf wunderbare Weise immer wieder zur „schwarzen Lacke“ zurück. Wegen der sich ausbreitenden Wallfahrt wurde die einfache Holzkapelle in den Jahren 1752–1763 zur Kirche ausgebaut. Mittelpunkt des Hochaltars (1765) ist das Gnadenbild „Mariahilf“, eine Kopie des von Lucas Cranach (um 1520) gemalten Innsbrucker „Mariahilfbildes“, welches den meistverbreiteten Marienbildtypus repräsentiert.
In der Wallfahrtskirche befindet sich eine Votivtafel aus dem 19. Jh., auf der geschrieben steht: „Gott sei Dank und Maria, weil die Kuh von Sixtus Lechner, Kogler, welche 25 Klafter tief durch ein Loch hinunterfiel, nach drei Tagen glicklich heraufgezogen worden ist 1843“.

SEEFELD (Lkr. Starnberg)

Schloß

Seefeld war während des 12. und 13. Jh. Sitz adliger Herren, die in der Umgebung ausgedehnten Grundbesitz hatten. Schon im 12. Jh. wird ein Burgschloß urkundlich erwähnt. Der heutige Bau vermittelt trotz tiefgehender Veränderungen, die er im Lauf der Zeit erfahren hat, noch immer den Eindruck einer mittelalterlichen Burganlage. Nach mehrmaligem Besitzerwechsel kam Seefeld 1472 an die Grafen Toerring, die noch heute Inhaber des am Ostufer des *Pilsensees* bei *Oberalting* gelegenen Schlosses sind.
Aus der Frühzeit des Burgschlosses ist ein sagenhafter Vorfall überliefert, der ein international verbreitetes Erzählmotiv ist, zuerst in der Chronik Thietmar von Merseburgs (975–1018) Erwähnung findet und in zahlreichen Varianten überliefert ist, deren bekannteste die im Rheingau lokalisierte Sage vom Mäuseturm bei Bingen sein dürfte: zur Strafe für seine Hartherzigkeit gegen die Armen wurde ein Mainzer Erzbischof namens Hatto von Mäusen überfallen, bis in einen auf einer nahen Rheininsel gelegenen Turm, wo er Schutz suchte, verfolgt und bei lebendigem Leibe aufgefressen.
Auch in Seefeld gibt es diese Geschichte von einem bösen Herrn, der jedoch glimpflicher davonkommt: Viele hundert Jahre bevor Schloß und Hofmark See-

Die Sage vom Mäuseturm. Holzschnitt, 1557

einen steinreichen, aber hartherzigen Besitzer gehabt haben, der in der Zeit einer großen Teuerung Arme und Bettler in eine Scheune sperren und verbrennen ließ. „Hört das Wimmern der Ratten und Mäuse!“ soll er dabei ausgerufen haben. Da traf ihn der Zorn Gottes: Ratten und Mäuse drangen in sein Schloß ein und selbst in seinem Bett soll der Schloßherr vor den Tieren nicht mehr sicher gewesen sein. Er floh auf eine kleine Insel im nahegelegenen Wörthsee, aber das Ungeziefer folgte ihm auch dorthin. Erst als er in seiner Not Gott um Hilfe anflehte und versprach, künftig den Armen Gutes zu tun, verschwanden die Tiere. Man konnte in Seefeld und auf der Insel im Wörthsee wieder unbehelligt und in Ruhe leben. Der See wird allerdings im Volksmund noch heute Maussee genannt.

SIGMERTSHAUSEN (Gem. Röhrmoos, Lkr. Dachau)

Deckenfresko und Gnadenbild in St. Vitalis
Auf den Fundamenten der romanischen Vorgängerkirche St. Vitalis entstand 1754/55 unter Johann Michael Fischer die Hofmarks- und Wallfahrtskirche, ebenso wie *Altomünster* ein Spätwerk des berühmten Baumeisters.

Die Anfänge der Marienwallfahrt gehen allerdings schon auf den Beginn des 18. Jh. zurück, als nach der Legende der damals 13jährige Thomas Hofwirth beim Viehhüten eine aus Ton gebrannte Muttergottesfigur mit Jesuskind fand. Ein Schafbock, so erzählt man, habe die kleine Figur aus dem Boden gescharrt. Die Madonna wurde daraufhin in der alten Hofmarkskirche ausgestellt, und bald darauf erfolgten auch Gebetserhörungen.
1731 besuchte der Kurfürst Karl Albrecht von Bayern mit dem damals fünfjährigen Kronprinzen die Madonna von Sigmertshausen. Auch der Kronprinz fand Heilung. 1754 kamen Hofmark und Hofmarkskirche durch Verkauf in den Besitz des Freiherrn von Ruffini, der dann die Kirche umbauen ließ.
Das Deckenfresko, von Franz Joseph Degle 1755 erstellt und signiert, zeichnet die ganze Wallfahrtslegende und Entstehungsgeschichte nach. Darin beschützt die Mariengestalt im reichen Gewand alle, die sich um sie scharen: Gesunde und Kranke, Geistlichkeit, Fürsten und auch den Maler.
Das Gnadenbild selbst befindet sich auf dem Hochaltar und wird „Fraumantel" – unsere liebe Frau im Mantel – genannt.

SIGRÜN (Gem. Pleiskirchen, Lkr. Altötting)

Corona-Kapelle
Nördlich von *Winhöring* liegt die Einöde Sigrün. Hier steht am Rande eines Buchenwaldes die in der zweiten Hälfte des 15. Jh. erbaute Kolomanskirche und etwa 100 m unterhalb die holzverkleidete Corona-Kapelle, benannt nach einer Märtyrerin des 2. Jh. Diese Kapelle wurde 1603 über (oder neben) einer Quelle erbaut, die vor etwa 30 Jahren versiegt ist und deren Wasser man mit einer noch vorhandenen gußeisernen Pumpe heraufholen konnte; sie steht heute, vom eigentlichen Andachtsraum abgetrennt, im hinteren Teil der Kapelle. Das Wasser dieser Quelle galt als heilkräftig; es fand bei Augenleiden und besonders bei Zahnbeschwerden Verwendung – häufig in Verbindung mit einem Löffelopfer. Ein kirchliches Visitationsprotokoll von 1745 bezeugt, daß in der Kapelle von Sigrün Löffel zusammen mit einem Ei und Salz niedergelegt wurden. 1930 entdeckte man neben Wachsvotiven auch blecherne Löffel und Zähne, die mit einem Band an die Löffel angebunden waren.
Ihre heutige Gestalt hat die Kapelle wohl erst im 19. Jh. erhalten. Das frühere Corona-Patrozinium ist

zugunsten der Marienverehrung in den Hintergrund getreten.

Starnberg

Starnberger See
Die Landschaft des Starnberger Sees verdankt ihre Enstehung der letzten Eiszeit – der Würmeiszeit – etwa 11 000 bis 10 000 v. Chr. Die vorläufig letzte Eiszeit wurde vor etwa 70 Jahren von dem bedeutenden Eiszeitforscher des Alpen- und Voralpengebietes, Albrecht Penck, nach dem Würmfluß benannt. Vom 8. bis zum 12. Jh. hieß der Fluß *„Wirmina"* oder *„Wirmin"* = schnell strömend. Der See bedeckt eine Fläche von 56,36 qkm und hat eine Länge (Nord-Süd) von etwa 21 km. Erst 1962 wurde die Bezeichnung „Starnberger See" amtlich festgelegt.
In früherer Zeit nannten ihn die Menschen nur Würmsee, denn der Sage nach soll auf dem Boden des Sees seit Erschaffung der Welt ein riesiges, wurmartiges Ungeheuer liegen, das seinen Kopf unter dem Leib versteckt hält. Irgendwann aber, so lautet die Sage, wird das Tier mit dem Schlangenleib erwachen und aus dem See kriechen, das Land überfluten und alles Leben vernichten.
Die Sage vom wurmartigen Ungeheuer basiert auf einer volksetymologischen Fehlinterpretation des Wortes „Würm". Der Wasserdrache ist die mythische Verkörperung einer realen Gefahr, der Überschwemmung.

Stein an der Traun (Stadt Traunreut, Lkr. Traunstein)

Burgruine Stein
Kurz vor der Mündung der Traun in die Alz verengt sich ihr Tal und schließt ostwärts mit einer senkrechten Nagelfluhwand von 48 m Höhe und über 500 m Länge ab. Hier liegt der Ort Stein, der weithin sichtbar von einer Burgruine beherrscht wird. Die Anlage besteht aus drei deutlich zu unterscheidenden Teilen: der oberen Burg oder dem Hochschloß, der Felsen- oder Höhlenburg und dem unteren oder neuen Schloß, die einen in den Fels gehauenen unterirdischen Gang miteinander verbunden sind. Die Herren von Stein werden seit 1130 urkundlich belegt. Die Burg war von Anfang des 13. Jh. bis 1662 im Besitz der Grafen von Toerring.
Wie ein „Raubritternest" an der Felswand klebend präsentiert sich die sagenumwobene Höhlenburg mit

Stich von Pierre-Clément Mariller zu Perraults „La Barbe-Bleue"

einem verfallenen runden Turm, der im Volksmund als *„Hunger-"* oder *„Leichenturm"* bezeichnet wird. Die Räume und Gänge vermitteln einen Eindruck von mittelalterlichen Wohnverhältnissen und Lebensgewohnheiten eines Adelsstandes, der zum Raubrittertum abgesunken war.

Die Burg ist Schauplatz einer Begebenheit, die auch in volkstümlicher und literarischer Überlieferung geläufig ist. Unter dem Titel „Der Mörderbräutigam" versteht man eine Gruppe von Erzählungen, in denen von einem mörderischen Freier und der Rettung der Heldin aus seiner Gewalt berichtet wird. Typische Vertreter ist die wahrscheinlich im Mittelalter entstandene, in zahlreichen Varianten über ganz Europa verbreitete Mädchenräuberballade sowie die Grimmschen Märchen „Fitchers Vogel“ und „Der Räuberbräutigam“ und das Blaubartmärchen. Unter dem Titel „La Barbe-Bleue“ wurde es zuerst 1697 von dem französischen Schriftsteller Charles Perrault in seinen „Contes de ma mère l'Oye“ erzählt:

Ritter Blaubart verbietet seiner Frau, ein bestimmtes Zimmer zu betreten. Sie tut es doch und findet darin die Leichen ihrer Vorgängerinnen. Der Schlüssel und/oder ein ihr anvertrautes Ei entfallen ihr; das Blut daran läßt sich nicht beseitigen. Blaubart erkennt, daß sie sein Verbot übertreten hat und will sie töten. Ihre Brüder retten sie im letzten Augenblick, Blaubart wird von ihnen erstochen.

In Stein a.d. Traun hat man diesen Stoff ins wilde Raubrittermilieu verlegt und mit zusätzlichen melodramatischen Zügen ausgestaltet. Hier soll der wilde Raubritter Heinz von Stein gehaust haben – der Sage nach war er ein wahres Ungeheuer. Nicht nur wegen seiner Verbrechen wie Raub, Vergewaltigung, Brandstiftung und Mord wurde er „der Wilde“ genannt, sondern auch wegen seines schrecklichen Aussehens. Ein (heute nicht mehr vorhandenes) Gemälde in der Höhlenburg stellt ihn dar als bärenstarken Mann mit gedrungenem Körperbau und krummen Beinen. Zwei übergroße, hervorstehende Zähne entstellen sein Gesicht und verleihen ihm wegen der dadurch aufgestülpten Oberlippe eine Ähnlichkeit mit einem Eber. Sein furchteinflößendes Äußeres wird noch durch einen struppigen Bart und eine wilde Haarmähne unterstrichen.

Wie es heißt, war im weiten Umkreis kein schönes Mädchen vor diesem Ritter sicher. Oft stellte der „blaubärtige Schnapphahn“ die Mädchen, die er mit List oder Gewalt in seine Burg geschleppt hatte, auf eine seltsame Probe. Der Wüstling gab der Betreffenden ein Ei, welches sie immer in der Hand halten mußte und verbot ihr, eine bestimmte Tür in der Burg zu öffnen. Tat sie es dennoch, sah sie in einem Kerkerloch frühere Opfer des Lüstlings, mit Ketten gefesselt und halbverhungert am Boden schmachten. Vor Schreck ließ sie meistens das Ei zu Boden fallen, wo es zerbrach. Zur Strafe wurde das Mädchen dann auch in das Felsenloch gesperrt und nach entsetzlichen Qualen in den Brunnenschacht geworfen.

Eines Tages verliebte sich der gottlose Heinz von Stein in ein sehr schönes Mädchen namens Waltraud. Ihr Vater, der Gutsbesitzer Hans Gravenecker, beschützte sie Tag und Nacht vor dem grausamen Unhold. Außer sich vor Zorn ließ dieser einen mehrere Kilometer langen Gang graben, welcher an der Stelle ans Tageslicht kam, an der sich Waltraud oft aufhielt. So gelang es dem Raubritter tatsächlich, das Mädchen auf seine Burg zu entführen. Weil Gravenecker bei verschiedenen bayerischen Fürsten um Hilfe gebeten hatte, wurde er von Steins Mordgesellen auf die Höhlenburg verschleppt und in ein Verlies gesperrt. Hier sollte er, mit der Folter bedroht, seine Tochter dazu bringen, den Wüterich zu heiraten. Er gab ihr aber stattdessen einen Dolch, um sich zu schützen. Inzwischen hatte sich Gottfried Gebsattel, Waltrauds heimlicher Verlobter, unter die Gefolgsleute des Raubritters aufnehmen lassen, um in die Höhle zu gelangen. Als nun die Soldaten der bayerischen Fürsten in der folgenden Nacht ankamen, öffnete ihnen der junge Mann das Tor und verschaffte ihnen Zugang zu der sonst uneinnehmbaren Felsenburg. Als Heinz von Stein mitten in der Nacht in Waltrauds Gemach eindrang, um sich zu retten, glaubte das Mädchen, er wolle ihr ein Leid antun und stieß sich den Dolch des Vaters mitten ins Herz. Gebsattel, der kurz danach hereinstürzte, um seine Braut zu befreien, sah in Heinz Stein den Mörder und stieß dem Verhaßten das blanke Schwert in den Leib. Als er aber dann erfuhr, daß er ein unehelicher Sohn des Heinz von Stein war, stürzte er sich in seiner Verzweiflung in sein eigenes Schwert.

STEINGADEN (Lkr. Weilheim-Schongau)

Pfarrkirche St. Johannes der Täufer
Steingaden ist Sitz eines ehemaligen Klosters, von dem auch der Bau der *Wieskirche* ausging. 1147 übergab Herzog Welf VI. von Bayern das von ihm gegründete Kloster an die Prämonstratenser, das im Bauernkrieg 1525 und während des Dreißigjährigen Krieges schwere Schäden erlitt. 1803 brannten Teile des aufgehobenen Klosters nieder; die Abteikirche wurde Pfarrkirche.
Die 1176 geweihte Kirche, eine dreischiffige romanische Pfeilerbasilika, präsentiert sich trotz der später erfolgten Rokokoverkleidung noch heute als mittelalterlicher Bau. Während Chor und Seitenschiffe gleich nach der Zerstörung des Dreißigjährigen Krieges ihre barocke Umgestaltung erhielten, bekam das Mittelschiff sein Rokokogewand anläßlich der Sechshundert-Jahrfeier des Klosters 1747. Die ausführenden Künstler waren der Wessobrunner Stukkateur Franz Xaver Schmuzer und der Augsburger Akademiedirektor Johann Georg Bergmüller (1688–1762), der 1741 bis 1744 die Deckenfresken schuf.

Der heilige Norbert

Norbert, der Stifter des Prämonstratenserordens, wurde um 1085 als Sohn einer adligen Familie in Gennep/Niederlande geboren und war nach seiner geistlichen Ausbildung Stiftsherr in Xanten am Niederrhein, Domherr in Köln und schließlich Hofkaplan Kaiser Heinrichs V. Ein schweres Unwetter, das ihn in Lebensgefahr brachte, führte eine innere Umkehr herbei: Norbert gab sein weltliches Leben auf, zog sich ins Benediktinerkloster Siegburg zurück, wo er 1115 die Priesterweihe empfing. Danach zog er mit päpstlicher Vollmacht als Wanderprediger durch Deutschland, Belgien und Frankreich, wo er 1221 in Prémontré bei Laon den Reform-Orden der Prämonstratenser oder

Norbertiner gründete, der rasche Ausbreitung fand. 1126 wurde er zum Bischof von Magdeburg ernannt. Die Heiligsprechung hat erst 1582, lange nach dem am 6. Juni 1134 erfolgten Tod Norberts, stattgefunden. Verehrung und bildliche Darstellungen setzten seit dem 15. Jh. ein und finden sich vor allem im 17. und 18. Jh.

Dargestellt wird der hl. Norbert meist in Pontifikalkleidung oder in der Tracht seines Ordens. Als Bischof trägt er Stab, Kelch und eine leuchtende Monstranz, die auf seine tiefe Verehrung der Eucharistie hinweist – ein typisches Produkt der Gegenreformation, für die die eucharistische Gegenwart Christi im Altarssakrament von besonderer Bedeutung war. Die Legende erzählt, daß einst bei der Meßfeier eine giftige Spinne in den konsekrierten Wein fiel. Norbert ließ sich dadurch aber nicht beirren, er trank aus dem Kelch und verschluckte die Spinne, die kurze Zeit später aus seinem Nasenloch wieder herauskam, ohne ihm geschadet zu haben.

Die Fresken in der Steingadener Pfarrkirche sind ebenfalls dem hl. Norbert gewidmet. Das erste Gemälde stellt die Gründungslegende dar: Während einer Romreise sieht Norbert in einer Vision die (Neu)gründung des Klosters, er kniet vor dem Gekreuzigten und ein Engel zeigt ihm den Klosterplan. Das Fresko über der Orgel zeigt die Verwirklichung dieser Vision:

> „Quod divinabat Norbertus,
> Explebat Guelpho sextus“
> (Was Norbert erschaut, hat Welf VI. erbaut).

Auf dem mittleren Fresko schließlich ist die Verherrlichung des Heiligen im Himmel zu sehen.

Die Wieskirche

Die Wallfahrtskirche „Zum Gegeißelten Heiland“ liegt 5 km südlich von Steingaden auf einem Hügel vor dem Hohen Trauchberg. Über eine Million Menschen, Gläubige und Kunstkenner, kommen jährlich, um dieses „Juwel des Rokoko“ zu sehen, das der Wessobrunner Baumeister Dominikus Zimmermann (1685 bis 1766) geschaffen hat. Die Geschichte der Wallfahrt geht zurück auf ein Bildwerk des gegeißelten Christus, das 1730 von Prämonstratensern in Steingaden gefertigt worden war.

1746 wurde auf Betreiben des Abtes von Steingaden der Grundstein zur Kirche gelegt und obwohl die vorveranschlagten Kosten bei weitem überschritten wurden, konnte der Bau 1757 vollendet werden. Der Oval-

Die Wiesbäuerin Maria Lori, Ölgemälde, 18. Jh.

raum mit freistehenden Pfeilern und seitlichem Umgang entfaltet sich in seiner ganzen Pracht als Rokokoraum, dessen Grenzen zwischen Architektur, Bild und Ornament verschwimmen. Die Deckenfresken fügte der Bruder des Baumeisters ein, der Münchner Hofmaler Johann Baptist Zimmermann (1680–1758). Sie zeigen die Erscheinung Christi zum Jüngsten Gericht. Den zweigeschossigen Hochaltar mit seinen Flankensäulen aus rötlichem Marmor bekrönt im durchbrochenen Auszug das apokalyptische Lamm (Offbg. 6,1), hinter dem sich der Blick in die Ewigkeit zu öffnen scheint. Darunter blickt man auf das Hochaltarbild von Balthasar Augustin Albrecht (1687–1765) in der barocken Farbtrias blau-rot-gelb. Es zeigt Christus inmitten der heiligen Sippe. Im unteren Teil, in einer Nische, hat das wundertätige Gnadenbild seinen Platz gefunden, das Anlaß zum Kirchenbau war.
Die Barockzeit pflegte besonders die Verehrung des Leidens Christi. Für die auch im Kloster Steingaden übliche Karfreitagsprozession hatten Mönche im Jahr 1730 eine (künstlerisch bedeutungslose) Figur von Jesus an der Geißelsäule hergestellt. Das 128 cm große Bildwerk wurde aus Teilen älterer Holzfiguren zusam-

mengesetzt, mit Leinwand überzogen und mit Ölfarbe bemalt; Haupt- und Barthaar (Roßhaar) gaben ihm ein realistisches Aussehen. Wegen des erbärmlichen Anblicks wurde es aber bald nicht mehr benützt und landete auf dem Dachboden des Klosterwirtshauses. 1738 holte die Bäuerin Maria Lori es zur persönlichen Andacht in ihr Haus, wo sich am Abend des 14. Juni 1738 das ereignete, was als „Wunder in der Wies“ bekannt wurde.: die Frau bemerkte „... einige Tropffen in dem Angesicht des Bildnuß, welche sie vor Zäher haltete.“ Dieses Tränenwunder war der Anfang einer sich rasch ausbreitenden Wallfahrtsbewegung. 1739/1740 entstand gegenüber dem Wieshof eine kleine hölzerne Feldkapelle, in der das Bild aufgestellt wurde. Diese Kapelle existiert heute noch: sie steht beim heutigen Parkplatz, links am Weg zur Kirche. Im Sommer 1745 untersuchte eine Kommission des Augsburger Bischofs die Figur, befragte die Familie Lori und empfahl, die neue Wallfahrt als Christuswallfahrt „zu befördern“. Sehr bald wurde das Gnadenbild des Gegeißelten Heilands Mittelpunkt einer Wallfahrt von europäischen Dimensionen, die schließlich den Bau einer großen Kirche erforderte und bis heute lebendig geblieben ist. Als diese neue Wallfahrtskirche während der Säkularisation (1803) abgerissen werden sollte, retteten die Bauern der Umgebung durch Bittschriften und persönliche finanzielle Opfer Kirche und „Wiesherrle“, bis der Staat die Unterhaltskosten übernahm. In den Jahren 1985–91 sind umfangreiche Restaurierungsmaßnahmen erfolgt.

Wie bei Wallfahrtskirchen häufig, hat auch die Wies zwei Seitenumgänge, die einen möglichst nahen Zugang zum Gnadenbild und die Ablage von Votivgaben (Bilder, Kerzen, Gebetszettel und Dankbriefe) ermöglichen. Bereits das 1746 gedruckte erste Wallfahrtsbüchlein „Neu entsprossene Gnadenblum auf der Wies“ berichtet von 346 Wundern und Gebetserhörungen; fast 800 Votivtafeln waren bis zu diesem Zeitpunkt aufgehängt. Der größere Teil ist inzwischen verlorengegangen; wertvolle alte Exemplare birgt das der Wieskirche angeschlossene Wallfahrtsmuseum, in dem auch ein um 1745 entstandenes Porträt der Maria Lori aufbewahrt wird: es zeigt die Bäuerin im Festgewand, in der Hand einen frühen Kupferstich des Wiesheilands. Auf zwei Szenen im Hintergrund ist links der Wieshof zu sehen, rechts das Ehepaar, wie es das Gnadenbild in die neuerbaute Kapelle bringt.

Von der größeren Bedeutung der Wallfahrt gerade im 18. Jh. zeugen über hundert verschiedene Kupfersti-

che, die als Andachtsbilder großen Absatz fanden und auch zu Heilzwecken verkauft wurden. Durch Auflegen eines solchen Bildes soll einer Frau der wehe Fuß ausgeheilt sein, einer anderen das Überbein am rechten Arm. Auch tönernen Plastiken des Gnadenbildes wurde heilende Wirkung zugeschrieben: man schabte davon etwas ab und nahm es ein. Auf einem Kupferstich von 1748 heißt es: „Ich bin auf der Wiss/Allen alles worden/und gibe denen/Blinden das Gesicht, Stummen die Red, Tauben das Gehör, Krumpen die geraden Glieder ...“.
Die Verehrung des Wiesheilandes verbreitete sich im ganzen Land; überall entstanden Kapellen, Kirchen und Bildnisse Zum Gegeißelten Heiland, die sich als *„Wiesfigürchen“* auf den Seitenaltären vieler Pfarr- und Wallfahrtskirchen befinden.

Taing (Gem. Pastetten, Lkr. Erding)

Filialkirche St. Ottilia

Wenige Kilometer nordöstlich von *Markt Schwaben* liegt der Weiler Taing. Das Gnadenbild auf dem spätbarocken Choraltar der im Kern noch spätgotischen Saalkirche stellt die hl. Ottilia dar. Sie ist als Nonne gekleidet und hält ein aufgeschlagenes Buch in der Hand, auf welchem ein Augenpaar liegt.
Ottilia (auch Odilia), Tochter des elsässischen Herzogs Eticho, wurde um 660 blind geboren und von ihrer Mutter in ein Kloster gebracht, weil ihr Vater sie töten wollte. Hier soll sie der Legende nach das Augenlicht erhalten haben, als der hl. Wanderbischof Erhard von Regensburg sie taufte. Auf der Hohenburg, dem späteren Odilienberg, gründete Herzog Eticho für seine Tochter ein Kloster, dessen erste Äbtissin sie war. Sie starb um 720 und wurde auf dem Odilienberg, dem Hauptwallfahrtsort des Elsaß, begraben. Sie ist Landespatronin des Elsaß und wird vor allem als Helferin bei Augenleiden angerufen. Ihre Verehrung verbreitete sich auch in der Schweiz, Österreich und Deutschland, besonders in Oberbayern.
Die der hl. Ottilia geweihte Kirche in Taing – in der Votivtafeln von der Heilung vieler Kranker berichteten – verdankt ihre Entstehung einer wundersamen Begebenheit: Vor langer Zeit, so wird überliefert, lebte im Tal der Sempt eine Gräfin, die erblindet war. Eines Tages wallfahrtete sie mit ihrer Tochter nach Altötting und gelobte eine Kirche zu Ehren der hl. Ottilia zu bauen, wenn sie das Augenlicht zurückerhalten wür-

de. Als sie auf dem Rückweg die Stelle in Taing erreicht hatte, wo heute die Kirche steht, soll es ihr plötzlich wie Schuppen von den Augen gefallen sein. Sie konnte wieder sehen und ließ das prächtig ausgestattete Gotteshaus errichten.

TAUBENSEE (Ramsau, Gem. Berchtesgaden, Lkr. Berchtesgadener Land)

Wallfahrtskirche Maria Kunterweg
Knapp 100 m oberhalb des Ramsauer Ortszentrums, in einsamer Höhe über der Waldschlucht am Hang des Kogels gelegen, steht der originellste Kirchenbau des Berchtesgadener Landes. Die Kirche ist in 20 Minuten von der Ramsauer Pfarrkiche aus auf einem gut angelegten Fußweg zu erreichen. Die herrliche Schöpfung des Rokoko wurde 1731–33 als Nachfolgebau einer Kapelle vom Salzburger Hofbaumeister Sebastian Stumpfegger errichtet. Der imposante Hochaltar (1756) mit großem Bild der Hl. Dreifaltigkeit und in die Kuppel reichendem Baldachin ist ein Werk des Berchtesgadener Hoftischlers Christoph Datz d.J. Im Zentrum steht das Gnadenbild, eine mit einem reich gearbeiteten Gewand des 18. Jh. bekleideten Muttergottes, das Kind auf dem rechten Arm, ein Schnitzwerk von Wolfgang Hueber (1690).
Über die Entstehung der Wallfahrtskirche Maria Kunterweg berichtet eine Legende: Einst führte von der Ramsauer Kirche aus ein schlechter, aber befahrbarer Weg in die *„Daubensee"*, das Tal des Taubensees. Er wurde Kunterweg genannt, weil häufig Hirten auf diesem Weg das Kleinvieh von den Almen trieben (Kunter = Kleinvieh). Immer wieder machten Gespenster, Spuk und Teufelsfratzen den Weg unsicher. Um Abhilfe zu schaffen, befestigte ein Unbekannter um die Mitte des 17. Jh. an dem Felsen hinter der heutigen Kirche ein Marienbild. Im Jahre 1690 ließ der Ramsauer Vikar Feichtinger eine Nische in den Felsen hauen. Am Fest Maria Himmelfahrt des gleichen Jahres wurde eine Muttergottesstatue – das heutige Gnadenbild – in feierlicher Prozession dorthin gebracht.
Zahlreiche Darstellungen der Votivbilder aus dem 18. und 19. Jh. sind nicht nur aufschlußreich für die religiöse Volkskunst und für die Entwicklung der Tracht im Berchtesgadener Land – sie berichten vor allem über die verschiedenen Anliegen der einzelnen Wallfahrer.
Eine großes Votivbild in Öl auf Leinwand aus dem Jahre 1750 berichtet beispielweise vom Besitzer des oberen Rehlegg-Lehens, der durch eigene Krankheit,

Siechtum seiner Frau und auch durch Seuchen bei seinem Vieh in größte Not gekommen war. Deshalb gelobte er der Gnadenmutter, ein Büchlein über Ziel und Zweck der Wallfahrt drucken zu lassen. Seine Bitte wurde erhört. Er erfüllte sein Gelübde und ließ außerdem diese Votivtafel malen.

TEGERNBACH (Gem. Rudelzhausen, Lkr. Freising)

Kath. Wallfahrtskapelle Mariä Geburt (Frauenbrünnl)
Das Frauenbrünnl – südlich von Tegernbach auf einem kleinen Hügel gelegen – gehört zur Gruppe der Marien- und Quellheiligtümer, die im 17. Jh. in dieser Gegend aufblühten. 1687 wurde die Wallfahrtskapelle erbaut. Das Altarretabel von 1688 mit Ergänzungen, die Mitte des 18. Jh. zugefügt wurden, umschließt das Gnadenbild, eine Muttergottes aus Ton.
An der Nordwestseite führt eine Treppe zur Quellkapelle hinunter. Bevor man das Innere des Baus umgestaltete, floß das vom Hang kommende Quellwasser in ein Becken in der Kapelle. Heute tritt die Quelle – nicht sonderlich gefaßt – unterhalb der Kapelle aus und fließt in den Tegernbach ab.
Im Tegernbach soll der Legende nach einst ein Marienbild geschwommen und auf der Höhe der Quelle gefunden worden sein. Ein andere Version erzählt, das Bild sei in der Quelle selbst gefunden worden. Beide Versionen gehören zu den sogenannten Stromsagen. Dort, wo das Bild des Heiligen aus Stein, Holz oder Ton hängen bleibt, ist der Ort, wo er seine Verehrungsstätte errichtet haben will.
Das Quellwasser, dem man früher Heilwirkung bei Augenleiden nachsagte, wird heute nicht mehr genutzt.

TEGERNSEE (Lkr. Miesbach)

See und Ringberginsel
Der Tegernsee (ca. 7,5 km lang, 2,5 km breit und bis zu 72 m tief) ist das Schürfbecken einer eiszeitlichen Gletscherzunge und wird von Gebirgsbächen, insbesondere der Weissach und Rottach, im Süden gespeist und findet in der Mangfall im Norden seinen Abfluß. Der See ist auf allen Seiten von Hügeln und Bergen umgeben, deren höchster der Wallberg (1722 m, Seilbahn) ist.
Eine Besiedlung dieses Gebietes in größerem Umfang setzte erst zu Beginn des vorigen Jh. ein, als hier Prominente aus München ihren Wohnsitz nahmen.

Tegernsee – Kupfer aus D. Meißner, Politisch Schatzkästlein. Nürnberg 1678

Vom Tegernsee wird eine Sage erzählt, die den Teufel als zufälligen Bildner dieser Landschaft darstellt: Dieser wollte das liebliche Tal, ein gelungenes Meisterwerk Gottes, zerstören, brach den halben Leonhardstein los und kletterte mit dem gewaltigen Felsbrocken den Ringberg hinauf. Er war jedoch so schwer, daß er ihm gleich unterm Ringberg in den See hineinrollte, wo er noch heute liegt und die einzige Insel des Tegernsees bildet.
Auf dieser Insel sollen vor vielen hundert Jahren böse Raubritter eine Burg, von der jedoch nichts mehr zu sehen ist, erbaut haben. Als eines Tages der regierende Abt des Klosters Tegernsee auf die Jagd ritt, überfielen sie ihn auf der einsamen Landstraße zum Achensee und sperrten ihn in die unheimliche Wasserburg. Die Klostermönche, die auf Ruderbooten herbeigekommen waren, boten als Lösegeld 500 Goldgulden und mußten zusehen, wie ihr Abt in einem eisernen Gitterkäfig mehrmals tief ins Wasser untergetaucht wurde. Später einigte man sich mit den Raubrittern auf 600 Gulden Lösegeld und der Abt durfte ins Kloster zurückkehren. Nicht lange darauf kam ein gewaltiges Erdbeben, das die Burg zerstörte und mit ihren zusammenstürzenden Mauern alle Räuber und ihren Hauptmann erschlug.

Zwei Kreuze am Tegernsee
Die Kreuze stehen am Egerner Seeufer beim Landungssteg des Überführers und in Tegernsee nahe der Hoffischerei am ersten Bootssteg des Yachtclubs.
Beide Kreuze sind aus Tuffstein und tragen die Jahreszahl 1544. Nach einer mündlichen Überlieferung soll in diesem Jahr in der Egerner Kirche eine Hochzeit stattgefunden haben, nach der die ganze Hochzeitsgesellschaft mit großen flachen Holzbooten hinüber nach Tegernsee zum Gasthof „Post" am See fuhr, wo

das Hochzeitsmahl angerichtet wurde. Bei der nächtlichen Heimfahrt sind das Brautpaar und seine Gäste in einen schweren Sturm geraten und alle vierzehn in den Sturmwellen ertrunken.

Schloß Ringberg

Das oberhalb der Ringberginsel am Hirschberg gelegene Schloß wurde um die Jahrhundertwende im Auftrag Herzog Luitpolds von Bayern (1890–1973) errichtet. Heute ist es im Besitz der Max-Planck-Gesellschaft und im allgemeinen für die Öffentlichkeit nicht zugänglich.

Der Hauskünstler, Friedrich Attenhuber, der zusammen mit dem Herzog den Bau geplant und alle Gemälde geschaffen hatte, entwarf in den Zwanziger Jahren auch die Ausstattung des sogenannten „Hexenzimmers“: sechs Wandteppiche, die noch heute existieren. Da der Ringberg der Überlieferung nach als Hexentanzplatz galt, behandeln die Bildwerke des Hexenzimmers die Themen Hexenflug und Hexensabbat – beides zentrale Bestandteile historischen Hexenglaubens. Dargestellt sind die Vorbereitungen zur Ausfahrt – Ritt auf Tieren (Hirsch, Wildsau, Fledermaus) – Tanz mit dem Teufel – schließlich das Bauernmädchen, das sich nach der Rückkehr beim ersten Hahnenschrei am Brunnen wäscht.

Ehemaliges Benediktinerkloster

Zwei Brüder, Adalbert und Oatker, aus der hochadeligen Familie der Huosi, gründeten um 746 das Kloster, das 804 die Reliquien des hl. Quirinius erhielt. Das Tegernseer Wappen zeigt neben zwei Seeblättern auch drei Kronen, die wohl auf die zwei fürstlichen Gründer und den römischen Kaisersohn St. Quirinus hinweisen.

Die Legende erzählt, daß Oatker einen einzigen Sohn, Rochus, hatte, der am Hof des fränkischen Königs Pippin (714–768) zusammen mit dem späteren Kaiser Karl erzogen wurde. Als die beiden Knaben einmal Schach spielten, geriet Karl wegen mehrerer verlorener Spiele in jähen Zorn und schlug mit einer der schweren Figuren seinen Gegner so heftig an die Schläfe, daß dieser tot zu Boden sank. Pippin, der die Rache der mächtigen, in Burgund und Bayern reich begüterten Verwandten fürchtete, lud alle seine Großen, darunter auch Oatker und Adalbert, zu einem Hoftag ein. Ohne zunächst Namen zu nennen, schilderte er das Unglück und fragte, was in einem solchen Fall zu tun sei. Alle waren der Meinung, ein Unglück, das nicht mehr abzuwenden sei, müsse von den Betroffenen demütig getragen werden; daraufhin gestand Pippin die Untat seines Sohnes Karl. Da Oatker und Adalbert nicht gegen ihr eigenes Urteil handeln konnten, beschlossen sie – nun ohne Erben – der Welt zu entsagen. Im bayrischen Sundgau stifteten sie am tegarin-seo (ahd. Großer See) ein Kloster, dem sie ihre Besitzungen übertrugen. Von einer Pilgerreise nach Rom brachten sie die Gebeine des hl. Märtyrers Quirin mit, sammelten viele Mönche um sich und traten selbst in das neugegründete Kloster ein, in welchem Adalbert der erste Abt wurde.

Nach einem Niedergang im 10. Jh. (Brandschatzung durch die Ungarn, Säkularisation durch Herzog Arnulf, Brand 975) wurde das Kloster 978 durch Kaiser Otto II. und seinen Vetter, Herzog Otto von Schwaben, wieder aufgerichtet, mit Benediktinern besiedelt und zu einer hohen kulurellen Blüte geführt. Eine zweite Blüte erlebte das Kloster mit der Einführung der Melker Reform (1426).

Das Kloster Tegernsee sollte zu einer berühmten Stätte abendländischer Kultur werden, wenn auch durch die Säkularisation 1803 unersetzliche Sammlungen, Wiegendrucke und Bücher verlorengingen und die kulturelle Entwicklung des Klosters damit ein jähes Ende fand. – Ab 1817 war das ehemalige Kloster im Besitz der Wittelsbacher; König Max I. erwarb den gesamten Gebäudekomplex und ließ ihn zu einer Sommerresidenz umgestalten. Nach dem Tod des ersten bayerischen Königs kam das ehemalige Kloster an seine Gemahlin Karoline, in der Folge an den späteren Heerführer Prinz Carl und den Augenarzt Herzog Karl Theodor. Das Schloß ist heute im Besitz von Herzog Max in Bayern. Im Schloß sind das Staatliche Gymnasium und Internat „Albertinum“, das Heimatmuseum und das „Herzogliche Brauhaus Tegernsee“ mit seinem beliebten Bräustüberl untergebracht.

Ehemalige Klosterkirche St. Quirin (heute Pfarrkirche)

Die ehemalige Klosterkirche St. Quirinus ist heute Pfarrkirche. Von ihren ältesten Bauteilen aus romanischer und gotischer Zeit ist nur wenig erhalten geblieben. Ab 1678 wurde die Basilika vom Münchner Hofbaumeister Enrico Zucalli, der auch die Pläne für die barocke Klosteranlage lieferte, umgestaltet. Die klassizistische Doppelturmfassade geht auf Leo von Klenze zurück (1817–24).

Ein Fresken-Thema in der Vorhalle ist die Darstellung eines Quellwunders. Ausschnitt aus Legendentafel, um 1500

Über dem barocken Kirchenportal befindet sich eine Rotmarmorplatte mit den Relieffiguren der Stifter Adalbert und Oatker im Ordenshabit, das Modell der Kirche in Händen haltend. Die Platte wurde 1457 von Hans Halder geschaffen und diente einstmals als Abdeckung des Stiftergrabs. Beim barocken Umbau der Kirche wurde die Tumba selbst in den Hochaltar eingebaut.

Auch die Fresken an den Westwänden der Seitenschiffe, ein Werk Johann Georg Asams (1688–94), beziehen sich auf die Gründung des Klosters: das eine zeigt das brüderliche Stifterpaar in fürstlicher Prunkgewandung, einen Pagen mit dem Modell der Kirche und Benediktiner mit Regula, Mitra und Abtstab; das zweite Kaiser Heinrich II. und seine Gemahlin Kunigunde († 1024 bzw. 1033), die größten Wohltäter des Klosters, die 1146 bzw. 1200 heiliggesprochen wurden. Obwohl sich am Stiftergrab Wunder ereignet haben sollen, fanden Adalbert und Oatker keine kirchliche Verehrung.

Die Fresken der Vorhalle – kleine Bildfelder in einer dominanten Stuckdekoration, ebenfalls ein Werk Johann Georg Asams – beziehen sich auf die Quirinus-Legende, von der zwei einander widersprechende Fassungen existieren. Nach der älteren Version starb Quirin während der Christenverfolgung unter Kaiser Claudius II. (268–270) den Märtyrertod durch Enthauptung; seine Leiche wurde in den Tiber geworfen, später bei der Tiberinsel San Bartolomeo bei Lykaonia aufgefunden und in der Pontianus-Katakombe beigesetzt. Die jüngere Legende bezeichnet Quirinus als Sohn des angeblich ersten christlichen Kaisers Philip-

pus Arabs, der nach kurzer Regierungszeit (244–49) eines gewaltsamen Todes starb, worauf auch Quirinus seines Glaubens wegen enthauptet worden sein soll. Seine Reliquien kamen um 761 nach Tegernsee; sie werden heute im Quirinusaltar des linken Seitenschiffes aufbewahrt.
Die Asam-Fresken berichten von Wundern, die sich bei der Überführung der Reliquien von Rom nach Tegernsee ereignet haben sollen: Als Fuhrknechte den versiegelten Sarg aufzubrechen versuchten, wurden sie von einem Blitzstrahl getötet. – Vor Unterbringung in der Grabkammer der Klosterkirche soll der unverweste Körper des Heiligen geblutet haben. – Bittende Hände ergreifen Fläschchen mit dem begehrten Quirinusöl, die von Klosterbrüdern verteilt werden.
→ St. Quirinus am Tegernsee

Der Leeberg
Früher soll es einen unterirdischen Verbindungsgang zwischen dem Benediktinerkloster Tegernsee unter dem Lärchenwald bis tief hinein unter den Leeberg gegeben haben, wo in kriegerischen Zeiten die großen Gold- und Silberschätze des Klosters Tegernsee versteckt wurden. Als einmal das Schloß zur innersten Schatzkammer zerbrochen war, wurde ein Schlosser geholt, den man jedoch nicht mehr lebend aus dem Berg ließ, weil die Mönche fürchteten, daß er sich den Eingang hätte merken können. Der Sage nach soll er seit jener Zeit am Eingang zu dem sagenhaften Klosterschatz gebannt sein und dort Wache halten, und so wollen ihn auch zwei Holzhacker gesehen haben, wie er in altertümlichem Gewande mit Hellebarde und brennender Laterne vor der niedrigen Pforte stand. Jene haben sich in ihrem Schrecken die Stelle nicht gemerkt, und am nächsten Tag konnten sie sie nicht mehr finden.

TEISING (Gem. Neumarkt-St. Veit, Lkr. Mühldorf/Inn)

Wallfahrtskirche Maria Einsiedeln
Am nördlichen Ortsende von Neumarkt-St. Veit, östlich des Schlosses, liegt eine kleine Votivkirche, die in den Jahren 1623–25 nach dem Vorbild der Gnadenkapelle in Maria Einsiedeln/Schweiz gestaltet wurde. Die künstlerische Ausstattung beschränkt sich auf den Gnadenaltar mit der Nachbildung der Einsiedeler-Madonna in Holz unter einem Metallbaldachin. Heute nicht mehr von schwarzer Hautfarbe, aber mit kostbar

gestickter Wechselgarderobe und austauschbaren Kronen geschmückt, steht sie vor einer kupfervergoldeten Strahlensonne über dem Tabernakelgehäuse (1758), das vom Landshuter Goldschmied Joseph Ferdinand Schmidt (1741–1790) geschaffen wurde.
Ihre Entstehung und die bis ins ausgehende 19. Jh. blühende Wallfahrt verdankt sie dem Schloßherrn Nicasius Otto Heinrich Magensreiter zu und auf Teising († 1643). Anläßlich einer Wallfahrt nach Maria Einsiedeln gelobte er, in Teising eine Einsiedelkapelle zu errichten, wenn seine Gattin Johanna, geb. Greifensee († 1640), von ihrer Krankheit genesen würde.
An den Hochwänden des der Gnadenkapelle vorgebauten Kirchenraumes (Anfang 18. Jh) hängen bedeutende Votivtafeln mit Darstellungen von Bränden und Kriegswirren in Neumarkt, gemalt von Lokalmalern.

THAINING (Lkr. Landsberg)

Die „Hungermühle“ im Wappen
Die nicht mehr existierende Mühle befand sich an der Straße von *Obermühlhausen* nach *Hagenheim*, ca. 500 m rechts südlich des Weilers *Grünsink*. Zur Pestzeit 1638 getraute sich kein Mensch mehr auswärts zu gehen und man ernährte sich nur noch von Baumrinden und isländischem Moos. Da war die Mühle bei Thaining die erste, die wieder Mehl lieferte und soll von jener Zeit an „Hungermühle“ genannt worden sein. Vielleicht hat sie ihren Namen auch von einem Manne namens „Hungermüller“ aus Memming, der schon vor der Pestzeit vorkam. An diese Mühle erinnert das Wappen der Herren von Thaining mit dem Mühlrad, das auch im Gemeindewappen auftaucht.

Kapelle St. Wolfgang
Die Kapelle liegt am Rande des ehemaligen Dorfangers („Grasweg“), der früher für Jahrmärkte und die Aufführung der Passionsspiele genutzt wurde. Im 18. und 19. Jh. war das Dorf wegen seiner Passionsspiele bekannt, die aufgrund eines Verlöbnisses aus der Pestzeit aufgeführt wurden. – Die Thaininger Wolfgangskirche ist eine Votivkirche und wurde aufgrund eines Gelöbnisses eines einheimischen Bauern, Johannes Scheffler, der eine Wallfahrt nach St. Wolfgang am Wolfgangsee unternommen hatte, gegründet: Da er auf dem Heimweg erkrankte, gelobte er, im Falle seiner Gesundung seinem Schutzheiligen eine Kirche zu bauen. Diese sollte auf dem sogenannten Hösleberg erbaut werden. Als die Zimmerleute begannen, das

Bauholz zu beschlagen, glitt einem von ihnen das Beil aus und er hieb sich eine so tiefe Wunde in den Fuß, daß bald die am Boden liegenden Holzabfälle vom Blute rot gefärbt wurden. Als ihn die anderen Zimmerleute auf einer Bahre an der Stelle vorbeitrugen, wo heute die St. Wolfgangskirche steht, lagen dort der Sage nach vom Blute triefende Scheite, obwohl man keinen Menschen erblickte, welcher sie hergebracht haben konnte. Am Arbeitsplatz waren hingegen all die blutigen Scheite verschwunden. Das deuteten die Leute als Wink Gottes, wohin die Kirche kommen sollte.

Die Findlinge bei Thaining
In der Nähe von Thaining nordwestlich vom Dorf über dem Gemeindebad auf einem hohen Bichel steht eine der Muttergottes von *Altötting* geweihte Kapelle, von der aus man einen prächtigen Fernblick genießt. Als einmal ein Bösewicht das Gnadenbild stehlen wollte, kam er der Sage nach nur ein paar hundert Schritt, da wurde das Bild so schwer, daß er es nicht mehr tragen konnte. Voller Reue entschloß er sich nun, das Bild zurückzubringen, das sofort wieder leicht wie zuerst wurde und sich auch heute noch am alten Platz befindet.
Viele Findlinge liegen bei der Kapelle teils offen, teils unter der Erde. Im Jahr 1850 kam eine Frau aus München nach Thaining, die sagte, sie habe durch ihren Erdspiegel erfahren, daß unter einem mächtig großen Steine in diesem Bichel ein überaus reicher Schatz verborgen läge. Der Stein wurde tatsächlich sechs Schuh unter der Erde gefunden, aber so sehr die Schatzsucher auch gruben, sie erreichten sein Ende weder in der Breite noch in der Länge und gaben die Sache auf. In den vielen kleinen Hügeln der Umgebung hat man schon Gebeine und Waffen gefunden und in dem Kapellenhügel soll ein König aus der Eisenzeit begraben sein.

Die Ödenburg
Auf einem Schloßberg genannten Hügel – Mauerreste in der Erde haben sich erhalten – soll sich vor vielen hundert Jahren ein stattliches Schloß befunden haben, in dem ein frommer Graf mit seiner Gemahlin lebte. Deren Nachkommen jedoch bedrückten ihre Untertanen und wurden schließlich zu Raubrittern. Als sie einmal einen Zug Kaufleute niedergeworfen hatten und in den Sälen ihrer Burg wüst feierten, erscholl um Mitternacht ein gewaltiger Donnerschlag, und mit einem entsetzlichen Schrei verschwand die Burg, von

Plünderung eines Dorfes durch Raubritter. Federzeichnung aus dem sog. Mittelalterlichen Hausbuch, um 1480

der nur ein trichterförmiger Kessel übrigblieb. Noch heute gilt die Stelle als verrufen.

THALHEIM (Gem. Fraunberg, Lkr. Erding)

Wallfahrtskirche Mariä Himmelfahrt.
Thalheim liegt östlich von Fraunberg, umgeben von Feldern, in einer Talsenke. Die Wallfahrt läßt sich bis ins späte 14. Jh. nachweisen. Es ist die älteste Marienwallfahrt im Erdinger Land überhaupt, die später unter den Wirren der Reformation und des Dreißigjährigen Krieges sehr zu leiden hatte und der Ende des 18. Jh. ein weiterer Tiefstand durch die Aufklärung und die napoleonischen Kriege beschieden war. Heute ist Thalheim wieder ein vielbesuchter Gnadenort. (Im Zuge einer „Dorferneuerung" wird er möglicherweise bald wieder *„Maria Thalheim"* heißen.)
Schon 1315 soll es hier ein Gotteshaus gegeben haben. Die prunkvolle Rokokokirche – ursprünglich eine gotische Wandpfeilerkirche – wurde 1670 mit Stuck verziert. Im 18. Jh. hat man das Kirchenschiff nach

Der heilige Eberhard

oder überregionale Bedeutung erlangt. An der Nordwand des Langhauses steht ein prachtvoller Barockaltar aus dem zweiten Viertel des 18. Jh. unter dessen Mensa die Gebeine des hl. Eberhard ruhen. Unter der Empore befinden sich sechs Tafeln vom Ende des 18. Jh. mit der Darstellung der Eberhardslegende.
Über die äußeren Lebensumstände des Eberhard von Tüntenhausen wissen wir sehr wenig (nicht zu verwechseln mit dem hl. Eberhard, der um die Mitte des 12. Jh. Erzbischof von Salzburg war). Nicht einmal seine Lebensdaten sind sicher bekannt. Sie werden zwischen 1000 und 1312 angegeben. Mitte des 15. Jh. weisen Zeugnisse auf eine Verehrung des Volksheiligen Eberhard hin, der hier ein frommer Hirte war und schon zu seinen Lebzeiten Wunder vollbracht haben soll. So ist sein Hirtenstab, den er einmal in den Boden gesteckt hatte, zu einem riesigen Baum gewachsen. Nach seinem Tode wurden durch seine Fürbitte und durch das Essen der Erde von seinem Grab Menschen und Tiere gesund. Die Heilkraft dieser Erde – eine Entnahme ist heute nicht mehr möglich – läßt sich

naturwissenschaftlich mit der chemischen Zusammensetzung des Bodens erklären. Tatsächlich dürfte Eberhard, abweichend von der Legende ein Angehöriger des niederen Adels, wahrscheinlich der Kirchenstifter gewesen sein. Im Jahre 1734 wurde er kanonisiert.

TÜRKENFELD (Lkr. Fürstenfeldbruck)

Als *„Duringeveldt"* wird Türkenfeld erstmals 762 erwähnt. Ortsadel baute schon im 12. Jh. eine Burg, die im Laufe der Jahrhunderte häufig ihren Besitzer wechselte. Im 17./18. Jh. waren die Fugger im Besitz von Türkenfeld.Bis ins 19. Jh. behinderten Kriege, Not und Seuchen die Entwicklung von Türkenfeld, so daß der Ort lange sein dörfliches Aussehen bewahrte.

Pfarrkirche Maria Himmelfahrt

Die 1489 im Auftrag des Hofmarksherren Wilhelm von Aresing erbaute, Ende des 18. Jh. barockisierte Pfarrkirche war ehemals der hl. Katharina und dem hl. Sylvester geweiht. Auch der rechte Seitenaltar ist dem heiligen Papst gewidmet. Am Eingang zur rechten Seitenkapelle (Südseite) befindet sich eine Gelöbnisfahne mit der Jahreszahl 1796, sie zeigt den Heiligen in pontifikaler Meßkleidung, einen Stier zu Füßen.
Sylvester war ein geborener Römer, unter dessen Pontifikat (314–335) die christliche Religion sich endgültig durchsetzen konnte, nachdem Kaiser Konstantin sich bekehrt und die Christenverfolgungen durch das Edikt von Mailand (313) beendet hatte. Die Legende sagt, daß der Kaiser – abweichend von der historischen Wirklichkeit – von Sylvester getauft wurde. Sie berichtet außerdem, der Papst habe einen von einem Magier getöteten Stier im Namen Jesu wieder zum Leben erweckt, womit die Macht des Christengottes über alle heidnischen Götter bewiesen war.
Als dieser symbolische Bezug nicht mehr verstanden wurde, wandelte Sylvester sich zum Patron der Haustiere, den man an seinem Festtag zur Jahreswende um ein gutes Futterjahr bittet.
In Türkenfeld geht die Verehrung des Heiligen als Orts- und Viehpatron vermutlich bis ins 18. Jh. zurück. Als 1807 im ganzen Voralpenland eine verheerende Viehseuche ausbrach, die den Bauern und dem Land großen Schaden zufügte, gelobten die Bauern, jedes Jahr zu Ehren des hl. Sylvester am 31. Dezember einen feierlichen Umzug mit Pferdesegnung abzuhalten, wenn das Land von der Seuche befreit würde.

Daraufhin nahm das Viehsterben ein Ende und die Türkenfelder erfüllten ihr Gelöbnis. Zum Dank und zur Erinnerung an den Heiligen wird jedes Jahr am 31. Dezember ein Umritt durchgeführt, der mittags mit der Segnung von Roß und Reiter im kleinen Hof des alten Fuggerschlosses beendet wird. Auf einer Stange wird die Statue des hl. Sylvester durch den Ort getragen, gefolgt von Vereinen, Blaskapellen, Reitern und geschmückten Gespannen.

Dreiherrenstein
Westlich von Türkenfeld, im Wald hinter *Geltendorf* – nach einer Gebietsreform heute im Lkr. Landsberg gelegen – steht in einer Senke ein 70 cm hoher dreikantiger Grenzstein aus Ruhpoldinger Rotmarmor. Eingehauen sind die Jahreszahl 1692 sowie die Wappen des Jesuitenkollegs Landsberg, des Klosters Benediktbeuern und des bayerischen Kurfürsten Max Emanuel. An dieser Stelle grenzten die Wälder der drei Grundherren aneinander. Grenzsteine gelten im Volksglauben als Spukorte, wo sich in lauen Sommernächten Hexen, Teufel und böse Geister versammeln; das soll früher auch beim Dreiherrenstein der Fall gewesen sein. Einige Weggefährten des „Bayrichen Hiasl", dem Anführer eine im 18. Jh. berüchtigten Räuberbande, die auch im Amperland ihr Unwesen trieb, sollen der Sage nach hier begraben liegen und am Allerseelentag (2. November) ruhelos umgehen.
Da der Dreiherrenstein nicht leicht zu finden ist, sei hier eine genaue Wegbeschreibung gegeben: Etwa 1 km westlich von Türkenfeld, an der Straße nach Geltendorf, befindet sich an der linken Seite ein Holzmarterl. Nach etwa 200 m führt an dieser Seite ein Weg in den Forst. Am Ende des Weges, nach etwa 50 m die Richtung für weitere 30 m einhalten, dann nach links abbiegen. Nach ca.40 m findet man in einer Senke den Stein).
→ Schöngeising

TUNTENHAUSEN (Lkr. Rosenheim)

Pfarr- und Wallfahrtskirche Mariä Himmelfahrt
Der Ort liegt 6 km nördlich von *Bad Aibling*. Er wird überragt von dem Turmpaar mit Spitzhelmen (um 1890) der mächtigen Wallfahrtskirche. Die seit 1226 dem Augustiner-Chorherrenstift *Beyharting* inkorporierte Kirche ist seit 1441 eine der ältesten Marien-Wallfahrtskirchen Altbaierns und die ehemalige Gnadenstätte des Hauses Wittelsbach.

Der Ursprung der Marienwallfahrt beginnt der Überlieferung nach schon im 14. Jh. Ein bayerischer Herzog – so die Legende – ließ 1334 ein Marienbild für den Choraltar von „Duntenhausen" anfertigen. Das älteste Mirakel ist 1441 datiert. In einer Traumweisung zeigte die „gnadenreiche helfferin Mariam die Mutter Gottes" einer seit elf Jahren kranken Frau von Brettschleipfen an, „wann sie wölle gesund werden, solle sie drey Sambstäg nacheinander nach Tuntenhausen gehn, alldort sovil Garn opffern, darauß ein Altartuch möchte gewürckt werden". Diese erste Gebetserhörung ist links neben dem Nordportal an der Außenwand der Kirche dargestellt. Weitere Wunder und eine Reihe von Ablässen haben einen großen Zulauf zum Gnadenbild von Tuntenhausen hervorgerufen.
Nach erschreckendem Niedergang während der Reformation blühte die Wallfahrt gegen Ende des 16. Jh. erneut auf. Im sog. „Kölnischen Krieg" (1583/84) soll sich der bayerische Herzog Ferdinand (1550–1608) der Muttergottes von Tuntenhausen versprochen haben. Ihr, der „virgo potens", der mächtigen Jungfrau,

Votivtafel

hat er nicht nur den „Sieg und Victori“ zugeschrieben, sondern auch die Rettung vor einem Mordanschlag durch acht gedungene Mörder. Seinen von Kugeln duchlöcherten Rock legte er auf dem Altar vor dem Gnadenbild von Tuntenhausen nieder. An den Kölnischen Krieg erinnert auch ein Votiv-Flügelaltärchen im rechten Seitenschiff, das der „Edel vnd Gestreng Herr Andreas von Ettling“, Kämmerer des Herzogs Ferdinand, 1586 gestiftet hat.

Während der Gegenreformation machte auch Kurfürst Maximilian I. im Jahre 1591 seine erste Wallfahrt nach Tuntenhausen zusammen mit seinem Vater, Herzog Wilhelm V. Zu Fuß sollen sie zum gnadenreichen Marienbild gewandert sein und im nahen Kloster Beyharting übernachtet haben. Auf dem Rückweg nach München wurden sie durstig und ließen sich von einer Bäuerin in *Berganger* Milch geben. Als sie nach der Uhrzeit fragten und sich herausstellte, daß niemand im Ort eine Uhr besaß, schenkte der Herzog der Bäuerin eine Wanduhr, von der noch heute Reste vorhanden sind: ein rundes weißes Zifferblatt mit römischen Zahlen auf blauem Grund. Es befindet sich an der Fassade des Mittermaier-Hofes, Braunautal 12 – flankiert von einer Erinnerungstafel, die die Einkehr der Stifter bezeugt.

Von den Votivtafeln des 17. und 18. Jh. sind nur wenige erhalten. Im rechten Seitenschiff hängt das große Votivbild (1679) des Georg Zängl, ehem. Wirt von Tuntenhausen. Die detailreiche Darstellungen vom Schicksal seines dreijährigen Töchterchens, welches in einen Brunnen gefallen war und auf wunderbare Weise wieder in seinem Bett aufgefunden wurde, ist von besonderem volkskundlichem Interesse.

Als wichtigstes Zeugnis der Bedeutung der Tuntenhausener Wallfahrt für Tirol hat sich an derselben Wand der „Söller Bauer“ erhalten, ein Pfluggespann in Miniatur, von der Gemeinde *Söll* Ende des 18. Jh. nach sieben Jahren Dürre gestiftet.

UNTERMÜHLHAUSEN (Gem. Penzing, Lkr. Landsberg)

Feldkapelle

Zwischen den Dörfern Untermühlhausen und *Geretshausen* bei *Landsberg* nahe der Bahnstrecke München-Lindau beim Bahnhof *Epfenhausen* hat sich ehemals eine Burg befunden. Am Fuße des Berges stand eine steinerne Säule, die den sel. Rasso und seine Mutter darstellte. Anstatt der verschwundenen Säule er-

richtete die Gemeinde 1954 eine kleine Kapelle. An dieser Stelle soll der berühmte Graf Rasso auf freiem Feld geboren sein, da seine Mutter Adalona vor der Grausamkeit ihres Ehemanns, des Grafen Rathold, zu ihrem Bruder, dem damaligen Pfarrer in Geretshausen geflohen war, unterwegs aber von den Wehen überrascht wurde. Als man 1871 für den Bahnhof Epfenhausen einen Einschnitt in den Berg machte, kamen menschliche Skelette mit Schwertern, Schildbuckeln und Tonperlen zutage, weshalb man vermutet, daß sich hier die Stammburg der Rohrbacher erhob.
→ Grafrath

UNTERSCHWEINBACH (Gem. Egenhofen, Lkr. Fürstenfeldbruck)

Steinkreuze
Zwei Steinkreuze stehen in diesem Dorf, eines am südlichen Ortseingang und das andere in der Mitte des Dorfes beim Maibaum. (Ein drittes, an einem anderen Dorfeingang, ist schon vor der Jahrhundertwende verschwunden). Es handelt sich um zwei sog. Sühnekreuze, steinerne Zeugen mittelalterlicher Rechtssprechung und des zu dieser Zeit üblichen Sühneverfahrens. Neben anderen Auflagen, wie z. B. einer lebenslänglichen standesgemäßen Versorgung der Angehörigen des Opfers, oblag es dem Mörder, am Ort des begangenen Verbrechens ein Sühnekreuz zu setzen. Nur durch Einhaltung der ihm auferlegten Sühneleistungen konnte er der Blutrache der Hinterbliebenen entgehen und die Seele des Toten Ruhe finden. Jeder, der vorbeiging, sollte für den Toten ein Gebet sprechen, daher standen die Kreuze häufig an Wegbiegungen und Kreuzungen. Folgende sagenhafte Geschichte rankt sich um diese Sühnekreuze:
Vor vielen hundert Jahren lebte auf der Glomburg in *Weyhern* Berta, ein hübsches Burgfräulein. Zur gleichen Zeit regierten auf Schloß Spielberg gemeinsam drei Brüder: Siegfried, Otto und Karlmann. Der Jüngste hatte sich in das hübsche Burgfräulein verliebt, aber auch Siegfried, der Älteste, begehrte sie. So kam es durch Liebe und Eifersucht zu einem Kampf auf Leben und Tod zwischen den beiden Brüdern, bei dem beide umkamen. Siegfried soll in der Mitte des Dorfplatzes gestorben sein; dem dritten Bruder, als er von dem schrecklichen Ereignis erfuhr, nahm der Schreck das Leben. Über Berta berichtet die Sage, daß man sie eines Morgens vor dem für Karlmann errichteten Steinkreuz, tot auffand.

VILGERTSHOFEN (Lkr. Landsberg)

Wallfahrtskirche zur Schmerzhaften Maria
Schon seit dem 10. Jh. befindet sich an gleicher Stelle eine Kirche, die bis 1803 dem Kloster *Wessobrunn* gehörte. Das liturgische Zentrum ist der Doppelstockaltar mit einer Pietà, dem vielverehrten Gnadenbild. Während des Dreißigjährigen Krieges sollen die Schweden das Muttergottesbild ins Feuer geworfen haben – es verbrannte jedoch nicht. Auf dieses Wunder hin wurde es vor allem von Frauen in Kindsnöten angerufen. Ende des 17. Jh. verhalf das Vesperbild dem damaligen Pfarrer Nikolaus Praun zu einer wunderbaren Heilung seines Kopfleidens. Die Holzplastik wurde daraufhin als Gnadenbild verehrt, und schnell entwickelte sich aus Bittprozessionen eine blühende Wallfahrt. Bis zu 24 000 Pilger pro Jahr strömten zu der Mariengnadenstätte, so daß sich der Wessobrunner Abt Leonhard Weiß zum Bau einer größeren Kirche entschloß, die 1692 geweiht wurde. Zwar bereiteten Säkularisation und staatliche Verbote am Anfang des 19. Jh. der immer noch regen Wallfahrt ein Ende, sie konnte jedoch auf die Initiative der Ortsbewohner wiederbelebt werden und hält bis in unser Jahrhundert an. In den späten 30er Jahren des 18. Jh. begann eine am Sonntag nach Maria Himmelfahrt abgehaltene „Stumme Prozession". Dargestellt wurden Szenen aus dem Alten und Neuen Testament (insbesondere aus der Passion). Die in der zweiten Hälfte des 18. Jh. verbotene Prozession lebte in den 70er Jahren des 19. Jh. wieder auf, als die Vilgertshofener eine Vielzahl von Passionsgewändern aus *Oberammergau* erwerben konnten. Den Abschluß der Prozession bildet das Gnadenbild; es wird vor dem Allerheiligsten hergetragen und später unter Glockengeläut in die Kirche zurückgebracht.

VOHBURG A. D. DONAU (Lkr. Pfaffenhofen a. d. Ilm)

Burgruine
Vohburg ist seit dem frühen 8. Jh. als Sitz der Grafen von Vohburg und Cham urkundlich genannt. Nach deren Aussterben kam es an die bayerischen Herzöge. 1316 wurde die alte Burg zerstört und hundert Jahre später vom Bayernherzog Ernst wieder aufgebaut. 1435 vermählte sich hier heimlich sein Sohn Herzog Albrecht III. mit der nicht ebenbürtigen Agnes Bernauer, die später auf Veranlassung ihres Schwiegervaters, Herzog Ernst, als Hexe in der Donau ertränkt

Vohburg. Kupferstich von Matthäus Merian

wurde. Im Dreißigjährigen Krieg zerstörten dann die Schweden die Burg bis auf wenige Teile. Die Ringmauern der Burg, die heute noch erhalten und restauriert sind, gehen an manchen Stellen auf das 13. Jh. zurück. Das spätromanische Burgtor zeigt mittelalterliche Ornamente.
Einstmals soll auf dem Schloß zu Vohburg das jüngste Töchterchen des Grafen zusammen mit einem zahmen Star, mit dem es gerne spielte, von einer Zigeunerbande entführt worden sein. Der treue Star flog trotz aller Nachstellungen der Zigeuner mit und wurde ihnen schließlich so unheimlich, daß sie eines Nachts das Mädchen vor einer einsamen böhmischen Herberge aussetzten. Die Wirtin sah an der fein gestickten Wäsche, daß die Kleine aus vornehmem Hause stammte und nahm sie freundlich auf. Eines Abends kam während eines Gewitters ein junger Ritter in die Herberge, hörte den sprechenden Staren, den er aus seiner Kindheit kannte, und konnte anhand des Wappens, das in das Kinderhemd gestickt war, seine Schwester wiedererkennen.
Literarisch ist der Stoff von Clemens Brentano (1808) und Ludwig Bechstein (1845) in Lied- bzw. Märchenform gestaltet worden.

WALCHENSEE (Lkr. Bad Tölz-Wolfratshausen)

Der Walchensee hat durch seine große Tiefe (bis zu 192 m) und sein besonders klares, grünes Wasser zu vielen Sagen Anlaß gegeben. Wie er zu seinem Namen kam, erzählt die folgende Geschichte:
Vor langer Zeit wollte einmal ein Herzog von Bayern, der auf seinen Jagdzügen oft an den See kam, dessen Tiefe ergründen. Er ließ sich also von seinen Jagdknechten in einem Kahn auf die dunkle, einsame Wasserfläche hinausrudern. In der Mitte angelangt, began-

nen sie, ein langes Seil, an dessen Ende ein Stein befestigt war, hinunterzulassen. Immer wieder mußte ein weiteres Seil angebunden werden und nichts deutete auf Grund. Plötzlich begann es aus der Tiefe heraus, wild zu sprudeln, und eine dumpfe Stimme erklang: „Ergründest Du mich, so schlünd ich Dich". Voller Angst beeilte man sich, mit dem Boot wieder das Ufer zu erreichen, bevor es in dem aufgewühlten Wasser umstürzen konnte. Ein alter Fischer am Ufer des Sees erzählte dann dem Herzog von einem riesigen Fisch in der Tiefe des Sees, einem Waller, der denjenigen hinunterziehe, der den See zu ergründen wage. Er liege dort mit seinem Schwanz im Maul und warte darauf, ob die Verderbtheit im Lande einmal überhand nehme. Dann werde sein Schwanz aus dem Rachen schnellen, den Kesselberg mit einem gewaltigen Schlag zum Einsturz bringen, und die Wasser des Sees würden das ganze Land überschwemmen. Der Herzog, in Sorge um Volk und Land, warnte seine Untertanen und ließ in den Klöstern Schlehdorf und Benediktbeuern Fürbitten und Meßopfer abhalten. So wurde es gehalten durch viele Jahrhunderte, um das Ungeheuer zu versöhnen.
In einer weiteren Sage wird behauptet, daß im Jahr 1755, als Lissabon durch das große Erdbeben zerstört und teils vom Meer verschlungen wurde, der Walchensee heftig getost habe. Er stehe nämlich durch eine Ader mit dem Meer in Verbindung. Zur Abwendung eines möglichen Unglücks, bei dem sich die Wasser gegen München ergießen würden, ließ man einmal im Jahr einen goldenen Ring in den See werfen und in der ehemaligen Gruftkirche in der Stadt täglich eine heilige Messe lesen.
Die Vorstellung, daß Gewässer von dämonischen Wesen bewohnt sind, welche unter Umständen Schaden anrichten und durch kultische Handlungen besänftigt werden müssen, ist sehr alt. Der Walchensee, zwischen steil abfallenden Felswänden gelegen, hat Dichter und bildende Künstler inspiriert. Sagenhafte Überlieferungen und tatsächliche tragische Ereignisse mit oft tödlichem Ausgang verwoben sich in den vergangenen Jahrhunderten zu einem eher düsteren Bild dieses buchstäblich abgründigsten bayrischen Gewässers, von dem der Schriftsteller *Karl Stieler* (1842–1885) sagt: „Weithin öffnet sich die Fluth und dennoch erscheint sie eingeschlossen, gefangen; spielendes Sonnenlicht verklärt die Fläche, und dennoch ist sie düster. Und wenn auch der schwarze Spiegel in regungsloser Ruhe liegt, so ist doch eine Leidenschaft in seinen Zügen, die das freie Gemüth des Wanderers erschreckt..."

Waltenhofen (Gem. Egenhofen, Lkr. Fürstenfeldbruck)

Marmorepitaph in der Kirche Hl. Dreifaltigkeit
Die 1612 geweihte Kirche wurde Ende des 17. Jh. umgestaltet. Ein in Stein gehauenes Bild an der Nordwand zeigt die Stifter, die Bauersleute Elisabeth und Hans Schädel, vor dem Gekreuzigten knien.
Über den Anlaß zur Stiftung berichtet die Legende: Als der Bauer mit dem Ochsenkarren eines Tages auf dem Weg nach München war, um Produkte seiner Landwirtschaft auf dem Schrannenplatz zu verkaufen, kam er in der Nähe von Waltenhofen an einem großen Birnbaum vorbei, dessen Wurzeln über den Weg wuchsen. Durch dieses Hindernis verursacht, kippte der Wagen auf den Bauern, aber wie durch ein Wunder war kein Schaden entstanden. Als er vor der Weiterfahrt die Wurzel nochmals betrachtete, sah er, daß sie die Form eines Kreuzes hatte. Er schnitt sie heraus, ließ einen Herrgott schnitzen und befestigte ihn daran. Das Kruzifix stellte er vor dem Birnbaum auf. Die Rettung bei diesem Unglücksfall wurde als göttliche Fügung verstanden und war Anlaß der Kirchenstiftung.

Wasserburg am Inn (Lkr. Rosenheim)

Pfarrkirche St. Jakob und Rathaus
Um 1410 wurde anstelle der um 1250 errichteten ersten Bürgerkirche die heutige, das Stadtbild beherrschende Pfarrkirche St. Jakob neu erbaut. Das Rathaus wurde 1457–59 anstelle eines um 1250 entstandenen und nach dem Stadtbrand von 1339 erneuerten Rathauses durch Jörg Tünzl erbaut.
An die Entstehung beider Bauwerke knüpft sich die Sage von zwei wackeren, erfahrenen Steinmetzen: Hans und Stephan. Sie hatten geschworen, stets ohne Haß und Eifersucht zusammenzuhalten. Beide aber waren in die Tochter des Bürgermeisters verliebt und diese sollte demjenigen zugesprochen werden, welcher zuerst mit seinem Bau fertig würde. Die Braut hatte sich heimlich für den jüngeren Stephan entschieden, der auch zuerst seinen Auftrag beendet hatte: noch fehlte die Spitze des Kirchturmes, als das Rathaus bereits vollendet war. Hans trug sein Schicksal ohne Neid und Groll, aber Stephan war eines Tages verschwunden. In seiner Stube fand man sein „steinernes" Bild, ein Kragstein, den „getreuen Stephan" (heute im Rathaus), dazu einen Brief mit seinem Entschluß, in ein fernes Kloster zu gehen. Ob Hans die

verlassene Braut heimgeführt hat, darüber schweigt die Sage. Aber die Freude an seinem Werk schien er verloren zu haben; denn die Spitze des Kirchturms fehlt bis auf den heutigen Tag.
Tatsächlich ist der Turm – vermutlich aus Geldmangel – unvollendet geblieben. Kragsteine, aus der Mauer hervortretende Stützpunkte für Bauglieder, zeigen häufig ein menschliches Gesicht, das den ausführenden Baumeister darstellt.

WEIHENLINDEN (Gem. Bruckmühl, Lkr. Rosenheim)

Wallfahrtskirche zur Heiligsten Dreifaltigkeit
Westlich von *Bad Aibling*, im ebenen Wiesengelände der Mangfall östlich des alten Pfarrdorfes *Högling*, liegt Weihenlinden. Die stattliche Kirche aus dem 17. Jh. mit ihren beiden weithin sichtbaren Zwiebeltürmen ist eine dreischiffige Emporenbasilika. Unter den zahlreichen Votivbildern im überdachten Umgang entlang der Wallfahrtskirche erzählt ein Fresko die Entstehungsgeschichte. Wo heute die Kirche steht, waren einst drei vorchristliche Grabhügel und ein eingezäunter Platz, auf dem zwei mächtige Lindenbäume, die „Weichlinden", sowie eine steinerne Martersäule standen. Im frühen 17. Jh. stellten die Höglinger auf der Martersäule eine wundertätige Muttergottesfigur auf, die zuvor wenig beachtet in ihrer Pfarrkirche gestanden hatte. Erst als sie eines Tages versehentlich von ihrem Postament heruntergestoßen wurde und beim Sturz auf das Kirchenpflaster entgegen aller Erwartung unbeschädigt geblieben war, fand sie besondere Verehrung. Während der Schwedeneinfälle 1632 und im Pestjahr 1634 gelobte die Gemeinde Högling, bei den „Weichlinden" eine Kapelle zu errichten. Die Suche nach dem für den Bau benötigten Wasser blieb zunächst erfolglos. Der Legende nach kamen drei fremde Pilger, in denen man später Engel vermutete, des Wegs und empfahlen den Wassersuchenden, nach einem Ring zu graben, welcher auch bald darauf entdeckt wurde – und sogleich sprudelte eine Quelle hervor. Den Ring verehrte man als Vermählungsring der Muttergottes und glaubte, die Pilger seien von der Hlst. Dreifaltigkeit gesandt worden, daher der Name der Kirche. Der gefaßte Gnadenbrunnen befindet sich in der an der Nordseite der Kirche angebauten Brunnenkapelle, einem achteckigen Zentralbau. Ein großer geschnitzter Engelskopf dient als Wasserspeier. Das darüber angebrachte, bis in die Kuppelzone reichende Gemälde

auf Holz zeigt die gekrönte Heilige Dreifaltigkeit in Wolken, darunter das Gnadenbild in Engelglorie, umgeben von den Ästen eines mächtigen Baumes, in welche elf Medaillons mit Darstellungen der Wunderkraft des Weihenlindener Gnadenbrunnens bei unterschiedlichen Leiden (Epilepsie, innere Krankheiten, Fußleiden, Blindheit usw.) gesetzt sind, ein sog. „marianischer Wunderbaum". Die noch blühende Wallfahrt wird von Serviten betreut.

WEILHEIM (Lkr. Weilheim-Schongau)

Gögele Berg

Herzog Tassilo II. soll 750 das Bauerndorf Weilheim seiner Klosterstiftung *Polling* geschenkt haben. Um 1236 gründete Herzog Otto II. von Bayern die Stadt; sein Enkel, Kaiser Ludwig der Bayer, verlieh Weilheim 1323 das Münchner Stadtrecht. Teilweise ist die Stadtummauerung des 14. Jh. noch erhalten; die Türme mit den Stadttoren wurden im 19. Jh. abgerissen. Auf dem Gögele Berg am südöstlichen Stadtrand stand ehemals die Burg eines alten Rittergeschlechts. Spuren einer Befestigungsanlage (Wall und Graben) sind noch heute sichtbar. Das Grafengeschlecht starb 1241 mit dem letzten männlichen Sproß aus – nur zwei Schwestern sollen damals überlebt und das Erbe geteilt haben. Da die Ältere bereits in früher Jugend erblindet war, nutzte die Jüngere dies skrupellos aus: das Geld sollte scheffelweise zwischen beiden geteilt werden – sooft nun die Blinde an die Reihe kam, drehte die andere das Hohlmaß um und füllte nur den Bodenrand, was die Blinde beim Abtasten natürlich nicht spüren konnte. Als sie den Betrug später dennoch erkannte, sprach sie einen furchtbaren Fluch über die Schwester aus. Beide starben früh – doch die Jüngere konnte im Grab keine Ruhe finden und muß der Sage nach auf der Burgruine umgehen.

Nach einer anderen Version war eine Schwester des letzten Grafen von Weilheim in das Benediktinerkloster Wessobrunn, wo es damals auch ein Nonnenkloster gab, eingetreten. Sie brach jedoch ihr Ordensgelübde und versteckte sich daraufhin in einem unterirdischen Gang der Burg auf dem Gögele Berg, wo sie bald aus Reue und Gram starb. Diese Nonne – im Volksmund „Gögerlfräulein" genannt – erscheint häufig im weißen Kleid weinend in der Ruine.

WELLHEIM (Lkr. Eichstätt)

Der Galgenberg

Ungefähr 1 km nordöstlich von Wellheim, inmitten der weiten Talausbuchtung zwischen Wellheim und *Aicha*, unterhalb des etwa 50 m hohen Galgenbergs, entspringt die Schutter, die nach 30 km bei Ingolstadt in die Donau mündet. Der Scheitel des Galgenberges bildete die Grenze zwischen dem fürstbischöflicheichstättischen Pflegamt Wellheim und dem pfalzneuburgischen Pflegamt *Konstein*, die hier die gemeinsame Richtstätte mit Galgen hatten.

WENG (Gem. Fahrenzhausen, Lkr.Freising)

Kath. Filialkirche St. Georg

Nordöstlich von *Freising* liegt auf einer Anhöhe im Ampertal die St. Georgskirche zu Weng. Ein Schlußstein im Chorgewölbe mit der Jahreszahl 1468 dürfte wohl das Erbauungsjahr angeben. 1728 wurde das Langhaus umgestaltet. Hier befindet sich das schöne Grabmal des Stifterpaares Hans Fraunberg zu Haag auf Massenhausen und seiner Ehefrau Anna geb. Pappenheim. Die Stifterin hat das Hochgrab 1472 für sich und ihren Ehemann errichten lassen.

Der Legende nach soll allerdings die Kirche von Weng (ebenso wie die Kirchen von *Inhausen*, Lkr. Dachau und *Johanneck*, Lkr. Freising) als Sühnekirche von Arnulf dem Nasenlosen von Massenhausen errichtet worden sein. Er habe die Kirchen an den Stellen erbauen lassen, an denen sein Schimmel einen Kniefall machte. Arnulf hatte 1323 seine Ehefrau Elisabeth von Greifenberg wegen angeblicher ehelicher Untreue zu Kranzberg verbrennen lassen.

Eine weitere Überlieferung, die an diese schlimme Tat anknüpft, ist die vom Schwur der Elisabeth, die auf dem Scheiterhaufen das Geschlecht ihres Mannes verflucht haben soll mit den Worten: „Nie mehr soll einem Massenhauser ein Sohn geboren werden." Sage oder nicht – es gab keine männlichen Nachkommen der Linie mehr nach dem Tod der Elisabeth auf dem Scheiterhaufen.

WENIGMÜNCHEN (Gem. Egenhofen, Lkr. Fürstenfeldbruck)

Ehem. Kloster

Auf einer Anhöhe, auf der sich heute eine originelle, barocke Darstellung des Kalvarienbergs aus lebensgroßen Sandsteinfiguren befindet, stand ehemals ein Burgstall des Adelsgeschlechts Ebertshausen-Wenigmünchen. Bischof Aribo von Freising (764–784) stammte aus diesem Geschlecht; er vermachte den Besitz den Benediktinern aus Weihenstephan, die hier ein kleines Kloster gegründet haben sollen. Ob es tatsächlich ein Kloster gegeben hat, kann nicht mehr nachgewiesen werden, da alle Urkunden bei einem Pfarrhofbrand während des Spanischen Erbfolgekrieges (1701–1704) verlorengegangen sind.

Neben der kath. Pfarrkirche St. Michael, einer spätgotischen, im 17. und 18. Jh. barock verkleideten Hallenkirche mit Stichkappentonne, soll das Kloster gestanden haben, in dem die Mönche, so berichtet die Legende, immer „weniger" wurden, so daß man das Kloster „Wenig Mönche" nannte. Die Mönche starben schließlich ganz aus, der Name aber blieb und hat sich bis heute im Ortsnamen erhalten. Die Legende basiert wohl auf einer volksetymologischen Fehldeutung.

WESSOBRUNN (Lkr. Weilheim-Schongau)

Ehem. Benediktinerkloster

Etwa 10 km nordwestlich von *Weilheim* liegt auf einem Hügel der Ort Wessobrunn, inmitten des sog. Pfaffenwinkels. Diese Bezeichnung kam im 18. Jh. auf und geht auf Franz Sales Gailler zurück, der die Gegend zwischen Lech und Loisach *„angulus sacerdotum et monachorum"* (Winkel der Priester und Mönche) nannte, eine Anspielung auf die vielen Ordensniederlassungen in dieser Gegend Oberbayerns. Von der einstigen Benediktinerabtei Wessobrunn sind nur noch wenige Gebäude erhalten. Sie beherbergen heute ein von Missionsbenediktinerinnen geleitetes Jugendkurheim.

Nach geschichtlicher Überlieferung wurde das Kloster 753 von einer in Rott ansässigen Adelsfamilie und dem bayerischen Herzog Tassilo III. (741–795/97) gegründet. Nach der Absetzung Tassilos 788 durch

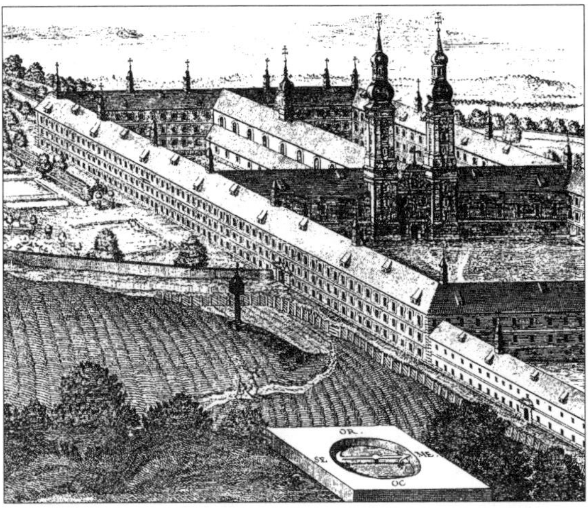

Geplante Klosteranlage von Wessobrunn, Stich (Ausschnitt) von Michael Wening, 1701

Kaiser Karl d. Großen (768–814) wurde Wessobrunn karolingisches Reichskloster. An die Zerstörung durch die Hunnen 955 schloß sich der Wiederaufbau an. Von reger Bau- und Kunsttätigkeit zur Zeit der Romanik zeugen noch heute das große Kruzifix in der Pfarrkirche St. Johann und der Wehr- und Glockenturm im Norden des Klosterhofes sowie viele Kunstwerke, die sich heute im Bayerischen Nationalmuseum in München befinden. Im 17. Jh. wurde ein weitläufiger Neubau der Klosteranlage geplant und vom Architekten Johann Schmuzer (1642–1701) begonnen. An die einstige barocke Prachtentfaltung erinnern heute nur noch Prälatentrakt und Tassilosaal. Alle anderen Gebäude der Abtei, auch die Klosterkirche, wurden während der Säkularisation abgerissen.
Wessobrunn war nicht nur namengebend für die wohl größte und anerkannteste Stukkatorengemeinschaft Europas von 1600–1800, die aus der unmittelbaren Umgebung stammte, sondern auch für das in karolingischer Zeit entstandene Wessobrunner Gebet, das nach heutiger Ansicht nicht in St. Emmeram oder Augsburg, sondern in den Schreibstuben des damaligen Klosters am Staffelsee entstanden sein soll. Der Text gilt als das älteste deutsche Schriftdenkmal christlicher Prägung (heute in der Bayerischen Staatsbibliothek in München). 1875 in Stein gehauen, wurde das Gebet auf einem Findlingsblock vor dem Gasthof zur Post unter der Dorflinde aufgestellt.

Tassilolinde, Quellen und Brunnenhaus
Südöstlich des Klosterhofes steht die sog. Tassilolinde. Der 24 m hohe mehrstämmige Baum hat einen Gesamtumfang von 13,17 m; sein Alter wird auf rund 1300 Jahre geschätzt. Nordwestlich der Klostermauer befinden sich ein Brunnhaus aus neuerer Zeit (1735) sowie drei in Kreuzform angeordnete Wasserbecken. Das Kloster wurde südlich der drei an einem Hang austretenden Quellen, die für Bau und Unterhalt sehr nützlich waren, gebaut. 1518 errichtete man im Zuge einer Umgestaltung der Klosteranlage über den Quellen ein „Sommerhaus"; 1589 wurden diese neue gefaßt und aus Steinblöcken drei große Wasserbecken angelegt. Eine im 17. Jh. entstandene Kapelle hat 1735 dem Bau einer laubenartigen, in drei Mauerbögen nach vorn geöffneteten Halle weichen müssen, die auch heute noch das Gesamtbild der Anlage bestimmt. All diese Objekte sind eng verbunden mit der Gründungslegende des Klosters: Tassilo III., ein Sohn Herzog Odilos und der letzte Agilolfinger, ging 753 als zwölfjähriger Knabe im Rottwald zwischen Ammer und Lech der Eberjagd nach. Unter einer Linde ruhend, sah er im Traum drei Quellen, die in Kreuzesform zusammenflossen und darüber eine (der biblischen Jakobsleiter offenbar nachempfunde) Himmelsleiter, auf der Engel auf- und abschwebten und an deren oberen Ende er den Apostel Petrus beim Singen des Offiziums erblickte. Am nächsten Tag entdeckte einer seiner Jagdgefährten namens Wesso diese Quellen, die kreuzförmig aus der Erde sprangen. Tassilo verstand den Traum als Weisung, hier ein Kloster zubauen, das er nach dem Entdecker der Quellen „Monasterium Wezzofontanum" (Wessobrunn) nannte.
Mit dem 13. Abt dieses Klosters, Walto, der 1129 gewählt wurde, ist ebenfalls eine Legende verbunden: dieser Abt soll ein Vorbild in allen christlichen Tugenden gewesen sein. Als einmal das Kloster große Not litt und es auch an Wein für das Meßopfer mangelte, befahl der Abt einem Diener, Wasser aus dem Wessobrunnen zu schöpfen; er segnete das Wasser, das sich sofort in Wein verwandelte. Das benutzte weiße Schöpfglas mit blauen Knöpfen wird heute noch in Wessobrunn aufbewahrt.

WESTENHOFEN (Markt Schliersee, Lkr. Miesbach)

Jennerwein-Grab
Vielbesucht von Einheimischen und Touristen ist das Grab des Wilderers Georg „Girgl" Jennerwein im

Der Wildschütz Georg Jennerwein (rechts) auf einem Originalfoto

Friedhof der Kirche St. Martin Westenhofen rechterhalb der Straße von *Hausham* nach Schliersee. Georg Jennerwein wurde 1848 in *Haid* bei *Holzkirchen* als lediges Kind einer Magd geboren und starb am 13. November 1877 durch die Kugel des königlichen Jagdaufsehers Josef Pföderl in den Wäldern am *Peißenberg*, einem Ausläufer der Bodenschneid in den Tegernseer Bergen, wo er mit zerschossenem Unterkiefer tot aufgefunden wurde – angeblich ein Racheakt, weil er Pföderl seine Braut, eine Sennerin aus der Gegend von *Reichersbeuern* ausgespannt, verführt und schließlich mit einem Kind sitzengelassen hatte.
Den sozialhistorischen Hintergrund dieser Tragödie bildet die Funktion von Wildschützen in einer damals noch weitgehend ständisch geprägten Gesellschaft: in den Revieren adliger Grundherren, die das Jagdrecht

für sich beanspruchten, standen sich Jagdaufseher und Wilderer – Unterprivilegierte auf beiden Seiten – feindlich gegenüber. Die Popularität von Wildschützen wie Georg Jennerwein (das Jennerwein-Lied, beginnend mit den Worten „Es war ein Schütz in seinen schönsten Jahren...", war zeitweise als Verhöhnung der Jäger verboten, hat aber heute einen festen Platz in bayerischen Volksliederbüchern) dürfte vor allem darauf zurückzuführen sein, daß gerade von der bäuerlichen Bevölkerung, die oft unter Wildschäden zu leiden hatte, Wilddieberei (damals wie heute unter Strafe!) als willkommener Beistand aufgefaßt wurde. Nicht selten sind Wildschützen in ganzen Banden offen gegen die Jagdgehilfen, die ein fürstliches Revier zu bewachen hatten, aufgetreten. Josef Pföderl wurde 1878 wegen „Körperverletzung" zu acht Monaten Gefängnis verurteilt und starb alkoholabhängig in einem Tegernseer Krankenhaus.
Georg Jennerwein, der populäre Wildschütz, lieferte den Stoff für Heimatromane, Volkslieder und Theaterstücke, die vor allem im Schlierseer Bauerntheater aufgeführt werden.
Unter dem schmiedeeisernen Grabkreuz auf dem Westenhofer Friedhof ruht jedoch möglicherweise jemand anders. Weil kein anständiger Bürger neben dem „Lumpen" liegen wollte, wurde das eiserne Grabkreuz bei Friedhofserweiterungen immer wieder an den äußersten Rand des Gräberfeldes versetzt, ohne den Toten zu exhumieren. Das heutige Jennerwein-Grab ist entweder leer oder enthält das amputierte Bein eines Wildschützen aus der Nachbargemeinde, des „Beischa", dem bei einem Feuergefecht mit einem Jäger das rechte Bein so schwer verletzt wurde, daß es abgenommen werden mußte. Weiteren profanen Wallfahrten zum angeblichen Grab des populären Wildschützen Georg Jennerwein dürfte dies jedoch keinen Abbruch tun.

WETTERSTEINGEBIRGE (Lkr. Garmisch-Partenkirchen)

Das Wettersteingebirge, Teil der Bayerisch-Nordtirolischen Kalkalpen zwischen Loisachtal und Leutascher Ache, ist benannt nach den mächtigen, hellgrauen bis weißen Riffkalken, die teilweise in Dolomit übergehen.
Von den geologischen und meterologischen Besonderheiten dieses Gebietes erzählt die Sage, vor langer Zeit habe König Woaden als Herr der Berge das Wer-

denfelser Land beherrscht. Hoch oben im Gebirge stand sein Felsenthron. Die Tiere der Berge gehörten ebenso zu seinem Hofstaat wie die Schätze in den Bergen. Wenn die Menschen ihn erzürnten, schickte er feurige Blitze und Donner ins Tal; aber er sorgte auch für Wohlstand im Land, das lange Zeit ein Paradies gewesen sein soll.
Eines Tages war alles vorbei. Die Tochter König Woadens, eine wunderschöne Fee, hatte sich in einen Bauernburschen aus Partenkirchen verliebt, der aber längst einem anderen Mädchen die ewige Treue geschworen hatte. Im Wald trat die Fee dem Burschen gegenüber – der jedoch blieb standhaft, trotz aller Verlockungen. Da wandelte sich die Liebe der Königstochter in Zorn und Enttäuschung: nachdem sie die Menschen verwünscht hatte, rollten schwarze Wolken vom Gebirge herab. Wasser trat aus dem Felsen hervor, Bäche und Flüsse überschwemmten das ganze Land. Noch heute zeugen die großen Moorgründe von der Flut, die König Woaden aus Rache über das Land schickte.

WIEDENZHAUSEN (Gem. Sulzemoos, Lkr. Dachau)

Kath. Filialkirche St. Florian
Die Kirche von Wiedenzhausen aus der Spätgotik, die 1666/67 verlängert und barock überformt wurde, hat einen reich gestalteten Choraltar von Constantin Pader aus dem Jahr 1654. Der Kirchturm mit oktogonalem Aufbau und kräftiger Zwiebel gehört zu den schönsten im Umkreis. In ihm hängt eine Glocke, die von den Leuten die Sauglocke genannt wird.
Als im Dreißigjährigen Krieg die Schweden ringsum in den Dörfern unter vielem anderen auch die Kirchenglocken als Beute nahmen, um sie einzuschmelzen und neues Material für ihre Kanonen zu gewinnen, sollen einige beherzte Wiedenzhausener ihre Glocken an einem geheimen Ort vergraben haben. Aber im Laufe der Zeit starben diese Menschen, und die Kenntnis von dem Versteck ging verloren.
Doch einige Zeit nach Ende des Krieges, als man schon zwei von den drei Glocken durch Zufall wiedergefunden hatte, merkte ein junger Schweinehirt beim Hüten seiner Schweine, daß die auf etwas Hartes gestoßen waren. Weil er dachte, es sei ein verborgener Schatz, grub er nach und merkte, daß es eine Glocke war. Die Wiedenzhausener brachten sie in feierlichem Zug zur Kirche zurück, wo sie noch heute hängt.

WILDENHOLZEN (Gem. Bruck, Lkr. Ebersberg)

Pfarrkirche St. Andreas

Die ehemalige Schloßkapelle St. Andreas am Wildenholzener „Burgberg" gehörte zu der 1816 geschleiften Burganlage der Pienzenauer. Der Bau von 1443 zeigt sich heute in der barocken Gestaltung von 1760. Besonders auffallend im Kirchenraum ist das Oratorium über der Sakristei, welche hinter dem Altar liegt. Es deutet auf die frühere Zugänglichkeit der Kirche vom Schloß aus hin. Zu Füßen der Andreas-Kirche erinnert eine Gedenktafel in einer offenen, kapellenartigen Anlage mit Wandbrunnen an das wohltätige Stifterpaar.
In seinem Testament von 1549 hatte Georg von Pienzenau festgelegt, daß „aus dem Schloß Wildenholzen ein Spital gemacht" und der größte Teil seines Vermögens einer Wohltätigkeitsstiftung zugute kommen sollte. Auch seine Gemahlin Afra verzichtete zugunsten dieser Stiftung auf ihren Erbanteil.
Eine Legende berichtet, daß die später erblindete Afra nach dem Tod ihres Gemahls von tiefer Traurigkeit und Einsamkeit fast erdrückt wurde. Eines Tages stürzte sie vom Schloßturm und soll an dieser Stelle begraben worden sein. Ihre Seele fand aber keine Ruhe, und so geisterte sie nachts durch die leeren Räume des Schlosses.

WILPARTING (Gem. Irschenberg, Lkr. Miesbach)

Wallfahrtskirche St. Marinus und Anianus mit Veitskapelle und Marinibrünnl

Nahe der Salzburger Autobahn steht am Irschenberg die Kirche St. Marinus und Anianus und nahe dabei eine achteckige Veitskapelle. Vorgängerbauten der jetzigen Kirche gehen bereits auf die Zeit vor der Jahrtausendwende zurück; ein gotischer Bau (1373) ist in seiner Substanz erhalten und wurde nach einem Brand 1724 barock ummantelt und umgebaut. Die etwas tiefer liegende Veitskapelle, die auf ein spätgotisches Oktogon zurückgeht, ist ebenfalls barock geprägt (1697).
Marianus und Anianus – Onkel und Neffe – waren irische Wandermönche und Glaubensboten: Marianus Bischof, Anianus sein Diakon. Nach einer Pilgerfahrt nach Rom, wo sie geweiht worden waren, kamen sie als Missionare nach Bayern und bauten sich im Gebiet des Irschenbergs Einsiedlerklausen, in denen sie vierzig Jahre lebten. Mainus soll seine Zelle an dem Platz gehabt haben, an dem heute die Veitskapelle steht,

Anianus im nahen *Alb*, wo eine ihm geweihte Kirche steht. Beide starben um 697; ihre liturgische Verehrung ist seit dem 11. Jh. bezeugt.
Die Legende erzählt, daß Marinus von plündernden Vandalen überfallen, mißhandelt und schließlich auf einen Holzstoß gebunden und verbrannt wurde – wobei er noch für seine Peiniger gebetet haben soll. Sein Neffe Anianus starb am gleichen Tag (15. 11. 697), nachdem er durch göttliche Offenbarung Nachricht vom Martyrium seines Gefährten erhalten hatte. Reliquien der beiden Heiligen werden in der Wilpartinger Kirche aufbewahrt. Man bestattete sie an der Stelle, wo sich jetzt das barocke Hochgrab (1778) befindet. Die bemalten Tumbadeckel des früheren Hochgrabs (um 1480) mit ausdrucksvollen lebensgroßen Darstellungen der Martyrer sind an der westlichen Langhauswand aufgestellt. Szenen aus dem Leben der Kirchenpatrone zeigen die Deckengemälde und großformatige Tafelbilder an Längswänden und Emporenbrüstung. In Reliquienschreinen werden Gegenstände aus dem Besitz der Heiligen verwahrt.
Etwa 100 m unterhalb der Kirche steht ein kleiner Holzbau mit Kuppeldach, von den Anwohnern „Marinibrünnl“ genannt. Noch vor wenigen Jahrzehnten wurde das austretende Quellwasser, das vor allem bei Augenleiden helfen soll, von Bittgängern geholt; heute ist es nicht mehr zugänglich. Die Legende berichtet, daß der hl. Marinus diese Quelle erweckt und durch Hineinwerfen seines Ringes geweiht haben soll.

WOLFRATSHAUSEN (Lkr. Bad Tölz-Wolfratshausen)

Altar des Hl. Sebastian mit Wachsstock
Die 1484 erbaute Pfarrkirche St. Andreas wurde 1650 nach Zerstörungen durch die Schweden neu gestaltet. Der Hochaltar entstand in den Jahren 1659–61. Der rechte Seitenaltar zeigt ein Bildnis der Marter des hl. Sebastian, 1837 von J. B. Müller geschaffen.
Der hl. Sebastian wird meist als unbekleideter junger Mann, an einen Baum gebunden und von Pfeilen durchbohrt, dargestellt, seltener als Ritter mit einem Pfeil in der Hand. Pfeile galten als Symbol plötzlicher Krankheit; die Pest war nach damaliger Auffassung die Strafe Gottes für die Sünden der Menschen; die Pestbeulen, so glaubte man, wurden durch die von Pestengeln ausgesandten Pfeile hervorgerufen. Sebastian wurde daher vor allem in Pestzeiten als Nothelfer verehrt und angerufen. An der Säule vor dem Altar befindet sich ein Wachsstock, der aus einer 400 m lan-

gen, dünn gezogenen und aufgerollten Wachskette besteht und zu jeder Messe angezündet wird. Er geht auf ein Gelübde zurück, das die Schützengilde in der schweren Zeit der Pest nach dem Dreißigjährigen Krieg ihrem Schutzheiligen gemacht hatte. Sie gelobten, falls das schreckliche Sterben ein Ende habe, jedes Jahr eine Prozession vom oberen zum unteren Tor des Marktes zu machen. Daraufhin, so wird berichtet, verschwand die schreckliche Seuche aus der Stadt. Die Bruderschaft hielt ihr Versprechen und stiftete zusätzlich zu Ehren des Heiligen die Wachskette in der Länge der Marktstraße.

Kath. Filialkirche St. Laurentius, ehem. Wallfahrtskirche St. Nantwein
Der ehemalige Kirchenname geht zurück auf einen Rompilger, Conradus Nantovinus, welcher der Legende nach 1286 in Wolfratshausen unschuldig verbrannt wurde. Schon kurz danach wurde bei der angeblichen Richtstätte eine Kapelle erbaut, und es entwickelte sich eine Wallfahrt, die ihre Blüte im 17. Jh. erlebte. Das Altarblatt von 1632 in der Anfang des 17. Jh. gebauten Kirche stammt von L. Griesmann und zeigt die Marter des heiligen Nantwein. Auch auf dem linken Seitenaltar findet man eine Skulptur des Heiligen. Die älteste Darstellung – wohl aus dem Mittelalter – ist aber sicher die unter der Kanzel, ein Sandsteinrelief, das Nantwein als Gefangenen zeigt.
Anfang des 17. Jh. glaubte ein Franziskaner, die Reliquien des Heiligen wieder aufgefunden zu haben. Danach entstand der Brauch, den Pilgern in der in Kelchform gefaßten Hirnschale des Märtyrers Wein als Heilmittel gegen die Pest zu reichen. Im Rahmen der Säkularisation wurden dann allerdings die wichtigsten Reliquiare – mit ihnen die Hirnschale – verkauft, die kultische Verehrung erlosch.
Der Feuertod des heiligen Nantwein soll sich laut Legende auf folgende Weise zugetragen haben: Als der reiche Rompilger 1286 nach Wolfratshausen kam, übte der macht- und geldgierige Richter Ganther dort die Rechtspflege aus. Um an das Geld des Fremden zu kommen, beschuldigte er ihn, einen minderjährigen Knaben verführt zu haben und verurteilte ihn zum Feuertod. Als besondere Gnade überließ man dem Unglücklichen die Wahl des Platzes für seine Hinrichtung. Da schraubte Nantwein den Kopf des Pilgerstabes ab und schleuderte ihn vom Gerichtsplatz, der alten Burg in Wolfratshausen so weit hinaus, daß er über die Loisach bis zum heutigen Ortsteil Nantwein

Der heilige Nantwein

flog. Dort wurde er dann verbrannt. Nachdem sich an der Richtstätte viele Wunderheilungen ereignet hatten, wurde sie bald zum Ziel für Wallfahrer.

Die Nantwein-Legende steht auch in Zusammenhang mit der Wolfratshauser Sage über das *„Marktgeschlärf"* (von schlürfen, d. h. gehen, ohne die Füße vom Boden zu heben). Es handelt sich um eine alte Frau in ärmlichem Wollrock, wirren Haaren, Pelzhaube und hochhackigen, eisenbeschlagenen Pantoffeln. In manchen Nächten geht sie durch die Stadt, kann sich ganz groß machen und die Leute im ersten Stock der Häuser erschrecken, wenn sie durch die Fenster sieht. Wegen ihrer üblen Taten fand sie keine Ruhe nach ihrem Tod. Die einen sagen, sie sei eine Hebamme gewesen, die ein Kind bei der Geburt ermordet habe. Anderen Erzählungen zufolge soll sie ein böse Wirtin gewesen sein, die am Untermarkt eine Schenke hatte und an den falschen Beschuldigungen gegen den Pilger Nantwein mitgewirkt habe. Ihr Erscheinen kündigt immer Unheil an.

Frauenkapelle
Die idyllisch gelegene Frauenkapelle von 1643 auf einem Absatz des westlichen Loisachufers erbaut (Aufgang beim Untermarkt Haus Nr. 51) war ursprünglich nur ein achteckiger Rundbau. Ihre Gründung geht zurück auf ein Gelübde des Weißgerbers Lang aus Wolfratshausen, das er im Dreißigjährigen Krieg gemacht hatte und das sein Schwiegersohn Jahre später für ihn erfüllte.
Der Legende nach hatten die Schweden ihn gefoltert, um das Versteck zu erfahren, in dem er sein Geld verborgen hatte. Aber da er beharrlich schwieg, machten die Soldaten sich davon, kamen aber am nächsten Tag wieder. Der Weißgerber aber hatte sie auf sein Haus zukommen sehen und verbarg sich mit Frau und Tochter draußen im Gelände hinter einer großen Haselnußstaude. Als er von dort zusehen mußte, wie alles ringsum in Flammen aufging, wandte er sich in seiner Not an Maria und gelobte, der Gottesmutter zu Ehren eine Kapelle zu bauen, wenn er am Abend lebendig in den Ort zurückkehren würde. Er wurde erhört. Am gleichen Tag noch verließen die Schweden die Stadt, nachdem sie viele der Einwohner getötet und deren Häuser zerstört hatten.

WOLKERTSHOFEN (Markt Nassenfels, Lkr. Eichstätt)

Die Gleßbrunnen
Von der Straße Nassenfels-Wolkertshofen zweigt ca. 250 m vor Wolkertshofen nach rechts ein Feldweg ab, auf dem man nach etwa 500 m auf die in einem Auwäldchen verborgenen Gleßbrunnen trifft: Fünf miteinander verbundene 5 bis 9 m tiefe Quelltöpfe, deren hell glänzende Wasseroberfläche (im Dialekt Gleißbrunnen = gleißende, glänzende Brunnen) namengebend war. Diese stärkste Quelle im Eichstätter Raum (ca. 700 Liter pro Sekunde) kommt aus so großer Tiefe, daß ihre Temperatur das ganze Jahr über zehn Grad beträgt. Dieses Wasser von ausgezeichneter Qualität dient der Stadt Ingolstadt seit 1964 als Trinkwasserreserve, weshalb der Bereich als Wasserschutzgebiet erklärt wurde. Es handelt sich um Regenwasser, das vor mehr als tausend Jahren fiel und im Jurakarst versickerte. In den Quellen ist der Sage nach einst ein Bauer aus Wolkertshofen ertrunken, ohne daß man seinen Leichnam fand. Wenn aber Pest, Krieg oder Hunger drohen, soll der Tote bis zur Brust im Brunnen aufsteigen und rufen: „Leut' bet's!“ Dann geht er wieder unter.

Weiterführende Literatur in Auswahl

Angenendt, Arnold: Heilige und Reliquien. Die Geschichte ihres Kultes vom frühen Christentum bis zur Gegenwart. München 1994

Appel, Brun/Rischert, Helmut/Zecherle, Karl: Burgen und Schlösser. Kipfenberg ²1987

Bauer, Hermann und Anna: Klöster in Bayern. München 1985

Berndt, Helmuth: Die Nibelungen. Auf den Spuren eines sagenhaften Volkes. Berg.-Gladbach 1987

Bernstein, Martin: Kultstätten, Römerlager und Urwege. Archäologische Streifzüge von der Steinzeit bis zum Mittelalter in Oberbayern. München 1996

Bichler, Albert: Wallfahrten in Bayern. München 1990

Bosl, Karl: Handbuch der Historischen Stätten Deutschlands, VII: Bayern. Stuttgart 1961

Bosl, Karl/Lechner, Odilo OSB/Schüle, Wolfgang/Zöller, Josef Othmar (Hrsg.): Andechs, der Heilige Berg. München 1993

Brems, Franz Josef: Marien-Wallfahrtsstätten in Oberbayern. München-Zürich 1988

Buck, Christian: Gründungs-Legenden mittelalterlicher Klöster in Bayern und Österreich. Weilheim 1988

Dehio, Georg: Handbuch der Deutschen Kunstdenkmäler IV: Bayern. München und Oberbayern. München und Berlin 1990

Dewiel, Lydia: Der Chiemgau. Kunst, Kultur und Landschaft zwischen Inn und Traun. Köln 1993

Dewiel, Lydia: Oberbayern. Kunst und Landschaft zwischen dem Altmühltal und den Alpen. Köln 1996

Eckert, Gerhard: Oberbayern. Kultur, Geschichte, Landschaft zwischen Donau und Alpen, Lech und Salzach. Köln ⁴1983

Eckert, Ursula und Wolfgang: Das Berchtesgadener Land vom Watzmann zum Rupertiwinkel. Köln 1992

Finkenstaedt, Thomas und Helene: Die Wieswallfahrt. Ursprung und Ausstrahlung der Wallfahrt zum Gegeißelten Heiland. Regensburg 1981

Gnadenstätten im Erdinger Land. München-Zürich 1986

Gockerell, Nina: Bilder und Zeichen der Frömmigkeit. Sammlung Rudolf Kriss. Ausstellungskatalog München 1995

Goldner, Johannes: Bayerische Heilige. Freilassing ²1991

Haid, Gerlinde und Hans: Brauchtum in den Alpen. Rosenheim 1995

Hansmann, Claus/Döderlein, Wilhelm: Altötting. München 1960

Hansmann, Liselotte/Kriss-Rettenbeck, Lenz: Amulett und Talismann. Erscheinungsformen und Geschichte. München 1977

Herzöge und Heilige. Das Geschlecht der Andechs-Meranier im europäischen Hochmittelalter. Hrsg. von Josef Kirmeier und Evamaria Brockhoff. Regensburg 1993 (Veröffentlichungen zur Bayerischen Geschichte und Kultur 24/93)

Höllhuber, Dietrich/Kaul, Wolfgang: Wallfahrt und Volksfrömmigkeit in Bayern. Nürnberg 1987

Huse, Norbert: Kleine Kunstgeschichte Münchens. München 1990

Kaltenegger, Roland: Oberammergau und die Passionsspiele 1634–1984. München-Wien 1984

Kapfhammer, Günther: St. Leonhard zu Ehren. Vom Patron der Pferde, von Wundern und Verehrung, von Leonhardifahrten und Kettenkirchen. Rosenheim 1977

Kemp, Cornelia/Bartl, Edith: Religiöse Sinnbilder. Freilassing 1982

Kerler, Christine und Richard: Bayerischer Kuriositätenführer. Königstein/Ts. 1983

Kolb, Karl: Vom heiligen Blut. Eine Bilddokumentation der Wallfahrt und Verehrung. Würzburg 1980

Kriss, Rudolf: Die Volkskunde der Altbayrischen Gnadenstätten (Bd. I-III). München-Pasing 1953 bis 1956

Kunze, Michael: Straße ins Feuer. Vom Leben und Sterben in der Zeit des Hexenwahns. München 1982

Läpple, Alfred: Heilige und Selige aus Altbayern und Tirol. Weilheim 1989

Magin, Ulrich: Trolle, Yetis, Tatzelwürmer. Rätselhafte Erscheinungen in Mitteleuropa. München 1993

Mahnert, Hans: Exkursionen zur Bayerischen Geschichte. München 1987

Mass, Josef: Zeugen des Glaubens. München 1976

Mathäser, Willibald: Andechser Chronik. München 1979

Meyer, Werner: Burgen in Oberbayern. Würzburg 1986

Neumeyer, August Friedrich: Der Mühldorfer Hexenprozeß 1749/50. Mühldorf 1992

Petzet, Michael: Ludwig II und seine Schlösser. München 1995

Pfister, Peter: Das Erzbistum München und Freising. Bistumshefte 1 und 5. Eckbolsheim 1989/92

Pfister, Peter/Ramisch, Hans: Marienwallfahrten im Erzbistum München und Freising. Regensburg 1989

Reisen in die Vergangenheit: Bayern. Hrsg. von Alfred Preißer. München 1983

Richardi, Hans-Günter: Unheimliche Plätze in Bayern. Pfaffenhofen/Ilm 1977

Rosenegger, Josef /Bahnmüller, Wilfried: Burgen und Schlösser zwischen Inn und Salzach. Freilassing 1980
Rosenegger, Josef/Bartl, Edith: Wallfahrten in und um München. Freilassing 1980
Rosenegger, Josef/Bartl, Edith: Wallfahrten im Bayerischen Oberland. Freilassing 1981
Rosenegger, Josef/Molodovsky, Nikolai: Wallfahrten zwischen Inn und Salzach. Freilassing 1985
Sailer, Anton: Bayerns Märchenkönig. Das Leben Ludwigs II. in Bildern. München ^{3}1983
Schattenhofer, Michael: Die Mariensäule in München. München-Zürich 1970
Schmeer-Sturm, Marie-Louise: Oberbayern – Kunstführer zu Städten, Klöstern, Kirchen und Museen (ohne München). München 1990
Schwaiger, Georg: Bavaria Sancta. Regensburg 1970
Seitz, Helmut: Tatort Geschichte – Historische Schauplätze in Bayern. München 1984
Steiner, Peter: Altmünchner Gnadenstätten. München-Zürich 1979
Strauss; Heidemarie und Peter: Heilige Quellen zwischen Donau, Lech und Salzach. München 1987
Unbekanntes Bayern. Entdeckungen und Wanderungen. München ^{2}1955
Wallfahrt kennt keine Grenzen. Katalog zur Ausstellung. Hrsg. von Lenz Kriss-Rettenbach und Gerda Möhler. München 1984
Weidl, Reinhard: Dorfkirchen in Oberbayern. Rosenheim 1991
Werner, Paul: Flurdenkmale. Freilassing 1982
Werner, Paul und Richilde: Vom Marterl bis zum Gipfelkreuz. Berchtesgaden 1991
Woeckel, Gerhard P.: Pietas Bavarica. Weißenhorn 1992

Quellentexte

Angerpointner, Alois: Altbairische Sagen, Teil 1–3. Dachau 1977, 1980, 1985
Baer, Frank: Votivtafel Geschichten. Rosenheim 1979
Bernrieder, Josef: Sagen und Legenden rund um den Wendenstein. Oberaudorf 1995
Böck, Emmi: Sagen aus dem Neuburg-Schrobenhausener Land. 1989
Böck, Emmi: Sagen aus der Hallertau. Mainburg 1975
Böck, Emmi: Sagen und Legenden aus Eichstätt und Umgebung. Eichstätt 1977
Böck, Emmi: Sagen und Legenden aus Ingolstadt und Umgebung. Mainburg 1973

Brandenburg, Evelyne: Kapellengeschichten. München 1995

Brunner, Barbara: Die Abenteuer Herzog Christophs. 1960

Brustgi, Georg: Aus der Weißblauen Sagentruhe. München 1972

Bunsen, Kristin/Kapfhammer, Günther: Altmünchner Stadtsagen. München 1974

Eichborn, Vito von: Sagen aus Bayern. Frankfurt/M. 1979

Eichelmann, Toni: Berchtesgadner Sagen. Vonderthann 1974

Einmayer, Max: Inntaler Sagen. Oberaudorf 1988

Fenzl, Fritz: Münchner Stadtsagen. München 1992

Grimm, Jacob und Wilhelm: Kinder- und Hausmärchen. Hrsg. von Heinz Rölleke. 2 Bde. Stuttgart 1982

Kapfhammer, Günther: Bayrische Saen. Sagen aus Altbayern, Schwaben und Franken. München 1992

Klein, Diethard H.: Bayrisches Hausbuch. Alte Bilder, Lieder und Geschichten aus Altbayern und Schwaben. Freiburg i. Br. 1981

Klein, Diethard H.: Das große Hausbuch der Heiligen. Namenspatrone, die uns begleiten – Berichte und Legenden. Aschaffenburg 1984

Melchers, Erna und Hans: Das große Buch der Heiligen. Geschichte und Legende im Jahreslauf. München [3]1979

Mohr, Josef: Tegernseer Sagen aus dem Kulturraum der ehemaligen Benediktinerabtei Tegernsee. Hausham 1985

Müller-Hahl, Bernhard: Sagen und Legenden zwischen Lech und Ammersee. Landsberg 1979

Das Nibelungelied. Mittelhochdeutscher Text und Übertragung. Hrsg., übersetzt und mit einem Anhang von Helmut Brackert. 2 Bde. Frankfurt/M. 1970/71

Petzoldt, Leander: Historische Sagen I: Fahrten, Abenteuer und merkwürdige Begebenheiten. München 1976

Petzoldt, Leander: Historische Sagen II: Ritter, Räuber und geistliche Herren. München 1977

Podewils, Hildegard von: Mit Märchenaugen reisen. Märchen, Sagen und Legenden aus Bayern. 1964

Raff, Helene: Alt-Bayerische Legenden. Band 6. Altötting 1925

Raff, Helene: „So lang der alte Peter . . .“ München 1923

Roh, Juliane: Ich hab wunderbare Hilf erlangt – Votivbilder aus Bayerischen Wallfahrtsorten. München 1982

Rosenberger, Ludwig: Legenden und Geschichten um die Frauenkirche. München 1988

Schinzel, Gisela: Das versunkene Schloß. Die schönsten Sagen aus dem Würmtal, vom Starnberger See bis Dachau. München 1974
Schinzel-Pendt, Gisela: Sagen und Legenden um das Berchtesgadner Land. Frieding-Andechs 1982
Schinzel-Pendt, Gisela: Sagen und Legenden aus dem Fünfseenland, Starnberger See, Ammersee, Wörthsee, Pilsensee, Weßlinger See. Frieding-Andechs 1977
Schinzel-Pendt, Gisela: Sagen und Legenden von München. Frieding-Andechs 1979
Schinzel-Pendt, Gisela: Sagen und Legenden um das Werdenfelser Land, mit Anhang der Sagen und Legenden von Weilheim. Frieding-Andechs 1978
Schinzel-Pendt, Gisela: Sagen und Legenden von Wolfratshausen und Umgebunrg. Frieding-Andechs 1992
Schlangeneier & Drachenzungen. Dornbirn 1995
Schmidt, Willibald: Sagen aus dem Isarwinkel. Bad Tölz ^{2}1979
Schöppner, Alexander: Bayrische Sagen. 3 Bde. München 1852–1953; Nachdruck Augsburg 1990
Schöppner, Alexander: Bayrische Legenden. Hrsg. von Emmi Böck. Regensburg 1984
Schöppner, Alexander: Sagen aus Bayern. Oberbayern. Ausgewählt und illustriert von Paul Rattelmüller. München 1979
Schweiggert, Alfons: Märchenwelt Bayern. Pfaffenhofen/Ilm 1989
Silbernagel, Clemens: Sagen und Legenden aus Bayern. Atzbach 1978
Sponholz, Hans: Drei Frauen und zwei Riesen. Hof/Saale 1978
Sponholz, Hans: Wenn die Wetterhexe fliegt. Sagen aus Bayern um Geister und seltsame Geschehnisse. Zeichnungen von Karl Bedal. Hof/Saale
Sponholz, Hans: Die schönsten Sagen aus dem Münchner Osten. München-Assling 1972/73
Trautmann, Franz: Alt-München. Stadtbüchlein. Ebenhausen 1958
Warncke, Carsten-Peter: Bavaria Sancta – Heiliges Bayern. Die altbayerischen Patrone aus der Heiligengeschichte des Matthaeus Rader in Bildern von J. M. Kager, P. Condid und R. Sedeler. Dortmund 1981

Ortsverzeichnis

Hauptstichworte sind im Register **halbfett**, die Abbildungen *kursiv* verzeichnet.

Gungolding
Eichstätt
Attenzell
Walting
Dollnstein
Bettbrunn
6
Konstein
Tholbath
Eitensheim
Wellheim
Wolkertshofen
Etting
Bergen
INGOLSTADT
Großmehring
Vohburg a.d. Donau
Bertoldsheim
Neuburg a.d. Donau
Burgheim
15
16
Ehekirchen
Hohenwart
Sandizell
Enzel-hausen
Pfaffenhofen a.d. Ilm
Schrobenhausen
8
Gachenbach
Scheyern
Ilmmünster
Palzing
Tüntenhausen
Altomünster
Ainhofen
Pelka
Freising
Markt Indersdorf
Weng
Eisenhofen
Odelz-hausen
Mariabrunn
Sigmerts-hausen
Neufahrn
Wiedenz-hausen
4
Waltenhofen
Unter-schweinbach
Einsbach
Dachau
Wenig-münchen
Günzlhofen
9
Esting
Mammendorf
Puch
Fürstenfeld-bruck
MÜNCHEN
Hausen
11
Jesenwang
Schöngeising
Epfenhausen
Untermühl-hausen
Türkenfeld
Grafrath
Kaufering
Planegg
Grünsink
Eresing
Igling
Sandau
Eching
Gauting
Königswiesen
Landsberg
Seefeld
Entraching
Leutstetten
14
Breitbrunn
Petersbrunn
Pitzling
Herrsching
Starnberg
Hohenschäftlarn
Detten-schwang
Percha
Thaining
Erling-Andechs
Berg
Kleinhelfendorf
Glonn
Vilgertshofen
Dießen
Aufkirchen
18
Bischofsried
Reichling
Wolfratshausen
Wessobrunn
Ascholding
Holzhausen
Holzkirchen
Bernried
Dietramszell
Paterzell
Weilheim
Beuerberg
Altenstadt
12
Hohenpeißenberg
Sachsenkam
Polling
Peiting
Peißenberg
Reichers-beuern
Georgenried
20
Bad Tölz
Habach
Gmund a.T.
Schöffau
Tegernsee
Steingaden
Murnau a. Staffelsee
Benedikt-beuern
Lenggries
Rottach-Egern
Ohlstadt
Kochel a. See
2
Hohenburg
Oberammergau
Walchensee
Linderhof
Ettal
10
Österreich
Garmisch-Partenkirchen

Die Landkreise von Oberbayern

1) Altötting
2) Bad Tölz-Wolfratshausen
3) Berchtesgadener Land
4) Dachau
5) Ebersberg
6) Eichstätt
7) Erding
8) Freising
9) Fürstenfeldbruck
10) Garmisch-Partenkirchen
11) Landsberg am Lech
12) Miesbach
13) Mühldorf am Inn
14) München
15) Neuburg-Schrobenhausen
16) Pfaffenhofen an der Ilm
17) Rosenheim
18) Starnberg
19) Traunstein
20) Weilheim-Schongau

Die Schwarzen Führer

Bergisches Land von Stephan Nuding
22,0 × 11,0 cm, 180 Seiten mit 130 geheimnisvollen Stätten in 87 Orten und Ortsteilen, 66 Abb., einer Übersichtskarte, kartoniert
ISBN 3-89102-421-5

Franken von Peter Bräunlein
22,0 × 11,0 cm, 240 Seiten mit 250 geheimnisvollen Stätten in 191 Orten, 104 Abb. und einer Übersichtskarte, kartoniert
ISBN 3-89102-123-2

Der Harz von Werner Bartens
22,0 × 11,0 cm, 204 Seiten mit 189 geheimnisvollen Stätten in 55 Orten, 88 Abb., einer Übersichtskarte, kartoniert
ISBN-3-89102-420-7

Nordwestdeutschland von Claudia Liebers
22,0 × 11,0 cm, 176 Seiten mit 150 geheimnisvollen Stätten in 100 Orten, 76 Abb. und einer Übersichtskarte, kartoniert
ISBN 3-89102-122-4

Sachsen von Frank Winkelmann
22,0 × 11,0 cm, 264 Seiten mit 261 geheimnisvollen Stätten in 185 Orten, 86 Abb. und einer Übersichtskarte, kartoniert
ISBN 3-89102-423-1

Schwaben-Bodensee von Erich Viehöfer
22,0 × 11,0 cm, 248 Seiten mit über 300 geheimnisvollen Stätten in mehr als 200 Orten, 100 Abb. und zwei Übersichtskarten, kartoniert
ISBN 3-89102-121-6

Schwarzwald von Ines Heim
22,0 × 11,0 cm, 180 Seiten mit etwa 120 geheimnisvollen Stätten in 90 Orten, 76 Abb. und eine Übersichtskarte, kartoniert
ISBN 3-89102-120-8

Thüringen von Rainer Hohberg
22,0 × 11,0 cm, 276 Seiten mit 283 geheimnisvollen Stätten in 167 Orten, 70 Abb. und einer Übersichtskarte, kartoniert
ISBN 3-89102-425-8

Westfalen von Renate Schmidt-V. und Gustav-Adolf Schmidt
22,0 × 11,0 cm, 240 Seiten mit 216 geheimnisvollen Stätten in 122 Orten, 101 Abb. und eine Übersichtskarte, kartoniert
ISBN 3-89102-422-3

Weitere Bände in Vorbereitung

In gleicher Ausstattung liegt vor:

Die Geister Großbritanniens
Ein Führer zu über tausend Spukorten
22,0 × 11,0 cm, 312 Seiten mit über 100 SW-Abbildungen und 20 Landkarten, Auswahlbibliographie und Glossar, kartoniert
ISBN 3-89102-316-2